ŒUVRES DE M. PAUL BUESSARD

[illegible] BUESSARD. — ÉTUDES SOCIALES. — ŒUVRE PHILODÉONIQUE
[illegible] cours. — 2 ouvrages. — 3 ouvrages.

FÊTES ET CHANTS PHILODÉONIQUES
[illegible] fêtes, 37 chants et 3 autres musiques

[illegible] IDÉE UNITAIRE, AUXQUELS ON PEUT SOUSCRIRE ENSEMBLE OU SÉPARÉMENT

ENSEIGNEMENT BUESSARD

Honoré de plusieurs médailles.

MÉTHODE

POUR LES GENS PRESSÉS ET ÉDUCATION DANS LA VÉRITÉ ET DANS LA DIGNITÉ

Étude des langues

Français - Anglais

BUREAU DE SOUSCRIPTION

CHEZ M. PAUL BUESSARD, GRANDE RUE DE PASSY, 41

Dépôt de la rive droite

CHEZ DRÉAUTÉ, PASSAGE CHOISEUL, 28

Dépôt de la rive gauche

[illegible] LAROUSSE ET BOYER, RUE ST-ANDRÉ-DES-ARTS, 49

ENSEIGNEMENT BUESSARD

Passage Choiseul, 28, et Grande Rue de Passy, 41.

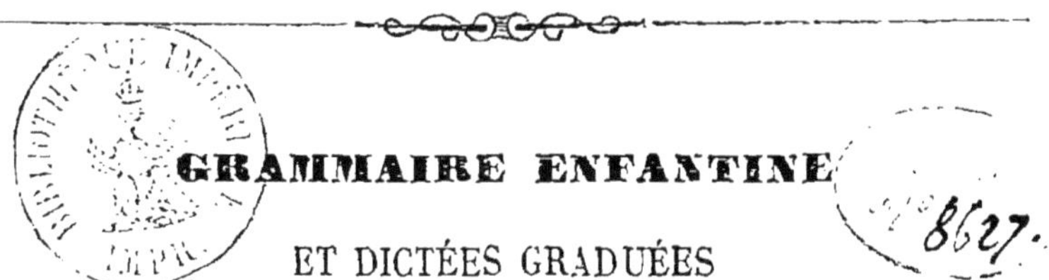

GRAMMAIRE ENFANTINE

ET DICTÉES GRADUÉES

Grammaire enfantine avec des moyens faciles d'orthographe ne parlant qu'aux yeux ou aux oreilles, et la règle résumée en quelques mots.

Dictées graduées composées seulement de mots que l'enfant puisse écrire sans faute et dont il puisse se rendre raison, ne le décourageant plus dès les premiers pas par le grand nombre de fautes qu'il fait et n'absorbant plus trop le temps de l'instituteur à les corriger. — Dictées enchaînées et chacune faisant repasser celles qui précèdent. — Dictées enfantines donnant à l'enfant l'intelligence des mots qu'il ne peut comprendre par lui-même.

Exercice des *pourquoi*, d'abord oralement, ensuite par écrit et faisant appliquer les règles.

DÉFINITIONS ÉLÉMENTAIRES.

Grammaire. Art de parler et d'écrire correctement.

Les neuf genres de mots, article, substantif, adjectif, verbe, adverbe, pronom, préposition, conjonction, interjection.

Article, détermine genre et nombre. — Le la les.

Substantif, nom, quand devant un ou une. — Chapeau, table, douleur.

Adjectif, qualité, quand devant chose ou personne. — Joli, désagréable, amer.

Verbe, action ou état, quand devant l'action de. — Marcher, saisir, voir, réfléchir. Deux auxiliaires aidant à conjuguer les autres : avoir et être.

Adverbe, temps, lieu, manière, quantité. — Demain, ailleurs, agréablement, beaucoup.

Pronom, petit mot pour le nom. — Je le la les vois, je lui leur parle.

Préposition, rapport des mots entre eux. — A, de, par, pour, sans.

Conjonction, union. — Et, si, mais, comme, que.

Interjection, cri de l'âme. — Ah! oh! hélas!

Nom commun, à tous de même espèce. — Chapeau, homme, vérité.

Nom propre, à une personne ou pays. — Paul, Paris, la Seine.
Deux genres, masculin et féminin. — Un homme et une femme.
Deux nombres, singulier et pluriel. — La femme et les femmes.

ORTHOGRAPHE ÉLÉMENTAIRE DE PRINCIPES.

PREMIÈRE LEÇON.

Règle du féminin—e muet sans accent.

Dictée. Un parti, une partie. Un capital, une capitale. Un ami, une amie. Du café. Une fée. Un soir, une soirée. Un devoir. Une armoire. Un individu. Une avenue. Un pari. Une écurie.

Exercice des pourquoi, mais d'abord seulement oral. Pourquoi mettez-vous un *e?* Pourquoi n'en mettez-vous pas?

Règle du pluriel, s moins dans aux et eux, un *x*.

Dictée. Les couloirs. Les généraux. Les jeux. Les carnavals. Les travaux. Les rues. Les domestiques. Les maladies. Les natures. Les feux. Les chevaux. Les vaniteux. Les ananas. Les salsifis.

Exercice oral des pourquoi. Pourquoi mettez-vous un *s*? Pourquoi mettez-vous un *x*?

Règle de l'accord des adjectifs. D'abord genre, puis nombre.

Dictée. Un destin pur. Une vie pure. Des camarades étourdis. Des dames étourdies. Un ami dévoué, une amie dévouée. Des étuis égaux. Des jupes égales. Des boutons dorés. Des percales unies.

Exercice des pourquoi.

DEUXIÈME LEÇON.

Règle de l'orthographe générale des verbes. Je—*s.* Tu—*s.* Il ou elle—*t.* Nous—*s.* Vous *ez.* Ils ou elles—*nt.*

Dictée. Je sors, tu sors, il sort, nous sortons, vous sortez, ils sortent. Je poursuis, tu poursuis, elle poursuit, nous poursuivons, vous poursuivez, elles poursuivent. Je dois, tu devais, elle dut, nous dûmes, vous devriez, ils devraient. J'écris, tu écriras, elle écrivit, nous écririons, vous écrivez, ils écrivaient. Tu le vois, elle frémit. Vous ne le croyez pas, ils vinrent tous ici. Tu as voulu. Elle avait des cartons. Tu auras des noyaux. Elle eut une morue. Tu es un joueur. Elle est une méchante. Tu seras armateur d'un navire.

Exercice oral des pourquoi. Question : Pourquoi mettez-vous un *s* ou un *t* à tel verbe? Simple réponse, parce qu'il y a devant, je ou il.

TROISIÈME LEÇON.

Règle des quatre é dans les verbes. Vous *ez;* avoir ou être, *é* avec accent; un autre verbe ou préposition à, de, par, pour, sans *er ;* autres cas *ai.*

Dictée. Vous allez, tu es allé, nous devons aller. Je pars pour aller. Tu allais réclamer les jolies robes. Elle aurait désiré acheter des chemises garnies. Je viens de trouver les demoiselles bien élevées que tu connais, et que tu devrais imiter. Vous saurez distinguer ce que nous avons déposé sur le meuble que tu éloignes de la croisée. Il faut bien examiner tous les tiroirs que tu ouvres pour y chercher ce que nous avions égaré. Elle voudrait que vous eussiez des parures simples. Il veut que vous ayez des manières polies et distinguées.

Exercice oral des pourquoi. Question : Pourquoi mettez-vous ce son *é* par *ez*, par *é*, par *er?* Simple réponse, parce qu'il y a devant vous, avoir ou être, un autre verbe qu'avoir ou être. L'enfant résout chaque difficulté en se servant seulement de ses yeux ; c'est certes le système le plus facile.

QUATRIÈME LEÇON.

Règle de cet, cette, masculin trois lettres.

Dictée. Cet arbre. Cette mélodie. Cet artiste. Cette musique. Cet opéra. Cette comédie. Cette tragédie. Cet or. Cette écriture. Cette ortie.

Règle de ce, se, c devant nom, *s* devant verbe.

Dictée. Ce monsieur se décourage. Ce voyageur se voyait sur le point de parvenir jusqu'aux limites de cette contrée que tu dois visiter. Ce malfaiteur se promit de se cacher pour éviter cet agent de police que tu vois non loin de cet arbuste. Cet amateur devrait se comporter mieux qu'il ne le fit l'année passée. Il y avait un arrosoir pour verser de l'eau sur cette avenue fleurie qui se trouve dans ce jardin.

Exercice oral des mots ce, se, cet, cette et des verbes.

Voilà ce que sont des dictées graduées ; il ne suffit pas, comme le croient beaucoup d'instituteurs, de mettre n'importe quoi dans les dictées, pourvu qu'elles commencent par le substantif, puis qu'on en vienne à l'adjectif, au verbe, etc. Par exemple, plusieurs considèrent le livre des écoles chrétiennes comme un livre de dictées graduées, un livre dont la première dictée commence par cette phrase toute hérissée de difficultés et dont l'enfant ne peut se rendre aucun compte : C'est Dieu qui nous a donné toutes les facultés nécessaires pour apprendre les mathématiques, la grammaire, l'histoire, la géographie. Voilà où en sont encore beaucoup trop d'instituteurs.

CINQUIÈME LEÇON.

Règle de ce sont, se sont. Ce devant nom, *se* devant verbe.

Dictée. Ce sont des demoiselles mal élevées qui se sont disputées. Ce sont des marchandises bien fabriquées qui se sont conservées. Ce sont des tapis précieux qui se sont détériorés dans cette antichambre.

Règle de c'est, s'est. C'est devant nom, *s'est* devant verbe.

Dictée. C'est cet amiral qui s'est distingué à cette bataille navale que tu admires sur ce cadre que nous clouons à cette cheminée. C'est cette couturière qui s'est négligée dans les travaux que tes parents lui confiaient depuis trois ans pour les terminer. Ce sont des corroyeurs qui se sont entendus pour préparer les cuirs que tu viens d'expédier de cette colonie que nous avons désiré habiter ensemble. Ce sont des mets sucrés qui se sont avariés pendant que nous allions consulter les paysans qui se sont dérangés pour nous aider.

Exercice oral des pourquoi. Des mots ce, cette, et des verbes.

SIXIÈME LEÇON.

Règle de ces, ses. Ses quand par son, sa, ou à lui.

Dictée. Ce père et ses enfants sont arrivés ces jours derniers. Ces objets ont été achetés par ce négociant et ses commis. Ce charbon a ses inconvénients.

Règle de mes, mais. Mes quand par mon, ma.

Dictée. Mais mes chevaux sont couchés. Mes idées valent mieux que les siennes, mais il veut les entraver. Mais mes cheveux blanchissent. Ces architectes se sont entendus pour achever mes maisons.

Règle de a, sans accent, quand par avait.

Dictée: Il a manqué à ses devoirs. Il a parlé à son cousin et à ses amis. Il a expédié les marchandises à Brest.

Règle de ou, sans accent, quand par ou bien.

Dictée Vous ou moi nous nous rendrons à ces bals qui doivent présenter des charmes variés. Tu iras où nous voudrons avec cette dame ou avec ses filles. Il a été impossible à ma tante et à mon oncle de se trouver à ces réunions qui te plaisent, et où tu vas avec empressement avec ton parrain et ta marraine.

Exercice oral des pourquoi, des mots ses, mes, a, ou et des verbes.

SEPTIÈME LEÇON.

Règle de ce ceux. Ceux quand par les gens.

Dictée. Tous ceux qui savent tout ce qui se passe chez ta nièce, ont raconté avec tristesse ce qui se dit de tous ceux qui veulent le bien. Ceux qui partiront se feront un plaisir de se charger de tout ce que tu leur remettras.

Règle de leur, pas d'*s* devant verbe.

Dictée. Nous leur indiquerons tous leurs devoirs. Tu leur tailleras toutes leurs robes. Vous leur montrerez leur travail. Nous leur parlerons de leurs nombreux défauts, et surtout de leur avarice.

Règle de sont, son, un *t* quand par étaient.

Dictée. Cet ambassadeur et son fils sont arrivés. Tu leur manifesteras la joie que te fait éprouver le retour de ton ami et de son père. Son succès et son énergie sont un bon exemple que tu suivras probablement.

Exercice oral des pourquoi des principes de la leçon; des principes précédents et des verbes.

HUITIÈME LEÇON.

Règle de ont et n'ont, un *t* quand par avaient et n'avaient.

Regle du pronom on, quand par il, pas de *t* et verbe au singulier.

Dictée. On disait que tes parents ont arrêté celles de tes dépenses dont ils n'ont pas approuvé le but. Tes folies on les désapprouvait et elles ont contrarié les projets qu'on avait sur ton avenir.

Règle de changement dun en m devant *b, p, m,* moins néanmoins, bonbon, embonpoint.

Dictée. On s'empressait d'expédier toutes les denrées qui avaient été emmagasinées ces jours derniers. Ils ont emménagé pendant qu'on réparait la rue qui a été inondée et qui est encombrée. Ce sont mes embarras qui ont modifié les vues qui me composaient une espérance, mais que je crois impossibles à réaliser en ce moment.

Exercice oral des pourquoi.

NEUVIÈME LEÇON.

Règle des nombres, qua, par qu—*é*, par *ei.*—Ze par un *z—an* par *an* moins trente et cent-illion par deux *ll* suivis d'un *i*.

Dictée. Écrivez tous les nombres jusqu'à trente; puis quarante, cinquante, soixante, quatre-vingt, cent, mille, million, billion ou milliard, trillion, quatrillion, quintillion, sextillion, septillion, octillion, nonillion, décillion.

Règle de cent et quatre-vingts, pas d'*s* quand nombre après et dans les dates.

Règle de mille, mil, dates par trois lettres.

Règle de demi, invariable devant, variable après féminin et pas d'*s*.

Dictée. Nous avons payé deux cent quatre-vingts francs en mil huit cent cinquante. A trois heures et demie nous ferons une demi-lieue pour aller acheter trois mille six cents pommes d'api et de besi. En mil huit cent cinquante-six tu pourras te procurer les quatre douzaines et demie de bobines de soie que nos travaux à l'aiguille nécessitent. Tu as ramassé les neuf mille six cent quatre-vingts épingles qui étaient tombées du sac pendant la demi-heure que nous passions ensemble.

Exercice de récapitulation de l'orthographe de principes, mettre sur les petits papiers l'énoncé de chaque règle; répondre en disant la règle et en citant un exemple.

GRAMMAIRE ÉLÉMENTAIRE DES VERBES.

DIXIÈME LEÇON.

Règle des verbes. — Tableau de conjugaison avec les exceptions. Je *s* moins avec *e* muet, puis au passé défini et au futur. Tu *s*. Il *t* moins avec *e* muet et au passé défini. Nous *s*. Vous *ez* moins avec *e* muet et alors *s*. Ils *nt*.

Dictée. Je travaille, tu travailles, il travaille. *Passé-défini*, je travaillai, tu travaillas, il travailla. Futur, je travaillerai, tu travailleras, il travaillera. Il faut que je travaille, et qu'elle travaille. Vous dites. Vous écrivîtes. Vous faites.

Infinitif, en disant l'action de, jamais d'*s* ni *nt*. Tu vas les conduire.

Présent formation, infinitif moins *r* ou *re*.

Dictée. Je parie. Je conclus. Je continue. Je prédis. Je défends. Je réponds. J'interromps.

Futur formation, *r* ou *re* en *rai*, *e* avant *r* dans les verbes en *er*.

Dictée. Je finirai. Je danserai. Je continuerai. Je parierai. J'étudierai. Je permettrai. Je répondrai. Je conclurai.

Impératif, *s* moins *e* muet.

Dictée. Écris-moi. Ne crie pas. Sois fort. Finis cela. Travaille mieux. Dépêche-toi.

ONZIÈME LEÇON.

Les cinq modes, indicatif affirmation; conditionnel futur, sous condition; impératif, ordre ou prière; subjonctif, mode dépendant; infinitif, mode vague.

Les 18 *temps*, présent, 1 indicatif. Passé 5, 2 simples imparfait, passé défini; 3 composés, passé indéfini avec j'ai, passé antérieur avec j'eus, plusqueparfait avec j'avais. Futur 4, futur simple, futur composé avec j'aurai; conditionnel simple, conditionnel composé avec j'aurais; impératif 1; subjonctif 4; 2 simples présent et imparfait du subjonctif; 2 composés, passé que j'aie, plusqueparfait que j'eusse; infinitif 3, infinitif, participe présent et participe passé.

4 *conjugaisons et* 2 *auxiliaires*, 1re en *er;* 2e en *ir;* 3e en *oir;* 4e en *re;*

deux auxiliaires avoir et être aidant à conjuguer les autres dans les temps composés.

Par écrit et à apprendre le verbe avoir et le verbe être.

GRAMMAIRE ÉLÉMENTAIRE D'USAGE

et dictées explicatives des mots.

COMPOSITION DE CHAQUE LEÇON ENFANTINE.

Exercice oral. Quelques principes. — 1 règle d'usage. — 1 verbe. — Type à conjugaison rapide. — Analyse de quelques mots de la dictée.

Exercice écrit. Une dictée. — Les pourquoi écrits des mots soulignés et en se servant du modèle des pourquoi. — Un verbe tout entier de la famille du verbe type de la leçon.

DOUZIÈME LEÇON.

Principes. Définitions : 1re *moitié. Verbe type oralement placer. Par écrit menacer.*

Règle d'usage des mots longs, écrits par syllabe.

Dictée. Perfectibilité. Considérablement. Falsification. Empoisonnement. L'excommunication consistait à interdire à un roi les sacrements et l'entrée de l'église. C'est une syllabe antépénultième qui précède l'avant-dernière d'un mot. Ce sont des antispasmodiques contre les crises nerveuses qui se sont déclarées extraordinairement en mil huit cent quarante-neuf. Le ravitaillement d'une ville assiégée a pour but d'y faire entrer des vivres et des munitions de guerre pour remplacer ceux qui ont été épuisés. La mésintelligence a lieu entre deux personnes qui ne s'entendent pas, et le plus souvent c'est parce qu'elles n'ont pas su se faire les concessions nécessaires à leur bonheur mutuel.

Exercice des pourquoi, des mots ce, c'est, des verbes, des nombres et de quelques mots d'usage.

TREIZIÈME LEÇON.

Principes. Définitions 2e *moitié. Verbe type oralement finir. Par écrit avertir.*

Règle de l'accent grave, en général è grave devant finale muette et dans finales cès et grès.

Dictée. Épicière. Ténèbre. Obsède. Fidèle. Élève. Démène. Persévère. Abcès. Succès. Progrès. Nièce. Les vertèbres sont les os en forme d'anneaux qui composent la colonne du dos, et sont placés les uns sur les autres. Un intermède musical est une matinée ou une soirée dans laquelle on fait de la musique extraite de différents auteurs ; on y mêle quelquefois de la poésie. Un quadrupède est un animal qui a quatre membres. Une artère est un petit tube qui conduit le sang du cœur aux extrémités des membres. Le sang revient au cœur par les veines, autres tubes mais sans pulsations.

Exercice écrit des pourquoi, des adjectifs, des verbes, des autres principes appris précédemment et de quelques mots d'usage.

QUATORZIÈME LEÇON.

Principes féminin et pluriel. Verbe type oralement recevoir. Par écrit concevoir.

Règle de l'orthographe par dérivés, en allongeant le mot par son féminin ou par son verbe.

Dictée. Adroit. Confus. Gentil. Refus. Repos. Regard. Galop. Drap. L'abricot est une petite pêche d'une substance jaunâtre. Le tisserand est l'ouvrier qui confectionne ou tisse la toile et les étoffes ; il se sert d'un métier qui entrecroise les fils. Un liard était la quatrième partie d'un sou ; c'était donc un peu plus qu'un centime. Le fil à plomb est formé d'un fil qui tend un plomb ; les maçons l'utilisent pour aligner bien droit les pierres des murs. Un matelas est formé de crin et de laine ; les matières recourbées par la pression du corps, ont une tendance à se redresser, à reprendre leur état naturel, et c'est cette élasticité qui fait la douceur du matelas.

Exercice écrit des pourquoi.

QUINZIÈME LEÇON.

Principes, orthographe générale des verbes. Verbe type oralement entendre. Par écrit prétendre.

Règle du son se et sse, ze par un seul *s* entre deux voyelles ; se par deux *ss*.

Dictée. La ruse de votre Russe. Les coussins de ton cousin. Le poison donné au poisson. Une rose et une rosse. La case que tu casses. Ils ont voulu que tu misses ta mise. Une périphrase est le développement d'un mot, par exemple, quand au lieu de dire le soleil, on dit l'astre qui verse la lumière. Les objets madécasses sont ceux qui viennent de l'île de Madagascar au sud-est de l'Afrique. L'apothéose d'un homme est sa glorification après sa mort, son ascension au ciel. Un colosse est une personne ou une statue d'une grandeur extraordinaire ; le colosse de Rhodes était une statue élevée en l'honneur d'Apollon, et entre les jambes duquel pouvait passer un navire à voiles déployées.

SEIZIÈME LEÇON.

Principes, les 4 é dans les verbe. Verbe type oralement placer. Par écrit forcer.

Règle des sons, ja, jo, ju, ga, go, gu. Ja, jo, ju, par un *j*, ga, go, gu, par un *g*.

Dictée. Jardin. Joli. Jujube. Gage. Gorge. Guitare. Un justaucorps est un vêtement à manches qui descend jusqu'aux genoux et qui serre le corps. Le jury est le tribunal des jurés, des citoyens tirés au sort pour juger les criminels à la cour d'assises. Le jarret est la partie du corps derrière le genou ; c'est l'endroit où se plie la jambe de derrière des animaux à quatre pieds. Les galères étaient les navires des anciens, et l'on a appelé les forçats des galériens, parce qu'on occupe ces grands criminels aux travaux des navires dans les ports de mer. La gangrène est la décomposition et la mort de quelque partie du corps. La gomme est une substance qu'on voit découler de certains arbres, et une gousse est une enveloppe dont la nature a entouré certaines graines.

DIX-SEPTIÈME LEÇON.

Principes, cet et ce. Verbe type oralement finir. Par écrit agir.

Règle des sons ile et ille. Ile un seul *l*. I en deux *ll*.

Dictée. Béquille utile. Charmille utile. Tuile de la Castille. Il pile et il pille. Ce concile est une réunion d'évêques pour délibérer sur un point contesté de la croyance religieuse. Un reptile est cet animal qui n'a point de pattes et qui rampe, comme le serpent ; quelques-uns ont des pattes très-basses comme le lézard. Mille, ville, vaudeville, tranquille, sont quatre mots qui font exception à la règle, et un vaudeville est une petite comédie entremêlée de couplets sur des airs connus. Une apostille est une signature avec recommandation, et qui se met au bas d'une demande. Une flottille est la réunion de quelques vaisseaux. La torpille est ce poisson qui possède une puissance électrique, et donne une commotion à la main qui le saisit.

DIX-HUITIÈME LEÇON.

Principes, c'est et ce sont. Verbe type oralement recevoir. Par écrit, apercevoir.

Règle des sons ai, oi, ui, ail, eil, ouil, masculin sans *e*. Verbes et féminins avec *e* muet.

Dictée. Un balai et je balaie. Un envoi, et j'envoie. Une courroie. Je travaille et le travail. Le réveil et je réveille. Un délai, c'est un temps fixé que l'on accorde pour terminer quelque chose. Une baie, c'est un petit golfe, un petit creux d'eau au bord des pays. Un bail est le contrat entre un propriétaire et son locataire ; on y indique le temps et les conditions de la location. L'écaille, c'est la partie dure qui couvre la peau de certains poissons et de certains reptiles. Ce sont les doigts du pied qui s'appellent aussi orteils. L'octroi est une institution communale qui consiste à prélever un impôt sur les denrées qui entrent dans une ville ; cet argent sert à payer les dépenses de la commune. Ce sont les dépenses exagérées et mal entendues des villes qui se sont opposées à la suppression des octrois, impôts de consommation prélevés surtout sur le pauvre.

DIX-NEUVIÈME LEÇON.

Principes, ces, mes, a, ou. Verbe type oralement entendre. Par écrit, défendre.

Règle des sons eu, eue, eux. Eu noms masculins. Eue noms féminins. Eux adjectifs.

Dictée. Un lieu. Une lieue. Généreux. Une queue. Un pieu. Dangereux. L'essieu est la pièce de bois qui passe dans le moyeu des roues, et le moyeu est la partie du milieu de la roue où s'emboitent ces raies ou bâtons qui vont du centre à la circonférence. La banlieue est l'étendue du pays autour d'une ville et qui en dépend. Un terrain marécageux est celui qui est rendu humide par une eau stagnante, qui ne s'écoule pas. Un homme ombrageux est celui qui est méfiant et soupçonne le plus souvent à tort. Un projet scabreux est celui qui présente plus de mauvaises chances que de bonnes. Les preux étaient ces chevaliers du moyen âge qui faisaient à la guerre des prouesses, des actions éclatantes; mais tel historien a ses raisons qui ne sont pas mes idées pour les exalter outre mesure.

VINGTIÈME LEÇON.

Principes : ceux, leur, sont. Verbe type oralement placer. Par écrit tracer.
Règle des sons euil et ueil : u avant l'*e*, après *c* et *g*.

Dictée. Deuil, écureuil, orgueil, accueil, cercueil. Le bouvreuil est ce passereau qui a le corps cendré, le ventre rouge, la calotte noire; il vit cinq ou six ans. Le cerfeuil est une plante potagère qui sert d'assaisonnement, dont les feuilles sont profondément découpées et ressemblent à celles du persil. La belle queue de l'écureuil, en forme de panache, se relève jusque sur sa tête, et ce petit animal se met à l'ombre sous sa queue. Un écueil est un rocher, un récif à fleur d'eau contre lequel les vaisseaux iraient se briser si les cartes marines n'indiquaient aux navigateurs la position géographique de ceux de ces écueils qui leur sont peu connus.

VINGT-UNIÈME LEÇON.

Principes ou, ont, n en m. Verbe type oralement finir. Par écrit aboutir.
Règle du son, au, sans *e* : 1° singulier en al ; 2° après voyelle; 3° étau, sarrau et landaw.

Dictée. Des travaux, des perdreaux, des tuyaux, du gruau, des noyaux, un sarrau. L'aloyau est la pièce de bœuf coupée le long des vertèbres et vers le haut du dos. Un hameau est un groupe de quelques maisons et qui ne sont pas encore assez nombreuses pour former un village. Un étau est un outil formé de deux mâchoires, et qui sert pour tenir fermes et serrés les objets qu'on veut par exemple limer. Le gruau est l'avoine mondée, c'est-à-dire nettoyée et moulue grossièrement; on en fait de la bouillie. Les panonceaux sont les écussons et enseignes qu'ont à leurs portes les notaires, avoués, huissiers et commissaires-priseurs. Les amiraux sont les généraux sur mer et qui commandent une flotte, une réunion de plusieurs vaisseaux.

VINGT-DEUXIÈME LEÇON.

Principes nombres. Verbe type oralement recevoir. Par écrit percevoir.
Règle du son eur sans *e*, moins l'heure du beurre dans ma demeure.

Dictée. Frayeur, douceur, heure, beurre. Un agresseur est celui qui attaque et souvent une personne qui ne lui voulait aucun mal. Un ambassadeur est le fonctionnaire qu'un gouvernement envoie dans un pays étranger pour le représenter et pour protéger ceux de ses compatriotes qui peuvent se trouver dans ce pays étranger. Un délateur est celui qui dénonce à un gouvernement des citoyens souvent innocents, et qui reçoit une récompense pour l'infamie dont il fait métier. Un coadjuteur est un prêtre qu'on adjoint à un évêque vieilli pour remplir les fonctions que son grand âge interdit à l'évêque. — Ajouter à cette dictée celle des nombres.

VINGT-TROISIÈME LEÇON.

Principes conjugaison avec les exceptions. Verbe type oralement entendre. Par écrit rendre.

Règle du son our, pas d'*e*, moins bravoure et bourre.

de tragédie quand c'est un sujet triste, historique et en vers ; de comédie quand c'est la critique d'un vice ou d'un ridicule ; de drame quand c'est une scène triste de la vie usuelle ; d'opéra quand c'est une pièce où l'on chante. Ce sont les princes qui ont usurpé par orgueil les titres de Dieu, par exemple celui d'altesse qui signifie très-haut. Jésus-Christ répondit à quelqu'un qui l'appelait monseigneur : « Il n'y a de seigneur que Dieu. »

TRENTIÈME LEÇON.

Principes de la 6e leçon. Verbe type oralement finir. Par écrit saisir.

Règle des lettres qui ne se doublent pas. Les six *h*, *j*, *k*, *q*, *x* et *z* ; *b* seulement dans l'abbé au sabbat du rabbin ; *d* dans l'addition de la reddition.

Dictée. Casaque, fixe, topaze, objet, coke à brûler, déshériter. Une abbesse est la supérieure d'un couvent de filles ; elle a, comme un évêque, le droit de porter la crosse ou long bâton dont l'extrémité est recourbée. Les abreuvoirs, ce sont ces réservoirs où l'on mène boire les chevaux. Un édit est une ordonnance rendue par un roi ou par un parlement, cour souveraine de justice ; quand c'est un pape, ses circulaires se nomment des bulles. Une adhésion est le consentement, l'approbation que l'on accorde à un acte. Les ides étaient à Rome le milieu du mois ; le commencement se nommait les calendes, d'où vient le mot calendrier.

TRENTE-UNIÈME LEÇON.

Principes de la 7e leçon. Verbe type oralement venir. Par écrit appartenir.

Règle de aff, eff, off, au commencement des mots. Deux *ff*, moins afin et Afrique.

Dictée. Afin, affaire, effroi, Afrique, offrir. Les gens affables, ce sont ceux qui reçoivent et écoutent avec bonté les personnes et les choses qui leur sont adressées. L'affinage est le travail par lequel on purifie, à l'aide du feu ou d'autres moyens, les métaux ou le sucre. Les affûts, ce sont ces petits chariots en bois qui servent à poser et à soutenir les canons, et à leur donner le moyen d'avancer ou de reculer. L'effigie est la figure d'une personne ; l'exécution d'un criminel en effigie, c'est un tableau attaché à une potence et dans lequel le criminel qui est en fuite est représenté comme subissant le supplice auquel il a été condamné.

TRENTE-DEUXIÈME LEÇON.

Principes de la 8e leçon. Verbe type oralement ouvrir. Par écrit découvrir.

Règle de aphe et ophe à la fin des mots, par *ph*, moins carafe, agrafe et girafe ; puis étoffe.

Dictée. Géographe, apostrophe, carafe, agrafe, étoffe. Un autographe est le manuscrit, la chose écrite par la personne elle-même, par exemple par une personne distinguée. On appelle biographe l'auteur qui écrit la vie d'un homme célèbre ; et calligraphe le professeur d'écriture qui a, comme on dit, une belle main, qui écrit bien. On appelle épigraphe quelques vers ou une pensée en tête d'un ouvrage ; épitaphe, une inscription sur un tombeau. Un pays limitrophe est celui qui touche à un autre et en forme la limite. Un philosophe est celui qui se voue à l'étude du devoir et de la vérité, à l'amour du vrai, du beau et du bien, avec une entière indépendance de conscience et d'examen.

TRENTE-TROISIÈME LEÇON.

Principes de la 9e *leçon. Verbe type oralement conduire. Par écrit réduire.*

Règle des jours, mois et saisons, dans les jours *di*, sans rien. Dans les mois *ier* par *er*, *embre* par *em*. Dans les saisons, le printemps, premier temps. L'été, naturel. L'automne par un *m*, et l'hiver par un *h*.

Dictée. Le dimanche est le jour du soleil ou seigneur des astres ; le lundi celui de la lune ; le mardi celui de Mars, dieu de la guerre ; le mercredi celui de Mercure, dieu du commerce ; le jeudi celui de Jupiter, dieu du Ciel ; le vendredi celui de Vénus, déesse de la beauté ; le samedi celui de Saturne, dieu du temps. Janvier est le mois consacré à Janus, dieu aux deux visages, regardant l'année qui finit et celle qui commence ; février le mois des fébruations ou purifications ; mars le mois du dieu de la guerre ; avril le mois où tout s'ouvre au printemps ; mai le mois de Maïa ou Marie, la mère de Mercure, et aussi le mois des *majores* vieillards ; juin le mois de la jeunesse ; juillet le mois de Jules-César, août le mois d'Auguste, premier empereur romain ; septembre, octobre, novembre et décembre, les septième, huitième, neuvième et dixième mois, parce que l'année commençait en mars avec la nature renaissante.

TRENTE-QUATRIÈME LEÇON.

Principes de la 10e *leçon. Verbe type oralement craindre. Par écrit contraindre.*

Règle des peuples, par féminin.

Dictée. Anglais, Français, Africain, Indien, Espagnol, Picard, Allemand. Le drapeau français a d'abord été bleu ; c'était la chape ou manteau d'office de saint Martin ; puis ce fut l'oriflamme rouge du tombeau de saint Denis ; quand les Anglais furent maîtres de la France, ils prirent cette couleur, et les Valois n'en voulurent plus et adoptèrent le blanc ; à la révolution, on unit le blanc de la royauté aux couleurs bleue et rouge de la ville de Paris, ce qui fit le drapeau tricolore, c'est-à-dire aux trois couleurs. L'empire ottoman se compose de la Turquie d'Europe et de la Turquie d'Asie ; l'évangile mahométan s'appelle le Coran ; il proclame l'unité absolue de Dieu, n'admet aucune superstition, aucun culte autre que celui de Dieu ; les Mahométans adressent cinq fois par jour à Dieu une prière en sept versets, et leur jour saint est le vendredi, en souvenir de l'hégire ou fuite de Mahomet de la Mecque, où plus tard il revint en vainqueur.

TRENTE-CINQUIÈME LEÇON.

Principes de la 11e *leçon. Verbe type oralement plaire. Par écrit faire.*

Règle des sons er et ier, aire et ère dans les professions, er et *ier* par *er ;* masculin *aire*, féminin *ère*.

Dictée. Épicier, boulanger, commissionnaire, mercière. Un bachelier était un jeune seigneur qui se disposait autrefois à être chevalier, à mériter ce titre par des actes de bravoure ; aujourd'hui c'est un jeune homme qui prouve par un examen qu'il a fait toutes ses études comme on les fait dans un lycée. Une vivandière est la femme qui vit dans les casernes, fait les repas des sous-officiers et accompagne les régiments aux exercices et à la guerre pour vendre à boire aux soldats. Un notaire est celui qui rédige les actes relatifs à la propriété, qui fait les baux, les actes de vente et aussi les contrats de mariage. Un actionnaire est celui qui verse une partie de l'argent nécessaire pour faire marcher une industrie ; pour cela il reçoit un papier appelé action qui constate la somme qu'il a prise et qui lui donne droit à des intérêts annuels et à une part dans les bénéfices de cette industrie ; cette part se nomme un dividende. Un factionnaire est un soldat placé en sentinelle devant une porte ou à un poste qu'on lui désigne. Un fonctionnaire est un homme occupant un emploi public, un employé payé par le gouvernement.

Quand on est au bout de cette grammaire enfantine, on la recommence deux ou trois fois, en faisant par écrit les pourquoi des premières leçons et ceux de toutes les leçons ; puis on passe au cours gradué par année et par leçon indiqué dans ma grammaire. Toute la grammaire élémentaire apprise, trois principes par trois principes ; tous les 30 verbes types à conjugaison rapide appris trois par trois. Puis on arrive au cours de deuxième année ; par leçon, cinq principes, cinq questions de verbes, cinq homonymes, cinq règles d'usage ; théorie appuyée par les dictées en cinq parties, avec l'exercice des pourquoi ; enfin le cours de troisième année et années suivantes, dont la composition est indiquée dans ma grammaire.

Sept progrès de grammaire enfantine. Première moitié de la grammaire enfantine de principes, petits papiers tirés et bonnes dictées. — Deuxième moitié. Trois progrès de verbes types à conjugaison rapide, dix verbes par progrès. — Progrès d'analyse orale de distinction des mots. — Progrès de la grammaire enfantine d'usage avec bonnes dictées.

LE GENRE DES MOTS

appris en une ou deux leçons par les étrangers.

La distinction des genres est une des plus longues difficultés et des plus grands ennuis pour l'étranger ; le seul moyen facile dont l'étranger puisse disposer pour arriver à la distinction des genres, c'est de s'écouter parler sans avoir à s'occuper de l'orthographe des sons, ou bien de baser sa réflexion sur une idée générale qui ne lui laisse aucun doute. Le petit tableau suivant le met à même en quelques instants d'être fixé sur le genre des trois quarts des mots français.

NOMS MASCULINS.

Les noms qui rappellent l'idée d'un être mâle, de sa profession, de sa dignité.

Les noms des saisons, des mois, des jours, des métaux, des couleurs, des vents, et de la plupart des arbres.

Les adjectifs, verbes et adverbes pris substantivement.

Les noms terminés par les sons.

A. que le son s'écrive as ou at.

Aut, ent, excepté maman et dent.

Ain, in, ien.

Age, ége, ige, oge, uge, excepté image, loge et horloge.

Ar, excepté barre, bagare, fanfare, gare, guitare, mare et tiare.

Ai, et, ès, excepté forêt, baie, ivraie, plaie.

Eu, excepté lieue, queue, banlieue.

Ier, ié, excepté moitié, pitié, amitié.

If.

Ile, excepté île, ville, huile, tuile, idylle sibylle.

Isme et iste, excepté modiste.

Ome, aume, excepté gomme, pomme, somme.

Or, excepté aurore et métaphore.

Our, excepté cour, tour, bourre, bravoure.

On, excepté les mots en tion et en aison, et façon, rançon, moisson.

NOMS FÉMININS.

Les noms qui rappellent l'idée d'un être du sexe féminin ou de sa profession, les noms de la plupart des vertus, des émotions de l'âme, des sciences et arts, et des maladies.

LES NOMS TERMINÉS PAR LES SONS.

Ade.

Ance, excepté silence.

Ante.
Ace, asse, excepté espace et Parnasse.
Ase, èse, ise, ose, use, excepté dièse et diocèse.
Ess, èce.
Ene, aine, excepté capitaine, chêne, domaine, phénomène.
Ete, ette, excepté prophète, anachorète.
Eur, excepté bonheur, malheur, honneur, cœur, et les noms qui rappellent l'idée d'une profession d'homme.
Ille, ouille, excepté quadrille.
Ine, one, une, excepté trône et prône.
Ote, excepté hôte et aéronaute.
Rie, excepte bistouri, céleri, jury et pari.
Té, excepté côté, comité, comté, été et pâté,
Ur, excepté mur, azur et augure.
Tion, sion, xion et aison.
ière.

VERBES USUELS A PRÉPOSITIONS.

Ceci est encore une grande difficulté pour les étrangers, et les entraîne dans beaucoup de fautes.

Verbes usuels avec préposition de. Dire, écrire, commander, défendre, prier, craindre, tenter, essayer, reprocher, cesser, s'abstenir, promettre, défier, négliger, jouir, souffrir, rougir, solliciter, excuser, s'occuper.

Verbes usuels avec préposition à. Songer, chercher, persister, commencer, demander, engager ou inviter, exciter, pousser, entraîner, amener, remettre, hésiter, enseigner et apprendre, consentir.

Verbes à nuances. Je viens faire telle chose, je viens de faire telle chose dans le premier cas la chose n'est pas faite; dans le second elle l'est.— Je me rappelle avoir et je me souviens d'avoir. — J'ai manqué ou failli : avec verbe, pas de préposition, mais avec substantif préposition : manquer de prudence, manquer à ses devoirs. -- Forcer et obliger, prennent les deux prépositions.

POISSY. — TYPOGRAPHIE ARBIEU.

ENSEIGNEMENT BUESSARD

GRAMMAIRE ENFANTINE

Grammaire enfantine avec des moyens faciles d'orthographe, ne parlant qu'aux yeux ou aux oreilles et la règle résumée en quelques mots.

Dictées graduées composées seulement de mots que l'enfant puisse écrire sans faute et dont il puisse se rendre raison, ne le décourageant plus dès les premiers pas par le grand nombre de fautes qu'il fait, et n'absorbant plus le temps de l'instituteur à les corriger.

Exercice des pourquoi d'abord oralement, puis par écrit et faisant appliquer les règles.

DÉFINITIONS ÉLÉMENTAIRES.

Grammaire, art de parler et d'écrire correctement.

Les neuf genres de mots, article, substantif, adjectif, verbe, adverbe, pronom, préposition, conjonction, interjection.

Article, détermine genre et nombre — le la les.

Substantif, nom, quand devant un ou une — chapeau, table, douleur.

Adjectif, qualité quand devant chose ou personne — joli, désagréable, amer.

Verbe, action ou état quand devant l'action de — marcher, saisir, voir, réfléchir. Deux auxiliaires aidant à conjuguer les autres : avoir et être

Adverbe, temps, lieu, manière, quantité — demain, ailleurs, agréablement, beaucoup.

Pronom, petit mot pour le nom — je le la les vois, tu lui leur parles.

Préposition, rapport des mots entre eux — à, de, par, pour, sans.

Conjonction, union — et, si, mais, comme, que.

Interjection, cri de l'âme — ah! oh! hélas!

Nom commun à tous de même espèce — chapeau, homme, vérité.

Nom propre à une personne ou pays. Paul, Paris.

Deux genres, masculin et féminin ; masculin un ou le, féminin une ou la.

Deux nombres, singulier et pluriel : singulier, un le, une la; pluriel, les, des.

ORTHOGRAPHE ÉLÉMENTAIRE DE PRINCIPES.

Règle du féminin, e muet sans accent.

Règle du pluriel, s, moins dans aux et eux un x.

Règle de l'accord des adjectifs, d'abord genre, puis nombre.

Règle de l'orthographe générale des verbes, je — s, tu — s, il ou elle — t, nous — s, vous — ez, ils ou elles — nt.

Règle des quatre é dans les verbes, vous — *ez*; avoir ou être, *é* avec accent; un autre verbe ou préposition à, de, par, pour, sans, *er*; autres cas, *ai*.

Règle de cet, cette, masculin trois lettres.

Règle de ce, se, c devant nom, s devant verbe.

Règle de ce sont, se sont, ce devant nom, se devant verbe.

Règle de c'est, s'est, c'est devant nom, s'est devant verbe.

1er progrès de grammaire enfantine. Sur les petits papiers, l'énoncé des définitions et des règles; répondre en disant la règle et en citant un exemple. —Dictées avec l'exercice oral des pourquoi. (Voir l'exemplaire du maître pour les dictées types de l'orthographe enfantine, et le maître en fait faire dans le même genre jusqu'à ce que l'enfant écrive ces premiers principes avec assurance.)

Règle de ces, ses, ses quand par son, sa ou à lui.

Règle de mes, mais, mes quand par mon, ma.

Règle de a, sans accent quand par avait.

Règle de ou, sans accent quand par ou bien.

Règle de ce, ceux, ceux quand par les gens.

Règle de leur, pas d's devant verbe.

Règle de sont, son, un t quand par étaient.

Règle de ont et n'ont, un t quand par avaient ou n'avaient.

Règle du pronom on, quand par il, pas de t et verbe au singulier.

Règle du changement de n en m, devant b, p, m, moins néanmoins, bonbon, embonpoint.

Règle des nombres, qua par qu — é par ei — ze par un z; au par un a moins trente et cent — illion par deux ll suivis d'un i.

Règle de cent et quatre-vingt, pas d's quand nombre après et dans les dates.

Règle de mil, mille, dates par trois lettres.

Règle de demi, invariable devant, variable après féminin et pas d's.

2e progrès de grammaire enfantine. Petits papiers, dictées et pourquoi.

GRAMMAIRE ENFANTINE DES VERBES.

VERBE AUXILIAIRE *avoir.*

Indicatif. Présent.

J'ai.
Tu as.
Il a.
Nous avons.
Vous avez.
Ils ont.

Imparf. de l'indic. 1er passé simple.

J'avais.
Tu avais.
Il avait.
Nous avions.
Vous aviez
Ils avaient.

Passé défini. 2e passé simple.

J'eus.
Tu eus.
Il eut.
Nous eûmes.
Vous eûtes.
Ils eurent.

Passé indéfini. 1er passé composé

J'ai eu.
Tu as eu.
Il a eu.
Nous avons eu.
Vous avez eu.
Ils ont eu.

Passé antérieur. 2e passé composé.

J'eus eu.
Tu eus eu.
Il eut eu.
Nous eûmes eu.
Vous eûtes eu.
Ils eurent eu.

Plus-que-parfait. 3e passé composé.

J'avais eu.
Tu avais eu.
Il avait eu.
Nous avions eu.
Vous aviez eu.
Ils avaient eu.

Futur simple.

J'aurai.
Tu auras.
Il aura.
Nous aurons.
Vous aurez.
Ils auront.

Futur composé.

J'aurai eu.
Tu auras eu.
Il aura eu.
Nous aurons eu.
Vous aurez eu.
Ils auront eu.

Conditionnel simple.

J'aurais.
Tu aurais.
Il aurait.
Nous aurions.
Vous auriez.
Ils auraient.

Conditionnel composé.

J'aurais eu.
Tu aurais eu.
Il aurait eu.
Nous aurions eu.
Vous auriez eu.
Ils auraient eu.

Impératif.

Aie.
Ayons.
Ayez.

Subjonctif présent. 1er subjonctif simple.

Que j'aie.
Que tu aies.
Qu'il ait.
Que nous ayons.
Que vous ayez.
Qu'ils aient.

Imparfait du subjonctif. 2e subjonctif simple.

Que j'eusse.
Qu tu eusses
Qu'il eût.
Que nous eussio
Que vous eussiez.
Qu'ils eussent.

Passé du subjonctif. 1er subjonctif composé.

Que j'aie eu.
Que tu aies eu.
Qu'il ait eu.
Que nous ayons eu.

Que vous ayez eu.
Qu'ils aient eu.

Plus-que-parfait du subjonctif. 2e subjonctif composé.

Que j'eusse eu.
Que tu eusses eu.
Qu'il eût eu.
Que nous eussions eu.
Que vous eussiez eu.
Qu'ils eussent eu.

Infinitif.

Avoir.

Participe présent.

Ayant.

Participe passé.

Eu.

VERBE AUXILIAIRE *être*.

Indicatif. Présent.

Je suis.
Tu es.
Il est.
Nous sommes.
Vous êtes.
Ils sont.

Imparfait de l'indicatif. 1er passé simple.

J'étais.
Tu étais.
Il était.
Nous étions.
Vous étiez.
Ils étaient.

Passé défini. 2e passé simple.

Je fus.
Tu fus.
Il fut.
Nous fûmes.
Vous fûtes.
Ils furent.

Passé indéfini. 1er passé composé.

J'ai été.
Tu as été.
Il a été.
Nous avons été.
Vous avez eté.
Ils ont été.

Passé antérieur. 2e passé composé.

J'eus été.
Tu eus été.
Il eut été.
Nous eûmes été.
Vous eûtes été.
Ils eurent été.

Plus-que-parfait. 3e passé composé

J'avais été.
Tu avais été.
Il avait été.
Nous avions été
Vous aviez été.
Ils avaient été.

Futur simple.

Je serai.
Tu seras.
Il sera.
Nous serons.
Vous serez.
Ils seront.

Futur composé.

J'aurai été.
Tu auras été.
Il aura été.
Nous aurons été.
Vous aurez été.
Ils auront été.

Conditionnel simple.

Je serais.
Tu serais.
Il serait.
Nous serions.
Vous seriez.
Ils seraient.

Conditionnel composé.

J'aurais été.
Tu aurais été.
Il aurait été.
Nous aurions été.
Vous auriez été.
Ils auraient été.

Impératif.

Sois.
Soyons.
Soyez.

Subjonctif. Prés. 1er subjonctif simple.

Que je sois.
Que tu sois.
Qu'il soit.
Que nous soyons.

Que vous soyez.
Qu'ils soient.
Imparfait du subjonctif. 2e subjonctif simple.
Que je fusse.
Que tu fusses.
Qu'il fût.
Que nous fussions.
Que vous fussiez.
Qu'ils fussent.
Passé du subjonctif. 1er subjonctif composé.
Que j'aie été.
Que tu aies été.
Qu'il ait été.
Que nous ayons été.
Que vous ayez été.
Qu'ils aient été.
Plus-que-parfait du subjonctif. 2e subjonctif composé.
Que j'eusse été.
Que tu eusses été.
Qu'il eût été.
Que nous eussions été.
Que vous eussiez été.
Qu'ils eussent été.
Infinitif.
Etre.
Participe présent. Étant. *Participe passé.* Été.

3e progrès de grammaire enfantine, Ecrire sans livre et sans faute les deux verbes auxiliaires.

LES 10 PRINCIPALES FAMILLES DES VERBES A VERBES-TYPES ET CONJUGAISON RAPIDE.

La conjugaison rapide à mots facilitants. présent, aujourd'hui je, nous. — Passé imparfait et passé défini, hier je, nous. — Futur, demain je, nous. — Subjonctif présent, il faut que je, nous. — Imparfait du subjonctif, il fallait que je, nous. — Participe présent, ant. — Participe passé, avec avoir ou être.

Verbe-type en er, penser. Je pense, nous pensons; je pensais, nous pensions; je pensai, nous pensâmes; je penserai, nous penserons; que je pense, que nous pensions; que je pensasse, que nous pensassions; pensant, pensé.

Ce verbe type est bien vite appris; il est repassé et récité dans une ou deux secondes. Les verbes en er sur ce modèle se conjuguent d'abord de vive voix avec ces seuls temps et ces deux personnes; mais on les fait ensuite tout entiers par écrit.

Verbe-type des réguliers en ir, finir. Je finis, nous finissons; je finissais, nous finissions; je finis, nous finîmes; je finirai, nous finirons; que je finisse, que nous finissions. Imparfait semblable, excepté à la 3e personne du singulier, ît. Finissant, fini.

Verbe-type en enir. Je viens, nous venons; je venais, nous venions; je vins, nous vînmes; je viendrai, nous viendrons; que je vienne, que nous venions; que je vinsse, que nous vinssions; venant, venu.

Verbe-type en vrir et frir,. J'ouvre, nous ouvrons; j'ouvrais, nous ouvrions; j'ouvris, nous ouvrîmes; j'ouvrirai, nous ouvrirons; que j'ouvre, que nous ouvrions; que j'ouvrisse, que nous ouvrissions; ouvrant, ouvert.

Verbe-type en cevoir. Je reçois, nous recevons ; je recevais, nous recevions ; je reçus, nous reçûmes ; je recevrai, nous recevrons ; que je reçoive, que nous recevions ; que je reçusse, que nous reçussions ; recevant, reçu.

Verbe type en ire. Je conduis, nous conduisons ; je conduisais, nous conduisions ; je conduisis, nous conduisîmes ; je conduirai, nous conduirons ; que je conduise, que nous conduisions ; que je conduisisse, que nous conduisissions ; conduisant, conduit.

Verbe-type en endre. J'entends, nous entendons ; j'entendais, nous entendions ; j'entendis, nous entendîmes ; j'entendrai, nous entendrons ; que j'entende, que nous entendions ; que j'entendisse, que nous entendissions ; entendant, entendu.

Verbe-type en etre et attre. Je mets, nous mettons ; je mettais, nous mettions ; je mis, nous mîmes ; je mettrai, nous mettrons ; que je mette, que nous mettions ; que je misse, que nous missions ; mettant, mis.

Verbe-type en aitre et oitre. Je connais, nous connaissons ; je connaissais, nous connaissions ; je connus, nous connûmes ; je connaîtrai, nous connaîtrons ; que je connaisse, que nous connaissions ; que je connusse, que nous connussions ; connaissant, connu.

Verbe-type en aindre et oindre. Pas de d au présent : je crains, nous craignons ; je craignais, nous craignions ; je craignis, nous craignîmes ; je craindrai, nous craindrons ; que je craigne, que nous craignions ; que je craignisse, que nous craignissions ; craignant, craint.

Les cinq modes. Indicatif, affirmation ; conditionnel, futur, sous condition ; impératif, ordre ou prière ; subjonctif, mode dépendant ; infinitif, mode vague.

4 conjugaisons et 2 auxiliaires. 1re en er, 2e en ir, 3e en oir, 4e en re. Deux auxiliaires, avoir et être, aidant à conjuguer les autres dans les temps composés.

4e progrès de grammaire enfantine : répéter les 10 verbes-types.

ORTHOGRAPHE DES VERBES.

Tableau de conjugaison avec les exceptions. Je — s, moins avec e muet, puis au passé défini et au futur ; tu — s, il — t, moins avec e muet et au passé défini ; nous — s, vous — ez, moins avec e muet et alors s, ils — nt.

Infinitif, en disant l'action de, jamais d'*s* ni *nt*.

Présent, Formation. Infinitif, moins r ou re.

Imparfait de l'indicatif. Je — ais, nous — ions.

Passé défini. Ai, verbes en er ; *us*, verbes en oir, oître, aître ; *ins*, verbes en enir ; *is*, la plupart des autres.

Futur. Formation. r ou re en *rai*, e avant r dans les verbes en er ; conditionnel *rais*.

Impératif. s moins e muet.

Subjonctif. Que je avec e muet ; que nous— ions.

Imparfait du subjonctif. Ajouter se à la deuxième du passé défini.

Participe présent. Ant par un a.

Participe passé, dernière lettre. Féminin et retrancher e muet.

5e progrès de grammaire enfantine. Réciter les règles de l'orthographe des verbes et en écrire sous la dictée en faisant les pourquoi oralement, puis conjuguer par écrit des verbes sur le modèle des dix verbes-types.

Pendant qu'on apprend la grammaire des verbes, on repasse chaque jour quelques principes et on refait les dictées.

GRAMMAIRE ÉLÉMENTAIRE D'USAGE.

Règle d'usage des mots longs. Écrits par syllabe.

Règle de l'accent grave. En général è grave devant finale muette et dans finales cès et grès.

Orthographe par dérivés. En allongeant le mot par son féminin ou par son verbe.

Règle du son se et sse. Ze, par un seul s entre deux voyelles ; se, par deux *ss*.

Règle des sons ja, jo, ju, ga, go, gu. Ja, jo, ju, par un j ; ga, go, gu, par un g.

Règle des sons ile et ille. Ile, par un seul l ; ieu, deux ll.

Règle des sons ai, oi, ui, ail, eil, ouil masculin sans e, verbes et féminins avec e muet.

Règle des sons eu eue eux. Eu, noms masculins ; eue, noms féminins ; eux, adjectif et pluriel.

Règle des sons euil, et ueil. U avant l'e, après c et g.

Règle du son au sans e. 1° singulier en al ; 2° après voyelle ; 3° étau, sarrau et landau.

Règle du son eur. Pas d'e, moins l'heure, du beurre, dans ma demeure.

Règle du son our. Pas d'*e*, moins bravoure et bourre.

6e progrès de grammaire enfantine. Petits papiers des règles et dictées sans faute sur ces règles, avec les pourquoi.

Règle des sons té et tié. Pas d'e moins dictée, jetée, montée, portée.

Règle du son cours masculin. Toujours un s au singulier.

Règle du son ment. Par un e, moins aimant, amant et diamant.

Règle des sons ac, ec, ic, oc, uc. Noms masculins par c. féminins, verbes et adjectifs par que.

Règle des sons ass, ess, iss, oss, uss au commencement des mots. Par deux ss moins l'acide, acier, dans l'océan, d'ici.

Règle du son esse à la fin des mots. Par deux ss, moins l'espèce de pièce, de ma nièce, de Grèce

Règle des lettres qui ne se doublent pas. Les six h, j, k, q, x et z. *B* seulement dans l'abbé au sabbat du rabbin; *d*, dans l'addition de la reddition.

Règle de aff, eff, off au commencement des mots. Deux ff, moins afin et Afrique.

Règle de aphe et ophe à la fin des mots, par *ph*, moins carafe, agrafe et girafe, puis étoffe.

Règle des jours, mois et saisons Dans les jours di, sans rien; dans les mois, ier par er, embre par em; dans les saisons, le printemps, premier temps; l'été, naturel; l'automne, par un *m* et l'hiver par un *h*.

Règle des peuples. Par féminin; retrancher l' e muet,

Règle des sons er et ier, aire et ère dans les professions. Er et ier par *er*, moins l'avoué de l'abbé; masculin, *aire*; féminin, *ère*.

7e progrès de grammaire enfantine.

COMPOSITION DE CHAQUE LEÇON ENFANTINE.

Exercice oral. Quelques principes — une règle d'usage — un verbe-type à conjugaison rapide — analyse de quelques mots de la dictée.

Exercice écrit. Une dictée — les pourquoi écrits des mots soulignés et en se servant du modèle des pourquoi — un verbe tout entier de la famille du verbe-type de la leçon.

8e progrès : analyse grammaticale élémentaire consistant à reconnaître à livre ouvert la nature de chaque mot.

POISSY. — TYPOGRAPHIE ARBIEU.

ENSEIGNEMENT BUESSARD

PASSAGE CHOISEUL, 28, ET GRANDE RUE DE PASSY, 41.

GRAMMAIRE

Toutes les grammaires se ressemblent, sont copiées les unes sur les autres, sans nouveaux moyens d'enseignement; la mienne seule sort de l'ornière de la routine, et voici pourquoi : les livres qui portent le nom de méthodes n'en sont pas ; ce ne sont que de confus recueils de règles, sans aucun moyen d'en faciliter l'application. Ces grammaires en 200 pages où la syntaxe est mêlée à l'orthographe, la science à l'usuel et qui reposent sur des abstractions, sur de longues définitions et dissertations, sur des exercices abstraits et encombrés d'inutilités, ne sont à la portée ni du temps ni de l'intelligence et de l'attention des neuf dixièmes des élèves des exter-des écoles gratuites ni des adultes qui ont peu de temps. Ma méthode est donc tout le contraire : abréger et simplifier le plus possible, voilà mon but et le conseil de mon expérience de vingt années. Quand une chose est expliquée, ce que l'on confie à la mémoire doit être court afin de pouvoir être appris rapidement et repassé sans cesse; autrement l'enfant, qui oublie si facilement, ne peut rien savoir. *Grammaire de principes* en quatre pages, que l'élève puisse apprendre rapidement et repasser sans cesse, et avec des moyens d'orthographe qui ne parlent qu'aux yeux ou au gros bon sens. *Les verbes* en 25 familles bien caractérisées, à verbe type et conjugaison rapide.—L'*Exercice des pourquoi* faisant sans cesse écrire et appliquer les règles et remplaçant la stérile insignifiance et les pertes de temps des analyses logique et grammaticale. — *Grammaire d'usage* procurant l'orthographe de dix mille mots avec un guide pour les écrire. — *Mnémotechnie des 600 homonymes* avec une phrase et un mot indicateur, ne forçant plus d'écrire chacun d'eux quinze ou vingt fois avant de le savoir.—*Nouveau système de dictées*, dictées enfantines menant le jeune enfant pas à pas et ne renfermant que des mots dont il puisse se rendre raison : dictées en cinq parties pour les adultes et leur faisant passer rapidement sous les yeux tout le mécanisme de la langue française. — *Syntaxe en sept pages* avec chaque règle résumée en une formule courte. — Enfin pour ceux qui ont le temps et pour les personnes instruites *une grammaire générale et comparée* traitant toutes les questions controversées.—L'*Orthographe uniforme et logique* dans les conditions d'une réforme possible. La plupart des instituteurs me disent : mes élèves ont *Noël et Chapsal*, *Poitevin* ou tout autre ; mais c'est beaucoup trop abstrait et trop long, et j'ai renoncé à faire apprendre toutes ces grammaires; j'ai dû me créer un enseignement à ma façon. Beaucoup ont ajouté : cet enseignement plus facile se trouve tout fait dans votre méthode.

Composition de chaque leçon.

Exercice oral. — 5 principes. 5 questions de verbes. 5 d'usage. 5 homonymes. 5 de syntaxe. Analyse orale de quelques mots de la dictée.

Exercice écrit. — Une dictée avec les pourquoi des mots soulignés et les pourquoi des fautes de la dictée précédente. Un ou deux verbes par écrit chaque semaine.

Pour la composition des leçons enfantines. (Voir ma *Grammaire enfantine.*)

GRAMMAIRE DE PRINCIPES.

Mnémotechnie naturelle sans aucune abstraction grammaticale. Toute la grammaire en quatre pages, pouvant ainsi être apprise rapidement et repassée sans cesse. Toutes les difficultés prises une à une et résolues au moyen d'un simple regard ou d'un changement indicateur. L'exercice des pourquoi faisant sans cesse écrire et appliquer les règles.

Principes élémentaires.

Grammaire. — Art de parler et d'écrire correctement.

Les neuf genres de mots. — Article, substantif, adjectif, verbe, adverbe, pronom, préposition, conjonction, interjection.

Article. — Détermine genre et nombre.
Substantif. — Nom, quand devant *un* ou *une.*
Adjectif.— Qualité, quand devant chose ou personne.
Verbe. — Action ou état, quand devant l'action de.
Adverbe. — Temps, lieu, manière, quantité.
Pronom. — Petit mot pour le nom.
Préposition. — Rapport des mots entre eux.
Conjonction. — Union.
Interjection. — Cri de l'âme.
Nom commun. — A tous de même espèce.
Nom propre. — A une personne ou pays.
Nom collectif.—Réunion générale ou partitive.
Sujet.— Qui est-ce qui sur le verbe?
Régime. — Quoi? indirect, avec préposition.
Attribut. — Quoi sur le verbe être.
Deux genres. — Masculin et féminin *e* muet.
Deux nombres. — Singulier et pluriel *s.*
Accord des adjectifs. — D'abord genre, puis nombre.
Tableau de conjugaison. — Je *s* moins avec *e* muet, puis au passé défini et au futur; tu *s*; il ou elle *t* moins avec *e* muet, et au passé défini; nous *s*; vous *ez*, moins avec *e* muet, et alors *s*; ils *nt.*

Cinq modes. — Indicatif, conditionnel, impératif, subjonctif, infinitif.

Le pluriel dans les verbes. — *nt* moins avec nous.

Orthographe de l'infinitif. — En disant l'action de, et jamais d'*s* ni *nt*.

Les quatre é dans les verbes. — Vous *ez* ; avoir ou être *é* avec accent ; un autre verbe ou préposition *à*, *de*, *par*, *pour*, *sans*, ER ; autres cas *ai*.

Deux mots indicateurs. — Le premier sur le verbe.

Cet, cette. — Masculin trois lettres.

Ce, se. — *C* devant nom, *s* devant verbe.

C'est, s'est. — *C'est* devant nom, *s'est* devant verbe moins *cela* est.

Ce sont, se sont. — *Ce* devant nom, *se* devant verbe.

Ces, ses, — ses *par son*, *sa* ou à lui.

Mes, mais. — *Mes* par mon, ma.

A sans accent. — Quand par avait.

Ou sans accent. — Quand par ou bien.

Ce, ceux. — Ceux quand par les gens.

Leur. — Pas d'*s* devant verbe.

Sont, son. — Un *t* quand par étaient.

Ont et *n'ont.* — Un *t* quand par avaient.

Pronom on. — Quand par *il*, pas de *t* et verbe au singulier.

N en m. — Devant *b*, *p*, *m* moins néanmoins, bonbon, embonpoint.

Règle des nombres. — *Ca* par *qua*. *Ze* par un *z*. *Isse* par *ix*. *E* par *ei*. *An* par un *a* moins trente et cent. *Illion* par deux *ll* suivis d'un *i*. *Eme* par un *è*. *Aine* par *ai*.

Cent et quatre-vingt. — Pas d'*s* quand nombre après, et dans les dates.

Mille, mil. — Dates par trois lettres.

Demi. — Invariable devant, variable après féminin, et pas d'*s*.

Présent formation — *Infinitif* moins *r* ou *re*.

Présent sans d. — Dans *eindre* et *soudre*.

Présent sans t. — Dans *tir*.

Futur formation. — *r* ou *re* ou *rai*.

Deux rr au futur. — *Ourrai* et *errai* de pas en *er* et j'enverrai.

Imparfait du subjonctif. — Ajouter *se* à deuxième du passé défini.

Impératif. — *S* moins *e* muet.

Distinguer les temps des verbes. — Changer par le pluriel : je *ai*, quand par nous *âmes*; je *ais* quand par nous *ions* ; je *rai* quand par nous *rons*; je *rais* quand par nous *rions*. ; il *a* quand par ils *èrent* ; il *ât* quand par ils *assent* ; j'*ai* quand par nous *avons*; j'*aie* quand par nous *ayons*.

Interrogation. — Supposer qu'il n'y en a pas, puis pronom après avec un trait d'union.

Interrogation par d — pas de *t*.

Interrogation par a, c et e muet. — *T* euphonique entre deux traits d'union et pas d'apostrophe.

Participe reconnu. — Quand devant avoir ou être.

Dernières lettres des participes et adjectifs. — Féminin moins *e* muet.

Participes simples. — 1° avec *être*, accord avec le nom ; 2° avec *avoir*, question quoi ? accord quand devant régime et l'un des cinq pronoms indicateurs *que, la, les, quel, combien de* sans préposition.

Verbe pas au participe. — Qui est-ce qui? sujet et verbe au singulier, sujet et verbe au pluriel.

Tu aies il ait, tu es il est. — *Ai*, quand par avoir, *es* par être.

Verbe en ger. — *E* devant *a* et *o*.

Verbe en eler et eter. — Èle et ète par un seul *l* ou *t* quand *é* avec accent à l'infinitif.

I et u dans les verbes. — Participe dernière lettre ; non participe je *s*.

Chaque et aucun. — Pas d'*s* ni au nom qui suit.

H aspiré. — Quand ni *l'* ni *j'*.

N'y qu'y s'y. — Par *y* quand par *ne que se*.

Sans s'en. — S'en quand par *se en*.

Quel qu'elle. — Masculin quatre lettres, apostrophe que elle.

Tout ce, tous ceux. — Avec *ce* un *t*, avec *ceux* un *s*.

Peu par trois lettres. — Quand par beaucoup.

Adverbe en emment. — Deux mm et le *son* ment par un *e*.

Premier progrès d'orthographe ; petits papiers, chaque question en italique ; répondre par la règle et en citant des exemples ; dictées sans faute sur ces règles et avec les pourquoi.

DIFFICULTÉS DE PRINCIPES.

Difficultés autres que les participes.

Substantif composé. — S aux seuls adjectifs et substantifs, et analyse naturelle du mot.

Nom propre. — Pas d'*s* quand on peut mettre appelé.

Adjectifs composés. — Tous deux invariables quand on peut mettre d'un coloris.

Absous et dissous. — Par exception *s* au singulier.

Les cent et les vingt. — Pas d'*s* une fois cent et vingt.

Les demies. — Un *s* par exception dans *cette pendule sonne les demies.*

Adjectifs invariables devant et variables après. — Demi, témoin, nu, excepté, supposé, passé, franc de port, ci-joint et ci-inclus, moins la nue propriété.

Même sans s. — Après verbe ou plus d'un nom et signifiant et même.

Quelque. — Devant nom pluriel *s* ; devant adjectif invariable ; devant verbe en deux mots.

Tout. — Devant substantif accord ; devant adjectif invariable, moins devant féminin consonne.

Exception de quelque et de tout. — Quand adjectif et substantif, ordinairement substantif l'emporte ; quelque signifiant environ, invariable.

Feu. — Accord quand il touche.

Grand'. — Quand mis pour *grande*.

C'étaient ce seraient au pluriel. — Devant nom ou pronom pluriel moins avec nous et vous, ou préposition.

E-je, ais-je. — *é je* quand verbe par *e* muet.

Impératif d'avec interrogation. — Toi, impératif pas d'*s* avec e muet ; tu interrogation *s*.

Impératif avec en et y.—*S* euphonique moins appartenant à infinitif.

Subjonctif. — *E* muet quand par que nous *ions* ou que nous *fassions*.

Iions, yions. — Changement indicateur par singulier ou par temps correspondants de faire.

Exception de l'infinitif. — Pas *er* quand sous-entendu *être*.

Moi qui, toi qui, etc. — Changement indicateur *par moi je, toi tu*, etc.

T'en et *-t-on.* — *T'en* apostrophe pour *te en*, *-t-on* seulement euphonique.

Par ce que et *quoi que.* — En deux mots par cela que, quelque chose que.

Plus tôt en deux mots. — Quand par plus tard.

Quant à, quand à. — *t* relativement à, *d* quand par lorsque.

N' après on. — Quand négation et par *ne*.

Prêt à, près de. — Préparé à, sur le point de.

Les douze participes difficiles.

Une seule règle pour les participes ne vaut rien : il faut, au contraire, préciser chaque difficulté, appeler l'attention spéciale de l'élève sur chacun des douze participes exceptionnels et lui donner une solution facile et positive pour chaque difficulté.

Participe neutre. — Pas de réponse ou indirecte à question *quoi*, invariable.

Participe pronominal. — Deux pronoms, question quoi ? et si l'un des cinq signes accord avec *eux*.

Participe suivi d'infinitif. — Question avec le nom sur l'infinitif : réponse *oui*, j'accorde ; réponse *non*, je n'accorde pas.

Participe unipersonnel. — *Il* sans rapport et invariable.

Participe avec me, te, se, nous, vous. — Accord quand *non mis pour à moi, à toi, à eux, à nous, à vous.*

Participe dû, pu, voulu. — Invariables quand infinitif sous entendu.

Participe entre deux que. — Invariable, régime suit.

Participe avec que l'. — Invariable, *l'* mis pour cela.

Participe avec le peu de. — Invariable quand le manque *de* ; variable quand une quantité suffisante.

Participe avec on. — Accord quand idée nette d'un féminin ou d'une pluralité

Participe avec en. — Invariable quand aucun des cinq signes.

Participe présent. — *S* quand par le féminin.

L'exercice des pourquoi.

Consistant à se borner à souligner dans une dictée les mots de principes ou autres essentiels ; l'élève les met dans la marge de sa copie et en fait les pourquoi d'après les moyens faciles indiqués pour l'application des règles. Cette méthode fait donc sans cesse écrire et appliquer les règles, et remplace les inutilités, les insignifiances et les pertes de temps de l'analyse grammaticale. Quant à l'analyse logique, elle n'enseigne à écrire aucun mot, à corriger aucune faute ; autrefois on s'en abstenait, et l'on n'a fait qu'introduire une abstraction stérile, signe de l'impuissance de gens qui, ne pouvant pas trouver de moyens faciles, en prennent de compliqués.

Tableau des mots invariables. — L'analyse grammaticale, tout ce qu'il faut en savoir.

Articles. — Le, la, les, 2 choses — au, du — des et dès — la 3 choses.

Pronoms relatifs. — Je, tu, il — nous, vous, ils — me, te, se — moi, toi, soi — qui, lequel, dont — lui, leur, eux — que 2 choses — en 2 choses.

Pronoms démonstratifs. — Ce, cet — ces, ceux, — celui-ci, ceci, cela.

Pronoms possessifs. — Mon, ton, son, mes — mien, tien, sien — notre, vos.

Pronoms indéfinis. — Quelqu'un, quiconque — chacun, autrui — on 2 choses — personne 2 choses.

Adverbes de temps. — Aujourd'hui, hier — demain, souvent — toujours, jamais — longtemps, bientôt — d'abord, ensuite — auparavant, aussitôt — sans cesse, quelquefois.

Adverbes de lieu. — Ici, là — ailleurs, sous — dedans, dehors — dessus, dessous — partout, auprès — au delà , en deçà — ou 2 choses.

Adverbes de quantité. — Peu , beaucoup , assez , trop — tant, plus — moins, aussi, encore — bien et mal 2 choses — plutôt, quelque — tout 2 choses.

Adverbes de manière. — En *ment*, dérivés d'adjectifs. — Agréablement.

Prépositions. — A 2 choses — de, par — pour, sans — dans, avec — avant, après — derrière, sous — parmi, vers — entre 2 choses — depuis, pendant — selon, contre — malgré, envers — jusque, près de.

Conjonctions. — Si, mais — quand, lorsque — et, — ni, comme — attendu que, pendant que — afin que, avant que — d'ailleurs, au moins — or, cependant — toutefois, enfin — néanmoins, par conséquent — donc, ainsi, pourquoi.

Interjections ou exclamations. — Ah ! eh ! oh ! — hélas ! bah ! — fi ! chut ! — holà ! quoi !

Les dix phrases de pourquoi d'analyse.

Cet enfant aime ses parents — il répond à leurs soins — le ciel est pur — c'était un avantage — elle se promène — finis cela — écrivez-moi cette lettre — le champ que je cultive est fertile — on les a fermés ces tiroirs — tout se détériore et se nuit.

Ces dix petites phrases résument presque tous les cas d'analyse grammaticale. Cherchez le verbe principal, celui qui n'est pas à l'infinitif, et faites sur ce verbe les deux questions : Qui est ce qui? et quoi ? S'il y a deux verbes pas à l'infinitif, il y a deux propositions.

ÉTUDE DES VERBES

Rapidement apprise à l'aide de deux moyens : 1° tous les verbes en peu de familles distinctes, en 25, et chacune avec un verbe-type; 2° la conjugaison rapide en sept temps et deux personnes; chaque verbe appris et repassé en une minute, et mettant à même de conjuguer tous ceux de sa famille.

Le tiers des verbes étant irréguliers, la formation des temps que donnent les grammaires expose à se tromper une fois sur trois. De même ces irrégularités rendent les radicaux impossibles, excepté pour les verbes de la première conjugaison et pour très-peu d'autres.

Les deux auxiliaires *avoir* et *être* et dix des verbes-types ont été déjà appris dans ma grammaire enfantine.

LES VINGT-CINQ FAMILLES DE VERBES

AVEC LEURS VERBES-TYPES ET LA CONJUGAISON RAPIDE.

Verbes en ER.

Verbes en er, verbe-type penser. — Je pense, nous pensons. Je pensais, nous pensions. Je pensai, nous pensâmes. Je penserai, nous penserons. Que je pense, que nous pensions. Que je pensasse, que nous pensassions. Pensant, pensé.

Les verbes par écrit se conjuguent tout entiers, mais le verbe type appris oralement suffit pour mettre à même de conjuguer tous ceux de sa famille.

Verbe exceptionnel en er, aller. — Au présent, je vais, nous allons ; au futur, j'irai, nous irons ; au subjonctif, que j'aille, que nous allions. Les temps composés avec être. Les autres temps réguliers.

Verbes en cer et ger. — Cer, cédille devant a et o ; ger un *e* devant a et o.

Verbes en ier. — iions, iiez à l'imparfait et au subjonctif.

Verbes en IR.

Verbes réguliers en ir, verbe-type finir. — Je finis, nous finissons. Je finissais, nous finissions. Je finis, nous finîmes. Je finirai, nous finirons. Que je finisse, que nous finissions. Imparfait semblable, excepté à la troisième personne du singulier, ît. Finissant, fini.

Verbes en enir, verbe-type venir. — Je viens, nous venons. Je venais, nous venions. Je vins, nous vînmes. Je viendrai, nous viendrons. Que je vienne, que nous venions. Que je vinsse, que nous vinssions. Venant, venu.

Verbes en vrir et frir, verbe-type ouvrir. — J'ouvre, nous ouvrons. J'ouvrais, nous ouvrions. J'ouvris, nous ouvrîmes. J'ouvrirai, nous ouvrirons. Que j'ouvre, que nous ouvrions. Que j'ouvrisse, que nous ouvrissions. Ouvrant, ouvert.

Verbes en ourir, verbe-type courir. — Je cours, nous courons. Je courais, nous courions. Je courus, nous courûmes. Je courrai, nous courrons. Que je coure, que nous courions. Que je courusse, que nous courussions. Courant, couru.

Verbes exceptionnels en ourir.— Nourrir et pourrir comme finir, mourir, je meurs et que je meure.

Verbes en quérir, verbe-type acquérir. — J'acquiers, nous acquérons. J'acquérais, nous acquérions. J'acquis, nous acquîmes. J'acquerrai, nous acquerrons. Que j'acquière, que nous acquérions. Que j'acquisse, que nous acquissions. Acquérant, acquis.

Verbes en aillir et euillir, verbe-type tressaillir. — Je tressaille, nous tressaillons. Je tressaillais, nous tressaillions. Je tressaillis, nous tressaillîmes. Je tressaillerai, nous tressaillerons. Que je tressaille, que nous tressaillions. Que je tressaillisse, que nous tressaillissions. Tressaillant, tressailli.

Verbes exceptionnels en aillir. — Assaillir fait au futur j'assaillirai. Saillir signifiant jaillir, se conjugue comme finir, et faillir a seulement le passé défini et les temps composés.

Observation sur bouillir. — Présent, je bous, nous bouillons; le reste régulier. Donc le futur, je bouillirai.

Verbes en ortir et entir, verbe-type sortir. — Je sors, nous sortons. Je sortais, nous sortions. Je sortis, nous sortîmes. Je sortirai, nous sortirons. Que je sorte, que nous sortions. Que je sortisse, que nous sortissions. Sortant, sorti.

Observation sur verbes en tir. — Vêtir conserve le *t* au présent, je vêts, et fait au participe vêtu. Assortir et retentir se conjuguent sur finir, ainsi que les verbes en tir qui ne sont pas en ortir ou en entir.

Observation sur ressortir. — Signifiant sortir une seconde fois, comme sortir. Signifiant dépendre d'un tribunal, comme finir.

Observation sur servir et asservir. — Asservir sur finir. Servir, au présent je sers; au subjonctif que je serve.

Observation sur fuir. — Imparfait et subjonctif yions.

Observation sur haïr. — Sans tréma au singulier de l'indicatif, parce que l'i n'est pas détaché. Je hais.

Observation sur fleurir. — Signifiant être prospère. Nous florissons, je florissais; florissant.

Observation sur gésir. — Il gît, il gisait, gisant; seuls temps.

Observation sur ouïr. — Seulement à l'infinitif et aux temps composés.

Premier progrès des verbes. Sur les petits papiers, les questions en italique et conjuguer sans faute les verbes de la première et de la deuxième conjugaison.

Verbes en OIR.

Verbes en voir, verbe-type recevoir. — Je reçois, nous recevons. Je recevais, nous recevions. Je reçus, nous reçûmes. Je recevrai, nous recevrons. Que je reçoive, que nous recevions. Que je reçusse, que nous reçussions. Recevant, reçu.

Le verbe voir. — Je vois, nous voyons. Je voyais, nous voyions. Je vis, nous vîmes. Je verrai, nous verrons. Que je voie, que nous voyions. Que je visse, que nous vissions. Voyant, vu.

Observation sur prévoir. — Comme voir, excepté au futur, je prévoirai.

Observation sur pourvoir. — Comme voir; excepté au passé, je pourvus et au futur je pourvoirai.

Observation sur pouvoir. — Je peux ou je puis, nous pouvons. Je pourrai. Que je puisse. Les autres réguliers.

Observation sur mouvoir. — Je meus, que je meuve. Les autres réguliers.

Observation sur pleuvoir. — Il pleut, qu'il pleuve, et seulement à la troisième personne.

Observation sur savoir. — Je sais, nous savons. Je saurai. Que je sache. Sachant. Le reste régulier.

Verbes en choir, verbe-type déchoir. Je déchois, nous déchoyons. Je déchéais ou déchoyais, nous déchéions ou déchoyions. Je déchus, nous déchûmes. Je décherrai, nous décherrons. Que je déchoie, que nous déchoyions. Que je déchusse, que nous déchussions. Déchéant, déchu.

Observation sur choir et échoir. — Choir, seulement à l'infinitif. Echoir, il échoit ou il échet. J'échéais, nous échéions. Que j'échéie, que nous échéions. Le reste comme déchoir.

Verbes en aloir, verbe-type valoir. — Je vaux, nous valons. Je valais, nous valions. Je valus, nous valûmes. Je vaudrai, nous vaudrons Que je vaille, que nous valions. Que je valusse, que nous valussions. Valant, valu.

Observation sur prévaloir et falloir. — Prévaloir, que je prévale. Falloir, seulement à la troisième personne.

Observation sur vouloir. — Je veux, nous voulons. Que je veuille et deux impératifs : veuille, prière; et veux, voulons, volonté forte.

Verbes en soir, verbe-type sursoir. — Je sursois, nous sursoyons. Je sursoyais, nous sursoyions. Je sursis, nous sursîmes. Je sursoirai. nous sursoirons. Que je sursoie, que nous sursoyions. Que je sursisse, que nous sursissions. Sursoyant, sursis.

Observation sur seoir. — Signifiant être situé, ne s'emploie qu'aux participes séant, sis, et aux temps composés avec être. Signifiant être convenable. Il sied, il séyait; pas de passé défini, il siéra, qu'il siée. Pas de participe passé ni de temps composés.

Le verbe s'asseoir. — Deux présents : Je m'asseois et je m'assieds. Je m'asséyais. Je m'assis. Trois futurs : Je m'asseoirai, je m'assiérai et je m'asseirai. Que je m'asseye. Que je m'assisse. S'asseyant, assis.

Verbes en RE.

Verbes en ire, verbe-type conduire. Je conduis, nous conduisons. Je conduisais, nous conduisions. Je conduisis, nous conduisîmes.

Je conduirai, nous conduirons. Que je conduise, que nous conduisions. Que je conduisisse, que nous conduisissions. Conduisant, conduit.

Verbes en crire et ivre. — Ive au lieu de ise.

Observation sur dire et redire. — Vous dites et redites, au présent.

Observation sur lire et vivre. — Passé défini et participe en *u*.

Observation sur rire. — Je riais, nous riions. Que je rie, que nous riions.

Observation sur frire. — Seulement à l'infinitif et avec faire.

Observation sur bruire. — Il bruit, bruyait, bruyant seulement.

Verbes en oire, verbe-type croire. — Je crois, nous croyons. Je croyais, nous croyions. Je crus, nous crûmes. Je croirai, nous croirons. Que je croie, que nous croyions. Que je crusse, que nous crussions. Croyant, cru.

Observation sur boire. — Nous buvons, je buvais. Que je boive, que nous buvions. Buvant. Les autres comme croire.

Verbes en ore, verbe-type clore. Je clos, nous closons. Je closais, nous closions. Pas de passé défini. Je clorai, nous clorons. Que je close, que nous closions. Pas d'imparfait du subjonctif quand il n'y a pas de passé défini. Closant, clos.

Verbes en ure, verbe-type conclure. Je conclus, nous concluons. Je concluais, nous concluions. Je conclus, nous conclûmes. Je conclurai, nous conclurons. Que je conclue, que nous concluions. Que je conclusse, que nous conclussions. Concluant, conclu.

Verbes en endre, verbe-type entendre. — J'entends, nous entendons. J'entendais, nous entendions. J'entendis, nous entendîmes. J'entendrai, nous entendrons. Que j'entende, que nous entendions. Que j'entendisse, que nous entendissions. Entendant, entendu.

Verbes en erdre, ordre, ondre, ompre. — Comme entendre en retranchant *re.*

Verbes en prendre. — Nous prenons. Je prenais. Que je prenne. Les autres réguliers.

Verbes en indre, verbe-type craindre. — Je crains, nous craignons. Je craignais, nous craignions. Je craignis, nous craignîmes. Je craindrai, nous craindrons. Que je craigne, que nous craignions. Que je craignisse, que nous craignissions. Craignant, craint. Verbes en *indre* pas de *d* au présent.

Observation sur poindre. — Seulement au futur et aux temps composés.

Verbes en soudre, verbe-type absoudre. — J'absous, nous absolvons. J'absolvais, nous absolvions. Pas de passé défini. J'absoudrai, nous absoudrons. Que j'absolve, que nous absolvions. Absolvant, absous. Verbes en *soudre* pas de *d* au présent.

Observation sur résoudre. — Au passé défini. Je résolus. Deux participes : résolu et résous, changé en.

Verbe coudre. — Je couds, nous cousons. Je cousais. Je cousis. Je coudrai. Que je couse. Que je cousisse. Cousant, cousu.

Verbe moudre. — Je mouds, nous moulons. Je moulais. Je moulus. Je moudrai. Que je moule. Que je moulusse. Moulant. Moulu.

Verbes en ettre et attre, verbe-type mettre. — Je mets, nous mettons. Je mettais, nous mettions. Je mis, nous mîmes. Je mettrai, nous mettrons. Que je mette, que nous mettions. Que je misse, que nous missions. Mettant, mis.

Verbes en aître et oître, verbe-type connaître. Je connais, nous connaissons. Je connaissais, nous connaissions. Je connus, nous connûmes. Je connaîtrai, nous connaîtrons. Que je connaisse, que nous connaissions. Que je connusse, que nous connussions. Connaissant, connu.

Observations sur naître, paître et se repaître. — Naître je naquis. Paître ne s'emploie guère qu'au présent de l'indicatif et du subjonctif et à l'imparfait de l'indicatif; mais se repaître à tous les temps.

Verbes en aincre, verbe-type vaincre. — Je vaincs, nous vainquons. Je vainquais, nous vainquions. Je vainquis, nous vainquîmes. Je vaincrai, nous vaincrons. Que je vainque, que nous vainquions. Que je vainquisse, que nous vainquissions. Vainquant, vaincu.

Verbes en faire, verbe-type faire. — Je fais, nous faisons. Je faisais, nous faisions. Je fis, nous fîmes. Je ferai, nous ferons. Que je fasse, que nous fassions. Que je fisse, que nous fissions. Faisant, fait.

Verbes en plaire et taire, verbe-type plaire. — Je plais, nous plaisons. Je plaisais, nous plaisions. Je plus, nous plûmes. Je plairai, nous plairons. Que je plaise, que nous plaisions. Que je plusse, que nous plussions. Plaisant, plu.

Verbes en traire, verbe-type traire. — Je trais, nous trayons. Je trayais, nous trayions. Pas de passé défini. Je trairai, nous trairons. Que je traye, que nous trayions. Trayant, trait.

Observations sur braire et courre. — Courre seulement dans courre le cerf. Braire dans il brait, il brayait, il braira et aux temps composés.

Passés définis. En *ai*, verbes en *er*; en *ins*, verbes en *enir*; en *us*, verbes en *oir*, excepté voir et les verbes en *seoir*; verbes en *ure* et en *ourir*, excepté nourrir et pourrir; verbes en *oître* et en *aître*, excepté naître; verbes en *plaire* et *taire*; lire et vivre, moudre et résoudre.

Verbes sans passé défini. — Verbes en clore et traire, absoudre et dissoudre, braire, bruire et luire, gésir, ouïr, seoir et poindre.

2e *Progrès des verbes.* Petits papiers et verbes par écrit.

Faire conjuguer en regard et par écrit : fonder et fondre; secouer et secourir; lire et lier; serrer et servir; croire et croître; mouler et moudre; les deux saillir; les deux ressortir; décrier et décrire; déteindre et détenir; suer et savoir; imprégner et empreindre.

ENSEIGNEMENT BUESSARD

GRAMMAIRE D'USAGE.

Procurant l'orthographe de dix mille mots, avec un guide pour les écrire et un mot type pour aider l'application de la règle; les exceptions résumées dans une petite phrase facile à retenir. Dans l'étude de l'orthographe d'usage, n'apprendre chaque mot qu'après l'avoir écrit quinze ou vingt fois dans les dictées c'est trop long et presque aucun élève des externats et des écoles gratuites n'a le temps nécessaire. Mettre tout le dictionnaire en règles, c'est trop confus, il faut donc se borner aux sons généraux qui ne comportent que peu d'exceptions faciles à retenir. Mon étude en huit pages procure l'orthographe de dix mille mots difficiles. Les autres sont dans mes dictées d'usage et après la correction de la dictée, on fait les pourquoi des fautes, on écrit cinq fois chacun des mots qu'on avait mal orthographiés.

ÉTUDE DES SONS GÉNÉRAUX ET COMPOSÉS.

AI

Ai, oi, ui, ail, eil, ouil, masculins sans *e*; féminins et verbes par un *e*, moins ma foi dans la loi sur la paroi. Mot type, un balai qui balaie l'ivraie.

Bai par ai, baie, baignoire, baiser, baisser.

Aide par ai, aide, laide, plaide.

Fai par ai, faisan, fainéant, faire, faisceau, affaisse.

Aig par ai, initials, aigre et aigu, puis aigle, daigne et les trois subjonctifs des verbes en *aindre*.

Lai par ai, laideur, laine, laisser, laitage, puis aile.

Mai par ai, les deux mai, mais, maigre, maire, maison de maître, puis aime.

Aine par ai, nombres et féminins d'adjectifs en *ain*. Puis gaîne, chaîne, traîne, capitaine, domaine, fontaine, neuvaine, plaine et porcelaine.

Rai et aire par *ai*, *rai* par *ai*, raie, raisin, raison. *Aire* par *ai*, professions au masculin et verbes à son *aire*. Adjectifs excepté, amer et cher, prospère, sincère, austère et sévère. *Ière* féminin, toujours par un *è*.

Sai et aisse par ai, sai par *ai*, saigner, saisir, saison. *Aisse*, les mots en baisse, caisse, graisse. *Aise* presque tous par *ai*, excepté les nombres par *ei*, et par *èse*, les mots en thèse et dièze, diocèse, Genèse et trapèze.

AC, EC, IC, OC, UC.

Ac et *oc initials*, par deux *cc*, excepté l'acacia, l'acanthe et l'acajou, de l'académie d'un acabit acariâtre. Oculiste seul *oc* par un *c*. Ecclésiastique seul *ec* par deux *cc*.

Ac, ec, ic, oc, uc, finals, substantifs masculins par *c*. Féminins, adjectifs et verbes par *que*. Excepté les substantifs cosaque, cloaque, zodiaque, évêque, cantique et portique ; colloque, phoque et socque. Excepté les adjectifs sec, grec, caduc et public. Mot type, sac opaque, j'attaque, baraque.

ACT, ECT, INCT.

Act, ect, inct, masculin sans *e*. Mot type, exact, abject et succinct. Je ne vois aucune nécessité de faire une exception pour compacte.

AN, EN.

An initial par a, ambi, amphi, excepté enfin, anté, anti, moins entier, *ang* moins engelure.

En initial des verbes, par *en,* moins anticiper, antidater, ambitionner et amputer.

Sons an par un a, ban, chan, ndant, stan, excepté existence, anque, anche moins pervenche qui se penche, ange moins venge.

Son ment par un *e*, excepté le diamant est un aimant pour un amant. Mot type, ornement.

Man par un a et sans t, la maman du drogman musulman a fait un roman sur le talisman du caïman.

Endre dans les verbes, par *en* moins répandre. Mot type, rendre.

Escent et aissant, escent ne venant pas d'un verbe ; aissánt venant d'un verbe. Mot type, convalescent, reconnaissant.

AU.

Les trois au sans e, 1° singulier en *al*; 2° après voyelle ; 3° étau, sarrau et landaw. Mot type, les tuyaux des généraux.

Aub par au, initiales, l'aubaine de l'aubade dans l'auberge. Finales, aube et daube.

Auc par au, initiale, aucun. Finales, mot en bauche, fauche et gauche.

Auc par au, initiales, l'audace de l'auditoire. Finales, en naude, chaude, vaude, puis émeraude, échafaude et fraude.

Aug par au, orthographe générale moins ogive et les mots en ogne.

Aul par au, une gaule en saule sur l'épaule du chat qui miaule.

Aume par au, initiale, aumône ; finales, baume, chaume, paume, psaume, royaume.

Aune par au, aune, jaune.

Aupe par au, auparavant auprès de la taupe.

Aure par au, l'auréole de l'aurore restaure le taureau.

Ause par au, initiales, auspice, aussi, austère; finales, cause, clause, pause.

Aut par au, initiales, orthographe générale, moins ôter l'ôtage ; finales, haute, faute, saute, aéronaute, autre et vautre.

Auv par au, initiale, auvent; finales, orthographe générale moins alcôve.

EU

Eu, eue, eux, eu, noms masculins; *eue*, noms féminins; *eux*, pluriels et adjectifs, moins bleu; verbes, moins en mouvoir, un *s*. Mot type, une lieue dans un lieu heureux.

EUIL

Euil et *ueil*, *u*, avant l'*e*, après *c* et *g*. Mot type, deuil de l'orgueil.

EUR

Eur, sans *e*, moins l'heure du beurre dans ma demeure. Mot type, douleur.

IN

In, *initial*, par *in*, excepté ainsi; mot type, intrigue.

In, ein, ain, finals, — féminins, *ine* ou *aine*, par un *a* quand les dérivés en ont un. Mot type, fin, vain, plein. Les dérivés sont : fine, vanité, plénitude.

INE

Ine, final, toujours un seul *n*; initial, aussi un seul *n*, moins les trois, innover, innocent, innombrable. Mot type, racine inepte.

INDRE

Indre, substantifs indre; verbes eindre, excepté les trois, craindre, plaindre et contraindre. Mot type, peindre un cylindre.

OIRE

Oire par un e, les substantifs féminins; les ajectifs moins, noir; les deux verbes croire et boire; les substantifs masculins en *toire*, excepté dortoir, comptoir, trottoir, boutoir et grattoir; enfin ivoire.

OU

Ou, oue, out, ou la plupart des masculins; *oue*, féminins; *out* noms en bout, goût, tout, excepté matou.

Oux par un x, les sept pluriels des substantifs bijoux, cailloux, choux, genoux, joujoux, hiboux et poux; les quatre singuliers courroux, époux, toux et houx, et les adjectifs doux et roux.

OUR

Féminins en our, pas d'*e*, excepté bravoure et bourre. Mot type, une cour.

Cours masculin, un *s* au singulier et aussi à velours. Mot type, un cours.

ON et UN

On et *un*, sans rien, à moins qu'indication par dérivés. Mot type, donjon importun; par dérivés, parfum sur le front.

TION

Tion par unt, orthographe générale. Mot type, fabrication.

Sion par un s, après *l* ou *r* et dans les mots en ension, excepté ceux en vention, puis attention et intention. Mot type, convulsion de la conversion de la pension.

Ssion par deux ss, dans les mots en mission et ession, excepté ceux en crétion et jétion; les mots en cussion, excepté exécution, locution et persécution, puis passion; mot type, permission dela discussion sur la concession.

Xion par un x, après *fl* et *pl,* et ne pas mettre de consonne après l'*x,* fluxion, complexion.

Cion par un *c*, suspicion.

Cratie, par *tie* de *cratos* pouvoir. Mot type, démocratie.

1er *progrès d'orthographe d'usage*. Sur les petits papiers, les questions en italique ; répondre par la règle, puis faire sans faute des dictées sur ces familles de mots.

ETUDE DE CHAQUE LETTRE.

Lettres qui ne se doublent pas, les six, *h, j, k, q, x* et *z,* et l'on ne double pas de consonne après une voyelle surmontée d'un accent. On ne doit pas non plus mettre d'accent sur un *e* suivi d'une double consonne ; c'est inutile au son.

A

A simple, dans les mots invariables moins hélas, dans la plupart des noms propres et dans papa sur le sofa. Mot type, voilà Scævola.

At, dans les professions et par dérivés. Mot type, avocat plat.

As, par dérivés. Mot type, trépas.

B

B double, b ne se double que dans l'abbé au sabbat du rabbin. Mot type, aimable.

C

Ce, initial des aliments, par un *c*. Mot type, cerise.

Ce, dans les composés de dix, par un *c*. Mot type, décime.

Ce, dans le son cess, commence par un *c* et finit par deux *ss*. Mot type, cession.

Ce, dans le son cile, par un *c*, moins le persil fossile. Mot type, docile.

Ce, dans le son cien, par un *c* moins le pronom sien et les mots en étien. Mot type, académicien.

Ce, dans le son ice, par un *c* dans les noms masculins et dans les féminins des professions en eur. Mot type, le vice de l'actrice.

Ce, dans les adjectifs en *ace* et *oce*, par un *c* quand le féminin a le même son que le masculin. Mot type, efficace, précoce.

Ce, dans les substantifs en ance, par un *c* moins ma transe pendant la danse sur la ganse; moins les mots en pense et les adjectifs immense, intense et dense. Mot type, abondance.

Ce, dans les mots en ince et once, par un *c* moins réponse et les imparfaits en insse. Mot type, province, annonce.

Ce, dans le sonource, par un *c* les mots en source, par un *s* les autres.

Ç avec une cédille, ça, ço, çu, des verbes en *cevoir* et *cer*; *çon* précédé d'un *a*, *e* muet ou d'une consonne, excepté pinson et les mots en chanson.

D

D double, *d* ne se double que dans l'addition de la reddition. Mot type, adresse.

E

É dans les féminins en té et tié, sans deux *é*, moins les quatre usuels dictée, jetée, montée, portée. Mot type, utilité de l'amitié.

É dans les professions et masculins en ier par *er*, moins l'avoué d l'abbé curé. Mot type, le soulier du cordonnier.

È dans les mots en cès et grès, par *ès*, moins malgré le regret. Mot type, progrès, succès.

F

F doublé, dans les initiales, *aff*, *eff*, *off*, moins afin et Afrique. Mot type, affaire effrayante à offrir.

F non doublé, dans *dé*, *mé*, *né*, *ré*, *pro*, *ifier*. Mot type, défiance du professeur glorifié.

If masculin, sans *e*, moins calife et pontife. Mot type, canif.

G

G double, *g* peut ne se doubler que dans suggestion. Mot type, agrandir.

Age, ège, ige, oge, uge, finals, par un *g* et jamais par un *j*. Mot type, âge.

Gnon par *gn*, moins l'union de l'opinion. Mot type, compagnon, ne mettre pas d'*n* avant *gn*.

Ge, gue, güe, gue par un *u*; tréma quand on entend le son de l'*u*.

H

H initial sons généraux, habi moins abîme, home moins omelette. hume. Mot type, habitude de l'homme humain.

H initial par étymologie, hex six, hepta sept, héca et hecto cent, hémi demi, héli soleil, hyd eau, hyper sur, hypo sous et hippo cheval.

Ch, chrono temps, christ, arché pouvoir.

Ph, philo ami, phys nature, phos lumière, amphi double ou autour.

Finales aphe et *ophe*, par *ph* moins agrafe, carafe et girafe, puis étoffe.

Rh initial, rhétorique, rhin, rhinocéros, rhum, rhume, rhubarbe.

Th théo Dieu, anthropo homme, ortho bien, thermo chaleur, lithopierre, puis thé suivi d'une voyelle ou du son ze.

I

I simple, dans les jours et dans les masculins sans dérivés indiquant un *t* ou un *s*. Mot type, le défi du lundi.

Ie, la plupart des féminins et verbes en *ier*, le masculin, génie. Mot type, la comédie varie.

It, *is*, *il*, la plupart par dérivés. Mot type, nuit, tapis, fusil.

J

J, jamais double et devant *a*, *o*, *u*; puis dans le jeu, du jeune, du jeudi, objet, du sujet, le jet d'eau.

K

K initial, kilo mille, la kirielle, du kan dans le kiosque, au kermès du kremlin,

2e progrès d'orthographe d'usage, petits papiers et dictées.

L

Ale final, un seul *l*, moins la balle dans la malle sur la dalle de la stalle de la salle. Mot type cavale.

El initial, un seul *l*, excepté ellébore et ellipse.

Elle féminin, deux *ll*, mot type, chandelle.

Ile, un seul *l*, moins mille, ville, vaudeville, tranquille. Mot type crocodile. Ille, son *ieu*, coquille.

Ole, un seul *l*, moins, colle, molle, corolle, folle. — Mot type, casserole.

Ule et oule, un seul *l*, moins nulle, bulle, tulle. — Mot type, mule, roule. Ouille son *ieu*, grenouille.

M

Am initial, un seul *m*, moins ammoniac. — Mot type, amitié.

Ame final, un seul *m,* excepté dans les mots en flamme et gramme et dans femme. — Mot type rame.

Eme, ime, ume finals, un seul *m.* — Mot type crême, cime, rhume.

Ome final, masculins et adjectifs, un seul *m,* excepté homme; féminins et verbes deux *mm.* — Mot type, économe, pomme.

N

Ane final, un seul *n,* moins les féminins d'un seul son, les noms de femme et paysanne. — Mot type artisane.

Ène final, un seul *n,* moins les mots en ienne et prenne, puis l'étrenne de l'antenne dans la garenne. — Mot type arène.

One final, masculins, un seul *n,* féminins et verbes deux *nn,* moins amazone, anémone, aumône, matrone et zône. — Mot type, personne n'abandonne le trône.

Ine et une, un seul *n.* — Mot type, débine, importune.

O

O final simple, termes de musique, de reliure et zéro. — Mot type, l'infolio sur le piano.

Os, la plupart par dérivés et le chaos du héros. — Mot type, repos.

Ot, par dérivés, mots invariables et mots en cot, got, lot, excepté rouleau ; puis, dépôt, entrepôt, impôt. — Mot type, bientôt, le pivot du cagot.

Œ

Œ initial, œil, œillet, œuf, œuvre, œcuménique, œsophage.

Œ intérieur, bœuf, vœu, nœud, cœur, mœurs, sœur.

P

Ap initial des verbes, deux *pp,* moins apercevoir, apaiser, aplanir, aplatir, apitoyer et apurer. — Mot type, apprendre.

Ape final, un seul *p,* moins deux substantifs, grappe sur la nappe, et trois verbes, échappe, frappe, jappe.

Epe, ipe, ope, upe, un seul *p,* moins, steppe, grippe, enveloppe, développe, échoppe et huppe.

Q

Q par étymologie, dans les nombres, qua, quatre, quin, cinq. — Mot type, quatorze, quinte.

Ca par qua, idée de quatre et de quasi, qualité et quantité.

Co par quo, quolibet, quotidien, quotient et quotité.

Acq, acquérir, acquiescer et acquitter.

R

Ar initial des verbes, deux *rr*, moins aromatiser. — Mot type, arrêter.

Ire, ore, ure finals, un seul *r*, moins abhorre.

S

Se initial, par *s*, moins cela, celui et cerise. — Mot type, semaine.

Ass, ess, iss, oss, uss initials, deux *ss*, moins l'acide, acier, dans l'Océan, d'ici. — Mot type, assiette, essayée.

Esse final, deux *ss*, moins l'espèce de pièce de ma nièce de Grèce. — Mot type, paresse.

Sc, adjectifs en escent ne venant pas d'un verbe; science, scie, scission, sceptre, scélératesse, ascendant, ascension, acquiescer; fascine, et piscine, irascible et susceptible; descendre, suscite, oscille, faisceau et viscère.

T

At initial, deux *tt*, moins, atonie, atroce, atome, atla, atelier, et ceux par ath. — Mot type, attendre.

Atre, un seul *t*, moins, les verbes en battre. — Mot type, quatre.

Ette, par deux *tt*, les substantifs féminins, excepté l'épithète, de la diète, sur la planète, comète et par un accent circonflexe, quête, conquête, enquête, bête, fête, tête, arête, tempête. — Mot type, côtelette.

Ettre, ètre, être et *aître*, ettre les verbes en mettre et le substantif lettre; ètre, le mètre mesure et ses dérivés; aître, les deux substantifs maître et traître; les verbes au passé défini en us et naître; être les autres.

Ite, un seul *t*, moins les mots en quitte. — Mot type, réussite.

Otte double, dans les trois verbes, flotte, frotte, trotte; dans les substantifs, botte, crotte, hotte, motte, calotte, culotte, carotte, marmotte et dans l'adjectif sotte. La plupart des dictionnaires écrivent les autres avec un seul *t*.

Ute, un seul *t*, moins la lutte dans la hutte sur la butte. — Mot type, dispute.

U

U masculin, par un *u*, à moins que dérivés n'indiquent un *s* ou un *t* comme refus, rebut. Flux par un *x*.

Ue féminin, par un *e*, excepté la vertu de ma bru dans la glu.

V

W, dans wigh, whist, wahalla; la plupart mots étrangers.

X

X avec *c*, un *c* quand le son ce, pas de *c* quand le son ze. — Mot type, exciter l'exemple; jamais d'autre consonne après l'*x* du son xion Réflexion.

X final, ix les nombres et perdrix ; oix, choix, croix, noix, poix, voix; ux, flux; oux, les mots de l'étude de ce son : bijoux, cailloux, etc.

Y

Y dans les sons composés, son de deux *i*, ay, oy, uy. — Mot type, essayer, envoyer, ennuyer.

Cy par *y*, cycle, cygne, cylindre, cymbale, cynisme, cyprès et cytise.

Dy par *y*, dynamie, dynastie et dyssenterie.

Gy par y, gymnase, gynécée et gypse.

Hy par *y*, hydro, hyper, et hypo, excepté l'idée du cheval hippo.

Ly par *y*, Lycée, lymphe, lynx et lyre.

My par *y*, myria dix mille, myope, myrrhe, myrte, mystère, et mythologie.

Ny et *ry* par *y*, nymphe et rhythme.

Py par *y*, pyro idée du feu, pygmée, pylore, pyramide, pyrrhonisme et pythonisse.

Sy par *y*, syllabe, syllogisme, symbole, symétrie, sympathie, symphonie, symptôme, synagogue, synchronisme, syncope, syndic, synecdoque, synode, synonyme, syntaxe, synthèse, système et syzygie.

Ty par *y*, tympan, tyran et typo.

Z

Z, s'entend au commencement des mots; dans les nombres et les mots en onze, puis dans azote, azur, azyme, amazone, bazar, bizarre, czar, les mots en gaz, lazzi, lézard, luzerne, muezzin, chez, nez, rez-de-chaussée, riz, syzygie, suzerain, dièze et trapèze.

3e progrès d'orthographe d'usage, petits papiers et dictées sur les familles de mots de cette étude.

4e progrès d'usage, dictées à livre ouvert écrites sans faute, résultat obtenu après avoir fait les dictées de ma grammaire et écrit cinq fois les mots qu'on aurait mal orthographiés.

MNÉMOTECHNIE DES 600 HOMONYMES

Avec un mot indicateur de l'orthographe de tous les homonymes qu'on ne peut pas trouver par une règle ou par un dérivé, et une petite phrase résumant toutes les manières d'écrire un mot du même son, afin qu'on ne soit plus obligé de chercher longtemps et sans être assuré de trouver. On n'a pas le temps de dicter aux enfants pressés quinze ou vingt fois le même homonyme dans quinze ou vingt dictées différentes. Aucun faiseur de grammaires ne semble s'être douté des deux difficultés des homonymes, et tous se sont bornés à les écrire à la suite les uns des autres sans aucun moyen d'en faciliter l'orthographe.

A

Amande *mâ*-chée et amende *méritée*. Ancre *a*-ccrochée et encre pour écrire. Antre *a*-bominable où tu entres. Avant l'*a*vanie de la fête de l'Avent. L'anche et la hanche *a*-variées. Autant les autans sans *T*-hémis nuisent au temps. Abaisse bas cette abbesse. J'abhorre avec *horreur* son abord. J'accueille par cet accueil. La hache qui coupe de l'ache. Aie soin des ais *noueux* de la haie que je hais et qui est ici. L'aile par *a*-venture qu'elle a. Dans le bon air de cette aire *sablonneuse*, ce pauvre hère de *père Hachette* erre par deux *err*-eurs depuis l'ère chrétienne et *naturelle*. Il faut que j'aille cueillir de l'ail. Il ne faut pas que nous allions en haillons. Aller par deux *ell*-ipses dans une allée près de ce teint hâlé. L'autel dans l'hôtel d'*Ach*ille. Tes auspices *aus*-si pour l'hospice *ach*-ard. La hauteur de cet auteur. Il s'alambique avec cet alambic. L'haleine d'*Achi*topel rouille l'alène du cordonnier qu'on *amène*. Après cet apprêt *double*. Appât *pât*-ure et appas *pas*toral. Je m'appuie sur cet appui. L'archet *échet* à cet archer. Arrête cette arête *seule*. Les arrhes pour cet *ach*-at d'un arc de terre par *é*-change et arrangé avec art pour la hart. Il s'assied sur le *pied* en acier d'*ici*. Cet athée avec deux *é*-coliers s'est trop hâté. J'ai mis mon aval et j'avale. L'ara *naturel* sur le haras de *H*as pail. Au haut du château d'eau oh ! des os *d'osse*-ments et des aulx *él*-evés de terre.

B

Il babille dans son babil. Bah ! ne bats pas en bas le bât de l'âne que tu vas *hâter*. Une balle dans un bal. Le basilic dans la basilique. Il lit le ban du mariage qu'il va *bannir* sur un banc avec *Cé*-phise. Le balai qui balaie la salle du ballet de la *balle*. Un bail et je bâille.

Le cheval bai baye sur la baie. Celui qui bâtit ma maison battit les *deux Thé*-rèse. Il baignait dans ce *bain* ce beignet bénit. Le banquier au banquet sur la *banquette*. Un bar sur une barre. Ce bel animal bêle sur cette belle pelouse. Un destin béni et un cierge bénit avec de l'eau *bénite*. Une bête qui mange de la bette, feuille à *deux té*-guments. Le pied-bot *botté* qui n'est pas beau fait des baux. Le bonheur qui vient de trop bonne heure à une *heure bonne*. Le boucher qui mange une bouchée bouchait la bouteille. Du bouilli et de la bouillie. Un billion *nombre lion* de monnaie de billon. Le boa de *Goa* boit dans les bois. La boue bout au bout du *bout*-on. Bon est ce haut bond. Une bordée et je bordais. Tu bouques par la peur de ce bouc. Je bourre les *deux er*-goteurs du bourg de la *bourgade*. Tu bloques en bloc. Un bill *sans é*-quité sur le jeu de billes. Ce brigand avec son *brigandage* briguant cette place. Une brique sur le brig du *gé*-néral. Le brocard de celui qui aime à *brocarder* sur le brocart de soie. Il brochait ce châle broché le jour où nous avons mis le brochet à la *brochette*. Ma bru *sans é*-légance a ce produit brut. Mon but est d'être en butte a *deux té*-moignages.

C.

La cane que je bats avec deux cannes. Un cal et une cale *simple*. Des cartes pendant ma fièvre quarte tous les quatre jours. Un cap et une cape. Car le quart, je le carre avec *deux ér*-udits. Cette caisse *cas*-sée, qu'est-ce ? Le canot du *canotier* sur les canaux. Le camp où *campe* le kan des Tartares de *Ka*-désiah, quant à moi, quand à cinq heures je m'y rendrai, je lui dirai qu'en penses-tu ? Le cahot des voitures qui *cahotent* et le chaos des idées de *chaosier*. Un capital et une capitale. Il cachait ce cachet (verbes ai substantifs et) le cadis des mar-*dis* dont se vêt le cadi. Un chêne et une chaîne *cha*-toyante. Mon cher, vous direz en chaire qu'on préfère de la chair saine *sans é*-piderme à de la bonne chère nourriture *bonne et chère*. Des chants dans un champ *champêtre*. Chaud comme la chaux d'*ix*-érion. Tu chômes sous le chaume de la *chaumière*. Il cheminait vers la cheminée. Ce choc me choque. Un chut et une chute. Le chat du shah, roi des *deux ach*-alandeurs. Un maître clerc par un *cé*-dant qui ne voit pas clair dans la claire-voie. La clé de *Clé*-lie dans la claie de *Cla*-mart. Clore le chlore *ache*-vé. La clause est close pour cet *enclos*. Il cloue ce clou. Je me convaincs de cela et je lui convins. De la colle *double* pour ce col. Un coq et une coque cuits avec du coke de *Ka*-san. Un corps *pé*-rissable et tout autre cor *sans rien*. *Une* côte de bœuf, *deux* cottes de mailles et une quote-part comme ce *qu'ôte* ma sœur. Court-vêtu je cours dans la cour où il faut que je coure. Quel est le coût que *coûte* le cou *naturel* qu'il coud et qui a reçu un coup. Un coing pomme *gê*-née dans un coin. M. le comte *Comès* du roi fait mieux un compte de *computation* qu'il ne récite un conte. Des gens sans cœur chantant ce chœur *cho*-se d'opéra. En me convainquant par le propos convaincant de ce fabri-*cant*. Vous coudriez sous le coudrier. Quoi ! tu restes coi comme le *coi*-ffeur. Je lui confierai les fruits que je confirai. Le conseil que je conseille. Il collait ce collet. Crois à la croix de *crux*. La crême et le saint-chrême du *Christ*. Un croisé se croisait à la croisée. Je croquais ce croquet. On le crucifie sur ce crucifix *fixé*. Il creusait ce creuset. Il crie avec le cri du cric fait par *Cé*-sar. Un crû et une crue. Un curé et une curée. Cuire du cuir. Je crains pour le crin de la crinière.

(On peut s'exercer maintenant à trouver de soi-même le mot indicateur et l'on doit rendre compte de l'orthographe de chaque homonyme et en dire la signification.)

D.

Danse damnée sous des arbres denses. La date de la pousse des dattes de Téhéran. Dans ma dent déformé d'en haut. Le dey grec joue avec des dés naturels sous le dais que je regardais. Délasse-toi si tu es las et délace ce caleçon. Dessin que je dessine à dessein. Je déteins de déteindre et je détins de détenir. Tu décries à tort ce que je décris bien. Il délaie cela dans un délai. Je me défie de ce qu'il défit hier. La descente d'Escémir personne décente. Par-dessus cet espoir déçu comme reçu. Il devint un devin qui devine. En différant par notre esprit différent sur ce différend avec un débiteur. Donc le don de *dom dominus* dont je dispose. Tu dois guérir le doigt de Gétémar. D'où viens-tu, doux Ixion? Tu dors sur ce que tu dores. Il dure ce dur hiver.

E.

L'éclair qui éclaire. L'essai que j'essaie. L'ennui qui m'ennuie. L'emploi auquel tu m'emploies. L'éclaircie heureuse qui éclaircit le temps. L'éphore Achéménide fait un effort. L'écho choquant répète que tu as payé ton écot avec un thème. L'envie s'exerce à l'envi sans égards. Exhausse bien haut celui qui exauce ce vœu. J'épie cet épi. En un an Anatole. On désire que j'enceigne d'une enceinte ce fossé et que j'enseigne à s'y prendre. Eteins l'étain de l'industriel hautain qui brûle l'étaim d'Emma. Ils étaient sûrs de l'édifice qu'ils étayent. Etant dans un étang de Tanger il s'étend. L'émail dont j'émaille cet objet. Eux ils ont des œufs efficaces. Il n'expira pas hier et il expiera demain ses torts. Les maux de cet empire empirent.

F.

Fasse le subjonctif que ta face s'efface. Fais que ce fait ne nuise pas au portefaix d'Aix. Le faon comme le paon de Paoli se fend. Le Phare de Phébus, le fard pour me farder, et le simple far de froment. Crois-tu que nous le fassions pour la fashion qui s'achemine? Il ne faut pas que ces gens faux s'arment de faulx falsifiées. En se fatiguant de se fatiguer à ce travail fatigant. En faisant cuire le faisan de l'artisan. Faire que je ferre deux fois ce fer. Une fête faite sur le faîte fabuleux du palais. Tu feins de croire à la fin de la faim de cet affamé. Le feu de ma feue tante. Le fil qu'il file. Fi donc!

mon fils, tu te fies à ce qu'il fit. Le foie, la foi une fois les trois illogiques et le fouet logique. Une fosse qui est fausse, il se fourrait dans le fourré des deux hercules. Fors ou hors mon for intérieur sans témoin qui est fort. Ils font que le fonds de commerce d'Esther se trouve au fond de la cour où fond le sel des fonts baptismaux, fontaine sainte. Je le fourre dans un four. Il força le forçat téméraire. Du flan de Milan sur mon flanc blanc. Le fret du navire frété le jour du vent frais. Le simple fusilier a fusillé le condamné. Je fondrai le cuivre dans l'édifice que je fonderai. Je filtre ce philtre avec acharnement. Ils furent au fur et à mesure.

G

Du gaz et de la gaze. Sois gai, fais le guet et passe à gué cette rivière guéable. Goûte cette goutte de térébenthine. Grâce pour cette personne grasse. La guerre des deux ermites ne me va guère. J'en veux à cette gent gentille et à ses gens. La grille du gril. Le geai de géanie noir comme le jais essentiel près du jet d'eau. Du grès essayé à mon gré. Noix de galle contre la gale simple.

H

La halle et le hâle étonnant. Tu hantes habituellement celui qui ente cet arbre. Le hêtre où il faut être. Le héraut d'armes Anténor du héros de Paros. La herse en langue erse. Il hochait la tête en regardant le hochet. Les huit juges du huis-clos par l'huissier. La hure qu'ils eurent. La hune où monte une dame.

I.-J

Il est dans une île. Un intrigant intriguant. J'eus du jus jusqu'aujourd'hui.

L

L'as-tu là cet habit, es-tu las de cela et pris dans les lacs de mon lacet. Le lac et la laque. Du lard et mes dieux lares é-liminés. Sois leste et prends du lest sans épave. Je l'ai vue la laie qui donnait du lait à un petit sanglier bien laid près du lé de toile article accentué. Il me laçait avec ce lacet. Se lasser de se lacer. Lire sur la lyre grecque. Une lice cédée qui n'est pas lisse. Le lis de Lise sur mon lit où je lis et que je lie avec des cordes. Ce fut lissé dans le lycée des deux étourdis grecs. Quitte ces loques, descend le loch dans la mer de Loches et bois le looch de Vanloo. Lûtes-vous ma lettre sur ce lut gras mon but et l'eûtes-vous cette lutte sur le luth de Luther. Il loue un loup pétrifié. Un lieu et une lieue.

M

Le mal et la malle de l'enfant mâle avec énergie. Le marc de Cécrops dans la mare. Le martyre émouvant du martyr. Le mari de Marie se remarie. En marchant vers ce marchand. La manne à double fond et les dieux mânes. Les maux causés par les mots de ce motet. Mais s'il met au mois de mai un mets comme tu mets. Mon maître le magister va mettre un seul mètre. Je marchais au marché. Un mail et une maille. Ma marraine sur le mât m'a vu. La mère du maire dans la mer sans écume. Meurs pour les mœurs de Noé. De la menthe hachée dans la mante de maman. Je mis de la mie. Ils mirent de la myrrhe grecque de l'Achéron aux deux Hermès. Moi j'attends le mois de la moisson. Mon voyage sur le mont qu'ils m'ont indiqué. La moue, tu mouds, le mou de veau et le moût de vin de la mouture. La mort du cheval qui mord son mors par une morsure et du cavalier maure du Maroc. Vous mîtes une mite sur le mythe grec.

N.

Je n'ai pas dit qu'on naît ou qu'on n'est pas né avec un nez comme celui de Nezzo. Je nie que ni lui ni moi nous n'y voyons rien dans le nid de nidus. Non, ils n'ont pas le nom dont tu les nommes. Il se noie en mangeant une noix de nux. Que sa nourrice le nourrisse avec deux herbes. Ce noyé se noyait près du noyer. Il nous a nui à la nuit nuitamment.

O.

Or tous avaient de l'or hors Espartero. Un oubli fâcheux et une oublie exquise. Mon hôte ôte la hotte des deux Théophile qui est trop haute. Vous ou moi nous irons où vous voudrez et nous trouverons cette houe et ce houx doux du mois d'août. J'ai ouï par mon ouïe fine et par deux points qu'on a dit oui.

P.

Le pâté et la pâtée. Un parc et une parque. Je pare le coup et je pars pour aller chercher ma part. Je parie dans ce pari. Le paon de Paoli se pend à ce pan sans ténacité. Le palet de la palette sur le palais essayé. La pâte mangée par l'animal à deux pattes. Le pater et la patère. Il parquait sur le parquet. Le pain et le fruit peint sur le pin de la pépinière. Je partis pour cette partie et pour ce parti. Je pavai avec ce pavé. Mon parent parant ce coup. Paie en paix madame Pax. Que ta paresse paraisse rarement. Pense à panser Parisot. Mon père le pair de France par ou l'égal des autres perd sa paire de gants. Un pène a un *i* de moins qu'une peine. Il peut un peu ce que tu peux. Que la police polisse ces deux esprits. Il faudrait que nous plantassions cette plantation. Le pieu de l'homme pieux. Tu piques ta pique sur le pic. La pie est pis que le tapis. La pinte est peinte. Pose-toi et ne fais pas une pause sans cause. Le porc qui est sur le port a dans les pores une écharde. Point de coup de poing sur mon poignet. Du poil naturel sur les autres poêles aux deux éléments de plus. Une pomme dans la paume de la main de Paul. La peau et le pot du potier. Le poids de la déesse, les petits pois et la poix du cordonnier pix. Il plaçait ce placet cet été. Avec son pouce il pousse deux esclaves. Un pou sur mon pouls à pulsation. Pusses-tu te débarrasser de cette puce! Puis comme je puis descendre dans le puits comme les nuits. Plutôt se réunir plus tôt que plus tard. Cette plaie ne me plaît pas. Je prie Dieu et je pris ce livre au prix fixe. Près de partir je ne suis pas prêt à partir pour faire un prêt sur ce pré à trois fleurs. Mon plan plane sur ce plant planté. La plaine est pleine de sa plénitude. Je me plains du trop plein. Tu plies ce pli sur la plie. Il a plu un peu plus. Je piquais avec ce piquet. Je polis ce fer non poli. Il a péché sous le pêcher. La parque dans le parc. Je pèle avec la pelle double. L'avis du prévôt de la prévôté prévaut. Le pyrée temple grec du feu dans le pirée port, tous deux avec deux énergumènes.

R.

Tu railles ces rails. Cette raie se prend dans mes rets filets aux rais ou rayons de la lune qui tombent sur mon ré de violon au rez-de-chaussée. Cet homme raisonne avec sa raison et ce violon résonne ou resonne. La voix rauque et râlante sur le roc du rocher. Je me rends en rang pour entendre le ranz des vaches par Zed-la. Une reine avec innocence tient mal les rênes de ce renne animal aux deux ennemis. Je me ressens du fait récent cent fois prédit. Le poil ras du rat. Ne ris pas du riz de la rizière et des rits du rituel. Un rob et une robe. La rime et le rhythme grec d'Achélonie. Le roi roua de coups ce roué avec un rouet comme avec un fouet. Je rôtis ce rôti et cette rôtie. La roue du bois roux de Roxelane. Il rompt ce bâton rond. Le repère de mon père tracé sur le repaire du loup.

S.

Que sales-tu de sale dans la salle des deux Éléonore ? Sans cela il s'en faut qu'il ait cent fois plus de sang humain et de sens commun que celui qui paie le cens au censeur et qui met tout sens dessus dessous par étourderie. Sains de corps et saints devant Dieu, ces cinq hommes avaient le corps ceint d'une corde et portaient au sein de leurs papiers le seing ou signature royale. Le savon que nous savons. Ils s'aiment bien et sèment du blé. Le cerf du serf en servitude. La sellerie où est le céleri aliment (le son *ce* dans les aliments commence par un c). Le serin sur la serinette pendant le temps serein plein de sérénité. Le receleur cèle celle de ces selles qu'on voudrait échanger contre du sel et que je scelle du sceau de l'Etat. Le garde des sceaux Escénard fait comme un sot un saut dans le seau d'eau. Le sellier qui fabrique des selles a un cellier. L'aigle a deux serres qui me serrent et dont je me sers. Sept de ces hommes qu'il dit ses frères, qui portent une saie ou sagum et dont il s'est fait aimer c'est lui seul qui sait les manier. La cession cédée pendant la session qui siégeait. Il s'assit sur son séant céans avec Céeslégor. La scène de la sainte cène sans espion sur la Seine dont l'eau est saine. Il scellait les scellés avec les sceaux d'Escénard. Ce marquis est censé sensé et même d'un grand sens. Un semis mis auprès de ces fleurs semi-doubles. Vingt sicles pour ce cycle cercle grec. Le signe sur la tête du cygne grec. Sire ou sieur, voici de la cire. Si elle s'y trouve et si elle a une scie par escévole. Le site espéré qu'il cite. Soit pour ta soie et chacun pour soi. Les sons qui sont sortis de son instrument. La sole solitaire sous le saule salutaire du sol de la vallée. Le sonnet sonnait et le soufflet soufflait deux fois. Je sors pour tirer au sort et pour acheter le hareng saure de mademoiselle Laure. Mon socque que j'aperçois sur le soc de la charrue. Ce soufre fait que je souffre par deux effets. Je ne me soucie pas de ton souci. J'ai souri à cette souris espiègle. Le sou de l'homme soul et de la femme soule qui sont sous la table. Tu statues sur cette statue et sur ce statut ténébreux. Je secouerai demain celui que tu secourais hier. Je suis et il me suit dans la suie. Tu sus que je sue. Vous sentez que la santé du puissant. La sotte saute. Il me salue d'un bon salut de salutation. Il faudrait que je susse ce que tu suces.

T.

Je tire au tir. Je tirais le tiret que tu as tiré. La tare trop tard. Ils t'ont servi ton thon haché. Ma tante Taneveau sous sa tente. Tant le tan du tanneur piqué par le taon comme le paon tend à renchérir avec le temps. Tu te tais sur la taie ou tache à l'œil et sur le thé d'achem dans le têt de bouteille à grosse tête, afin qu'on t'ait l'obligation que je t'ai et dont tu t'es vanté. Se taire sur la terre des deux Ermengarde. Je tins bon et je teins mon teint avec le thym de *l'hym*-en. Le terme du palais des thermes d'Achéloüs. Tout le monde a la toux dans cette rixe. Le toit de la toiture sur toi. Il tord à tort ce fil tors autour du tore étançonné. Trop aller au trot. Ta feuille sur un tas entassé. Le tribut du tributaire à cette tribu sans égale. Il trait comme un trait et très-bien. En tirant sur le tyran d'une grande tyrannie. La livre tournois escroquée au tournoi Je me tue parce que je me tus quand je devais parler et quand je t'eus vu.

V.

Vante avec vanité cette vente. Vaine est la bonne veine. Votre ami se vautre en va-nu-pieds. Le valet valait et le volet volait par un seul élan. Ce veau vaut vos débours mais tout va à vau-l'eau sans économie. Vends ce van du vannier qui est au vent. Ce ver à trois pattes insecte vert dans le verre des deux Ernestine va vers le faiseur de vers. Le vingt Gétérion vint en vain boire le vin et je vaincs mes passions. Il se pourrait que je visse le vice de cette vis sans écrou. La ville des deux Eliacin est vile. Il m'en veut pour le vœu de Voémont. Le verseau dessiné sur le verso avec obéissance. Tu voles pour prendre ton vol et faire la vole. Vois la voix de vox méconnue sur la voie publique. Je vous voue de l'amitié. Va voir ma sœur, voire même Elisa. Il vernit avec le vernis du vernisseur.

Rien que cette connaissance des 600 Homonymes réforme toute une vicieuse orthographe d'usage ; peu de phrases sont sans homonymes ; je prends au hasard deux vers :

C'est en vain qu'*au* Parnasse un téméraire *auteur*,
Pense de *l'art* des *vers* atteindre la *hauteur*.

Presque chaque mot est un homonyme ; pour cette étude encore je suis le seul qui donne une solution.

Quatre progrès d'homonymes ; premier A B C, mettre sur un petit papier chaque homonyme, mais écrit d'une seule manière, et répondre par la phrase mnémotechnique, puis faire une dictée sans faute de ces homonymes et sans que le maître dicte les mots indicateurs ; deuxième progrès, D à L ; troisième, L à R ; quatrième, R à V.

POISSY. — TYPOGRAPHIE ARBIEU.

EXERCICE ET MODÈLE DES POURQUOI

Faisant sans cesse écrire et appliquer les règles et remplaçant la stérile insignifiance et les pertes de temps de l'analyse grammaticale et de l'analyse logique; cette dernière surtout est une abstraction difficile et qui n'enseigne à écrire aucun mot. J'ai conservé des devoirs d'élèves, qui faisaient sans faute une analyse grammaticale, une analyse logique et un verbe, et qui avaient cinquante fautes dans une dictée d'une page.

Ainsi, dans une dictée, le professeur fera souligner les mots relatifs aux règles, et ce sont ceux-là seulement que l'élève portera dans la marge de son devoir et dont il fera les pourquoi, en appliquant les moyens faciles d'orthographe de ma Grammaire. J'ai indiqué la composition ordinaire des leçons en cinq études; mais il faut d'abord faire apprendre ma Grammaire des principes en quatre pages et le modèle des pourquoi, et les faire repasser chaque mois.

MODÈLE DES POURQUOI DE PRINCIPES

DICTÉE

Ces personnes dévouées qui avaient désiré étudier, tu vas les reconduire pour les honorer. Je viens pour vous parler. Ce sont ces messieurs qui se sont contrariés sur cet artiste. C'est ta famille qui s'est aventurée chez ce père et ses enfants. C'est mal faire; il a manqué à ses devoirs. Nous leur indiquerons tous leurs travaux. On les laissait s'embarrasser dans ce qu'ils ont fait. Les six mille neuf cent quatre-vingts francs de mil huit cent cinquante. L'an huit cent. Deux lieues et demie et une demi-lieue en deux ans et demi. Je me convaincs de cela, je dénoue, je crains, je pressens et je résous. Demain je labourerai et j'acquerrai cette propriété. Je discourrais si tu discourais toi-même. Écris-moi et ne crie pas. Hier je vins et parlai, et je parlais encore quand tu es entré. Je voudrais qu'il étudiât plus qu'il n'étudia hier. Il faut que j'aie la conscience que j'ai, et que tu aies la résignation dont tu es doué. Que puis-je? Dussé-je. Que coud-elle? Que se passe-t-il? Je suis confus, interdit. Ces femmes sont tombées et ont tombé dans les piéges qu'on leur avait tendus. Je les ai interrogés, ces messieurs. Quelle chaussure ont-ils usée et de quelle chaussure ont-ils usé? Les catastrophes que pressentait son fils à la suite des démarches que j'essaie, tout le monde ne les prévoyait pas, et elles ont dérangé nos plans. J'ai reçu et je reçus. Qu'y puis-je chaque jour? Tous ceux qui savent tout ce qui se passe chez tout le monde. Il se peut qu'il ait un peu de courage. Il s'en occupe ardemment. Les chefs-lieux, les arcs-boutants et les prie-Dieu; des appuis-main et des blanc-seings. Ce sont les Cicéron et les Virgile qui ont illustré la littérature latine; ces avocats ne sont pas des Cicérons. Ces étoffes bleu clair comme couleur, et bleues claires comme tissu. Ci-joint les billets ci-joints. Tes amis mêmes ; tes parents, tes amis même n'ont même rien vu. Quelque bons que soient ces quelques procédés quels qu'ils soient. Toute occasion, tout inquiétante et toute fiévreuse surexcitera ces hommes tout dangereux. Quelques grands hommes se trompent en toute aride affaire. Feu la mère de la feue reine. Dévoue-toi, te dévoues-tu ; vas-y, va y mettre ordre. Il faut que je revoie ce que nous essayions hier. Procure-t'en, s'en procure-t-on. Par ce que je vois et quoi que je fasse, je n'arriverai pas. Plutôt que d'agir ainsi, viens plus tôt. Quant à toi, quand à cinq heures et demie tu viendras, on n'agitera plus cette question. C'étaient eux seuls ou c'était vous tous. Il faut que je coure plus vite que je ne cours. Est-ce toi qui parlais ? Ils ont marché, ils se sont contrariés et nui dans les démarches qu'ils s'étaient proposées. Ils se sont laissé tromper et ils se sont laissés tomber. Des idées, nous en avons eu et voici l'idée que nous avons eue de ces hommes charmants charmant leurs loisirs. Nous sommes convenus qu'ils se sont convenu. Il a neigé. Nous nous sommes réunis et plu. Nous avons fait tous les efforts que nous avons dû. Les démarches qu'elle a su que j'avais faites étaient plus importantes que tes amis ne se l'étaient imaginé. Le peu de confiance que tu m'as témoignée m'a encouragé ; le peu de confiance que tu m'as témoigné m'a découragé. Madame, quand on est mariée ; amis, quand on est séparés.

dévouées,	adj. se rapportant à personnes, fém. plur.
étudier,	par *er,* parce qu'il y a devant désiré qui est un autre verbe qu'avoir ou être.
tu vas,	un *s,* il y a tu devant.
les reconduire,	jamais *s* ni *nt* aux infinitifs.
honorer,	par *er,* il y a devant la prép. pour.
pour vous parler,	deux mots indicateurs, pour et vous, le premier pour agit sur le verbe.
ce sont,	par un *c* suivi de messieurs qui est un nom.
se sont,	par un *s* suivi de contrariés qui est un verbe.
cet artiste,	*cet* par trois lettres devant artiste, nom masculin.
s'est,	par un *s,* suivi d'aventuré, qui est un verbe.
c'est mal faire,	par exception un *c* devant un verbe, signifiant cela est.
ses,	par un *s,* parce qu'on peut dire : ses enfants à lui.
a manqué,	*a,* pas d'accent; on peut le changer par avait.
à ses devoirs,	à avec un accent, prép. ; on ne peut pas le changer par avait.
leur indiquerons,	leur sans *s* suivi d'un verbe, indiquerons.
leurs travaux,	leurs un *s,* suivi d'un nom pluriel, travaux.
on,	pronom ; on peut le changer par il, pas de *t.*
laissait,	verbe, pas au participe : qui est-ce qui laissait ? On, pronom et verbe au singulier.
s'embarrasser,	par *er,* parce qu'il y a devant laissait, qui est un autre verbe qu'avoir ou être.
ont,	par un *t,* parce qu'on peut le changer par avaient.
mille,	par cinq lettres ; ce n'est pas une date.

cent,	pas d'*s*, parce qu'il est suivi d'un autre nombre.
quatre-vingts,	un *s*, parce qu'il n'est pas suivi d'un autre nombre.
mil,	par trois lettres, parce que c'est une date.
l'an huit cent,	pas d'*s* à cent dans les dates, l'an huit centième.
et demie,	un *e* après lieue, qui est un nom féminin, et pas d'*s*, il n'y a qu'une seule demie.
demi-lieue.	invariable, parce qu'il est devant le nom.
et demi,	pas d'*e*, parce qu'il est après un an, nom masculin, deux ans et un demi-an.
je convaincs,	un *c*, action de convaincre, je retranche *re*, il reste un *c*; un *s*, il y a je devant.
je dénoue,	un *e*, action de dénouer, je retranche *r*, il reste un *e*; je *s* moins *e* muet.
je crains,	pas de *d*, verbe en indre, un *s*, il y a je devant.
je pressens,	pas de *t*, verbe en tir, un *s*, il y a je devant.
je résous,	pas de *d*, verbe en soudre, un *s*, il y a je devant.
labourerai,	un *e* avant l'*r*, action de labourer ; pas d'*s*, parce qu'en changeant par le pluriel, nous labourerons.
j'acquerrai,	deux *rr* et pas d'*e*, futur en errai ne venant pas d'un verbe en er; pas d'*s*, parce qu'en changeant par le pluriel, nous acquerrons.
je discourrais,	deux *rr* et pas d'*e*, conditionnel en ourrais, ne venant pas d'un verbe en er ; un *s*, parce qu'en changeant par le pluriel, nous discourrions.
tu discourais,	pas deux *rr*, parce que ni futur ni conditionnel, imparfait; un *s*, il y a tu devant.
écris-moi,	impératif, sans *e* muet, un *s*.
ne crie pas,	impératif, avec un *e* muet, pas d'*s*.
parlai,	pas d'*s*, parce qu'en changeant par le pluriel, nous parlâmes, pas. déf.
parlais,	un *s*, parce qu'en changeant par le pluriel, nous parlions, imparfait.
étudiât,	un *t*, parce qu'en changeant par le pluriel, ils étudiassent.
étudia,	pas de *t*, parce qu'en changeant par le pluriel, ils étudièrent.
j'aie,	un *e*, parce qu'en changeant par le pluriel, que nous ayons.
j'ai,	pas d'*e*, parce qu'en changeant par le pluriel, que nous avons.
tu aies,	ai c'est le verbe avoir, un *e* c'est le subjonctif; un *s*, il y a tu devant.
tu es,	un *e*, c'est le verbe être ; un *s*, il y a tu devant.
puis-je,	interrogation signifiant je puis ; un *s*, il y a je.
dussé-je,	interrogation signifiant je dusse.
coud-elle,	interrogation signifiant elle coud ; le *d* remplace le *t*.

passe-t-il,	interrogation signifiant il se passe ; *t* euphonique entre deux traits d'union et pas d'apostrophe.
confus,	un *s*, le féminin est confuse.
interdit,	un *t*, le féminin est interdite.
sont tombées,	participe seulement avec être, accord avec le mot tombées, femmes féminin pluriel.
ont tombé.	participe avec avoir ; quoi ? rien, invariable.
tendus,	participe avec avoir ; quoi ? que devant mis pour piéges, rég. préc. accord, masc. plur.
interrogés,	participe avec avoir ; quoi ? les devant mis pour messieurs, rég. préc. accord, masc. plur.
usée,	participe avec avoir ; quoi ? quelle chaussure, rég. préc. accord, fém. sing.
usé,	participe avec avoir ; quoi ? de quelle chaussure, rég. ind. avec préposition ; invariable.
pressentait,	verbe pas au participe ; qui est-ce qui pressentait ? son fils ; sujet et verbe au singulier.
j'essaie,	verbe pas au participe ; qui est-ce qui essaie ? je, sujet et verbe au singulier.
prévoyait,	verbe pas au participe ; qui est-ce qui prévoyait ? tout le monde, sujet et verbe au singulier.
dérangé,	participe avec avoir ; quoi ? nos plans ; rég. suit, pas d'accord.
j'ai reçu,	participe, dernière lettre par le féminin.
je reçus,	non participe, je *s*.
qu'y,	par un *y* ; on peut le changer par que.
chaque jour,	jamais d'*s* à chaque ni au nom qui suit.
tous ceux,	tous les gens, tous au pluriel.
tout ce,	tout cela, tout au singulier.
tout le monde,	tout au singulier, le monde étant au singulier.
un peu,	pas de *t*, on pourrait le changer par beaucoup.
s'en,	mis pour se en occupe.
ardemment,	adverbe en emment.
les chefs-lieux,	le pluriel aux deux, parce que c'est un nom composé formé de deux substantifs.
les arcs-boutants,	un *s* aux deux, parce que c'est un nom composé formé d'un substantif et d'un adjectif.
les prie-Dieu,	pas d'*s* à prie, parce que c'est un verbe ; pas d'*x* à Dieu, parce qu'il n'y a qu'un Dieu.
des appuis-main,	des appuis pour la main.
des blanc-seings,	des seings en blanc.
les Cicéron,	les hommes appelés Cicéron et Virgile, pas d'*s*.
des Cicérons,	un *s*, on ne peut pas dire appelé ; comparaison.
bleu clair,	d'un bleu clair, mais l'étoffe peut ne pas être claire.
bleues claires,	étoffes claires et bleues.

ci-joint,	invariable, parce qu'il est devant le nom
ci-joints,	un *s*, parce qu'il est après un nom pluriel.
tes amis mêmes,	tes amis eux-mêmes.
tes parents même,	et même tes parents.
quelque bons,	invariable, parce qu'il est devant l'adjectif bon.
quelques procédés,	un *s*, parce qu'il est devant le substantif pluriel procédés.
quels qu'ils soient,	en deux mots, parce qu'il est devant soient.
toute occasion,	variable devant le substantif occasion.
tout inquiétante,	invariable devant un adjectif commençant par une voyelle.
toute fiévreuse,	variable devant un adjectif féminin commençant par une consonne.
tout dangereux,	invariable devant un adjectif masculin.
quelques grands hommes,	adj. et subst. avec quelque ; subst. l'emporte.
toute aride affaire,	adj. et subst. avec tout ; subst. l'emporte.
feu la mère,	invariable, ne touche pas.
la feue reine,	variable, touche.
dévoue-toi,	impératif avec *e* muet, pas d'*s*.
te dévoues-tu,	interrogation avec tu, un *s*.
vas-y,	*s* euphonique, *y* appartient à va.
va y mettre ordre,	pas d'*s*, *y* appartient à mettre.
revoie,	un *e*, subjonctif, on dirait que je fasse.
essayions,	*y i*, imparfait, on dirait j'essayais ou je faisais.
procure-t'en,	procure te en, lettre supprimée, apostrophe.
procure-t-on,	interrogation par *e*, *t* euphonique entre deux traits d'union.
par ce que,	en deux mots, par cela que.
quoi que,	en deux mots, quelque chose que.
plus tôt,	en deux mots ; on pourrait dire plus tard.
quant à toi,	un *t*, relativement à toi.
quand à cinq heures,	un *d*, lorsque.
on n'agitera,	*n'*, on ne agitera plus.
c'étaient eux seuls,	au pluriel, suivi d'un pronom pluriel.
c'était vous tous,	au singulier devant nous et vous.
coure,	un *e*, parce qu'en changeant par le pluriel que nous courions, subjonctif.
cours,	pas d'*e*, parce qu'en changeant par le pluriel que nous courons, indicatif.

MODELE DES POURQUOI DE SYNTAXE

DICTÉE

Chat d'Angora. Pied de roi. Frangipane. A bras le corps. Son casuel fut payé en quelques objets fragiles. Il faut que j'aille, il faudrait que j'allasse. Donnez-le-moi. Les Grecs et les Romains, ceux-ci ont imité ceux-là. Je me les rappelle les choses dont j'ai besoin. Ces objets coûtent cinq francs chacun. C'est le général et ses soldats. Ce sont les soldats et leur général. Je suis près de partir, mais non prêt à partir. Jujube et réglisse sucrées. Un des enfants qui mentent s'interrompt. Faute d'attention, j'ai fait une faute d'inattention.

chat d'Angora,	et non chat d'Angola : ces chats viennent de l'Asie Mineure et non de la Guinée.
pied de roi,	et non pied droit, longueur du pied du roi Charlemagne.
frangipane,	et non franchipane, pâtisserie inventée par le marquis Frangipani, exilé en Provence.
à bras le corps,	et non à brasse corps, à bras qui entourent le corps.
casuel et fragile,	casuel, revenu accidentel ; fragile, qui se casse facilement.
il faut que j'aille,	le second verbe au présent du subjonctif quand le premier à l'indicatif ou au futur.
il faudrait que j'allasse,	le second verbe à l'imparfait du subjonctif quand le premier au conditionnel ou au passé.
donnez-le-moi,	le pronom rég. dir. le premier quand il n'y a pas négation.
ceux-ci, ceux-là,	ceux-ci, les uns doivent se rapporter au dernier mot, au plus près d'eux.
je me le rappelle,	et non je m'en rappelle : rappeler étant un verbe actif veut un pronom régime direct.
dont j'ai besoin,	avoir besoin de quelque chose ; il faut donc un pronom régime indirect.
chacun,	et non chaque ; chaque doit toujours être suivi d'un substantif.
c'est, ce sont,	ce sont seulement quand il touche un substantif pluriel.
pres de, prêt à,	près de, sur le point de, prêt à, préparé à.
sucrées,	deux *ée,* parce que jujube et réglisse sont du féminin.
mentent s'interrompt,	mentent au pluriel, parce qu'il y a plusieurs enfants qui mentent ; interrompt au singulier, parce qu'il n'y a qu'un enfant qui s'interrompt.
faute d'attention et une faute d'inattention,	le premier signifie par manque d'attention ; le second, une faute causée par l'inattention ; on ne dit pas une faute de science, mais une faute d'ignorance.

POISSY. — TYPOGRAPHIE ARBIEU.

ENSEIGNEMENT BUESSARD

SYNTAXE USUELLE

La syntaxe a été appelée le chaos de la grammaire; j'espère, par la simplicité de ce travail, la sortir du dédale que lui avaient fait les grammairiens, et la mettre à la portée de toutes les mémoires et de toutes les intelligences. J'ai réservé les abstractions et les dissertations philologiques pour ma grammaire générale.

DÉFINITIONS.

Syntaxe. Correction du langage, choix des mots et construction des phrases.

2 genres de lettres. Voyelles formant un son sans le secours d'une autre lettre, 6 : a, e, i, o, u, y. Consonnes ne formant un son qu'avec le secours d'une autre lettre, 19.

4 sortes d'e. E muet, é aigu, è grave, ê long ou circonflexe.

Y et h. Y, son de deux i entre deux voyelles. — H aspiré quand il n'y a pas devant un article ou un pronom avec une apostrophe.

Syllabe. Son simple formé d'une ou plusieurs lettres : *Mono* (seul), *poly* (plusieurs).

Diphthongue. Syllabe de deux sons : ia, ié, ui, ien, ieu.

Mots variables et invariables. Variables dont la terminaison varie, 5 substantif, adjectif, verbe, article et pronom ; invariables, 4 : adverbe, préposition, conjonction et interjection.

SUBSTANTIF.

4 différents substantifs. Commun, propre, collectif et composé.

Pluriel des substantifs.

Les principaux substantifs en als. Les régals près des nopals, les bals des carnavals, les chacals et autres animaux, moins chevaux.

Les principaux substantifs en ails. Les éventails et les gouvernails à ces portails sont des épouvantails.

3 *substantifs au double pluriel.* Les ciels sans Dieu, les aïeuls paternels et les œils-de-bœuf.

GENRE DES SUBSTANTIFS.

Les 2 noms de genre différent aux deux nombres. L'orgue qui fait mon délice. Amour n'est féminin au pluriel que par une licence poétique.

Personne. Masculin sans article.

Quelque chose. Masculin, moins quelle que soit la chose.

Gens. Masculin pour l'adjectif après, féminin pour l'adjectif avant, moins quand ils sont séparés ou quand il y a le mot tout sans adjectif de son différent aux deux genres : Heureuses gens. Heureux sont les gens. Tous les honnêtes gens, toutes les vieilles gens sont malheureux.

Aigle. Masculin, moins les aigles d'un drapeau.

Aide, garde et trompette. Féminin moins l'homme aide, l'homme garde et l'homme trompette.

Greffe. Féminin pour les arbres, masculin pour le greffier.
Couple. Féminin, moins le mari et la femme.
Foudre. Féminin, moins au sens figuré.
Guide. Masculin, moins les guides d'un cheval.
Hymne. Masculin, moins hymne d'église.
Ours. Masculin, moins l'étoile.
Pendule. Féminin, moins le pendule du balancier.
Période. Féminin, moins le degré.
Solde. Masculin, moins la solde d'un soldat.
Dindon et dinde. Un dindon et une dinde.
Encrier et écritoire. Un encrier et une écritoire.
Les deux Pater. Le *Pater Noster* et la patère pour accrocher.
Genre des lettres. Masculin.
Les 3 masculins dénaturés. Le centime dans un bol près d'un obélisque.
Les 5 féminins dénaturés. La nacre, la réglisse et la jujube dans une alcôve et une antichambre.
Féminins d'artisan, de canard, chevreuil, pêcheur et quaker. Artisane, cane, chevrette, pécheresse et quakeresse.

SUBSTANTIFS DÉNATURÉS.

Chat d'Angola. Chat d'Angora, Asie Mineure.
A brasse-corps. A bras-le-corps, à bras qui entourent le corps.
Corporence. Corpulence, de *corpus*.
Cacaphonie. Cacophonie, de *cacos*, mauvais.
Mairerie. Mairie, du maire plus un i.
Smitière. Cimetière, sur la cime.
Castrole. Casserole, qui se casse.
Secoupe. Soucoupe, sous la coupe.
Tête d'oreiller. Taie d'oreiller qui le couvre comme une taie couvre l'œil.
Serviettes à linteaux. A liteau, raie ; linteau, poutre.
Franchipane. Frangipane, pâtisserie du marquis de Frangipani.
Jeu d'eau. Jet d'eau, qui jette de l'eau.
Gras doux. Gras double, double gras.
Machepain. Massepain, pain qui se masse.
Artichaut à la marigoule. A la barigoule, dans un baril.
Pommes de terre à l'étouffée. A l'étuvée, dans une étuve.
Pied droit. Pied de roi, du roi Charlemagne.
Fil d'oseille. Filoselle, la soie et non l'oseille produit un fil.
Fil d'aréchal. Fil d'archal, de son inventeur Richard Archal.
Vers les midi, les minuit. Vers midi, vers minuit, il n'y en a qu'un.
La volte. La vole, comme je vole.
La vouète. La ouate.
Fringale. Faimvale, faim d'une cavale.
Etre au bout de son rouleau. De son rôlet, petit rôle.
L'ablette et la belette. Ablette, poisson ; belette, petit quadrupède.
Fruit à queue et aqueux. A queue, qui a une queue ; aqueux, *aqua*, eau.
Aéro et aréo. Aéro, idée de l'air ; aréo, idée d'un liquide.

ADJECTIF.

5 *différents adjectifs*. Qualificatifs, démonstratifs, possessifs, indéfinis et numéraux.

Formation du féminin des adjectifs.

Règle générale de la formation du féminin. E muet ajouté au masculin.
Adjectifs qui doublent la consonne au féminin. Adjectifs en el, eil, ien,

on, ceux terminés au masculin par un s, excepté tiers, tierce; puis nul, gentil, sot, paysan et muet.

Féminin des adjectifs en f et x. En ve et se, moins vieille, rousse, douce et fausse.

4 féminins en che. Blanc, franc, sec et frais.

4 féminins en que. Turque, grecque, caduque et publique.

Féminin et double masculin de beau, nouveau, fou, mou, vieux. Féminin : belle, nouvelle, folle, molle, vieille. Double masculin : bel, nouvel, fol, mol, vieil, devant un masculin commençant par une voyelle.

Féminins de benin, malin, devin, coi et favori. Bénigne, maligne, devineresse, coite et favorite.

Féminins en gu. Un ë, avec un tréma.

Féminins des adjectifs en eur. Règle générale : euse; teur, trice ; érieur, un e, ainsi que majeure, mineure et meilleure ; en esse, pécheresse, vengeresse, enchanteresse, demanderesse.

Adjectifs sans féminin. Aquilin, chatain, dispos, fat et témoin, et professions spéciales d'hommes.

Adjectifs en al sans pluriel masculin. Amical, expérimental, fatal, final, frugal, glacial, mental, moral, pascal, patronal, théâtral, virginal, vocal et zodiacal. Employez avec ces adjectifs des synonymes féminins; au lieu de dire des combats navals, dites des batailles navales. — Je ne vois pourtant pas en quoi il serait choquant de dire des combats navals, des repas frugals, des maux fatals et des océans glacials.

Adjectifs à place changeant le sens.

Grand. Cet homme, grand de taille, n'est pas un grand homme par son mérite.

Pauvre. Cet homme, pauvre d'argent, n'est pas un pauvre homme sans mérite.

Brave. Cet homme, brave au combat, n'est pas un brave homme par sa bonté.

Honnête et galant. Cet homme, honnête et galant par sa politesse, n'est pas un honnête et galant homme par sa probité.

Méchants. Ces vers méchants, satiriques, ne sont pas de méchants mauvais vers.

Adjectifs analogues à nuances.

Bénie et bénite. Bénie, moins les objets par l'eau bénite.

Coloré et colorié. Coloré, moins les tableaux.

Affilé et effilé. Affilé, aiguisé ; effilé, allongé.

Bosselé et bossué. Bosselé avec art, bossué en tombant.

Considérable et conséquent. Considérable, nombreux ; conséquent, logique avec soi-même.

Capable et susceptible. Capable, pour les personnes et pour la contenance d'un objet ; susceptible, pour les choses et pour les personnes irascibles.

Econome et économique. Personne économe, chose économique.

Eminent et imminent. Eminent, élevé ; imminent, menaçant.

Honoraire et honorifique. Le membre honoraire d'une place honorifique.

Mousseux et moussu. Mousseux par le gaz, moussu par la mousse.

Matinal, matineux et matinier. Matinal par hasard, matineux par habitude, et choses matinières.

Passant et passager. Passant, où l'on passe ; passager, qui passe et ne dure pas.

Venimeux et vénéneux. Bête venimeuse et plante vénéneuse.

Avant-coureur et avant-courrier. Avant-coureur, moins l'aurore.

Prêt à... près de... Préparé à..., sur le point de...

Spirituel et spiritueux. Spirituel, esprit de la pensée ; spiritueux, esprit des liquides.

Ci-joint, ci-inclus, franc de port. Invariables devant, variables après.

Adjectifs numéraux avec ou et à. Ou sans division, à avec division : Nous serons vingt ou trente. Nous sommes de vingt à trente.

ADJECTIFS DÉNATURÉS.

Géane et perclue. Géante et percluse, masculin plus e.

Renforci. Renforcé; participe du verbe forcer.

Pécunier. Pécuniaire, de *pecunia*, argent.

Petit peu. Pas plus de petit que de grand peu, peu seul.

Une fois pour tout. Pour toutes les fois.

De plus bonne heure. De meilleure, comparatif de bon.

Régimes de deux adjectifs. A chacun la préposition qui lui convient : Il est utile à son pays et il est chéri de ses concitoyens, et non il est utile et chéri de son pays.

Fin du premier progrès de syntaxe : faire les petits papiers.

VERBE.

5 *genres de verbes.* Actif à régime direct, neutre à régime indirect, passif avec le verbe être, pronominal avec deux pronoms, unipersonnel avec la seule troisième personne du singulier.

4 *modifications du verbe.* 2 nombres, 3 personnes, 5 modes et 18 temps.

5 *modes*, Indicatif, affirmation ; conditionnel futur sous condition ; impératif, ordre ou prière ; subjonctif, mode dépendant ; infinitif, mode vague.

18 *temps.* Présent, 1 indicatif, passé 5, 2 simples, imparfait, passé défini ; 3 composés passé indéfini avec j'ai, passé antérieur avec j'eus, plus-que-parfait avec j'avais. Futur 4, futur simple, futur composé avec j'aurai, conditionnel simple, conditionnel composé avec j'aurais ; impératif 1 ; subjonctif 4, 2 simples, présent et imparfait du subjonctif, 2 composés passé que j'aie, plus-que-parfait que j'eusse ; infinitif 3, infinitif, participe présent et participe passé.

4 *conjugaisons et* 2 *auxiliaires.* Première, en er ; deuxième, en ir ; troisième en oir ; quatrième, en re ; deux auxiliaires, avoir et être, aidant à conjuguer les autres dans les temps composés.

Le tiers des verbes étant irrégulier, la prétendue formation des temps et les radicaux, exposent à se tromper une fois sur trois; on ne peut pas admettre comme règle une chose qui fait se tromper une fois sur trois. La seule méthode des verbes est de les classer par familles comme je l'ai fait dans mon étude spéciale des verbes, et d'avoir pour chaque famille un verbe type qu'on puisse apprendre en une minute, et, dans chaque famille, deux ou trois exceptions au plus.

EMPLOI DES TEMPS.

Concordance des temps. Après présent ou futur, présent du subjonctif ; après passé ou conditionnel, imparfait du subjonctif : Il faut, il faudra que j'aille ; il fallait, il faudrait que j'allasse.

Emploi de l'indicatif. Et non de l'imparfait pour une action qui a lieu à l'instant où l'on parle et pour une action qui a lieu dans tous les temps.

Emploi du passé défini. Pour un temps complétement écoulé.

Emploi du conditionnel. Pour un futur seulement conditionnel ; après un passé, conditionnel simple et non composé.

Emploi du subjonctif. Après une négation, après la plupart des locutions unipersonnelles et conjonctives avec que, après le seul, le plus, le mieux, le meilleur, et après quelque.

Action des substantifs collectifs sur le verbe. Général, singulier ; partitif pluriel, mais idée principale : La foule des hommes est mauvaise ; une foule d'hommes sont mauvais.

Action des petits collectifs sur le verbe. Pluriel, moins un des, et plus d'un.

Action de tout que et quelque sur le verbe. Tout que, indicatif, quelque subjonctif.

Action de ainsi que, et de ou sur le verbe. Deux mots séparés par ainsi que, le premier sur le verbe, par ou, le second : Le père ainsi que ses fils viendra ; le père ou ses fils viendront.

Action de personnels différents sur le verbe. Dans l'ordre de supériorité des personnes : Vous ou moi nous viendrons.

Action de l'un et l'autre, ni l'un ni l'autre. Verbe au pluriel.

Action de plusieurs infinitifs. Verbe au pluriel, ou mettre c'est.

C'est et ce sont. Ce sont, quand touché par un pluriel sans préposition.

Emploi des auxiliaires.

Emploi d'avoir. Avec les verbes neutres, excepter avec aller, arriver, décéder, mourir, naître, tomber, venir et ses composés.

Emploi d'être. Avec les verbes passifs et pronominaux; donc il s'est agi.

Verbes à double auxiliaire. Entrer, sortir, passer, monter, descendre, employés activement avec avoir; rester et demeurer signifiant habiter, avec avoir; convenir, signifiant plaire, avec avoir, autres cas avec être. Avoir échappé ou fui par oubli, être échappé ou sorti par mégarde. Avoir expiré pour les personnes ; être expiré pour les choses.

Verbes à prépositions différentes.

Oublier de..., oublier à... Oublier de..., négliger de..., oublier à..., désapprendre à...

Saigner au..., saigner du..., Saigner du... naturellement, saigner au... avec une lancette.

Participer de..., participer à... Tenir de... avoir sa part à...

Suppléer avec ou sans préposition. Suppléer quelqu'un dans ses fonctions, suppléer à l'absence d'une chose.

Imposer avec ou sans en, Sans en, respect; avec en, duperie.

Ne faire que..., ne faire que de... Ne faire que... toujours ; ne faire que de... à l'instant.

Arriver en..., et dans... En temps nécessaire, dans..., au bout de...

Verbes analogues à nuances.

Fleurissait et florissait. Fleurissait pour fleur, florissait pour être prospère.

Eviter et épargner. Eviter, fuir ; épargner, empêcher.

Il ressort et ressortit. Ressort une seconde fois, ressortit d'un tribunal.

Régler et rayer, Régler avec une règle ; rayer, faire des raies.

Demander et faire des excuses. Demander des excuses est le contraire d'en faire.

Plier et ployer. Plier en plusieurs plis; ployer, courber.

Recouvrir et recouvrer. Recouvrir de couvrir ; recouvrer, retrouver.

Consumer et consommer. Consumer avec du feu; consommer sans.

Apprendre et enseigner. L'élève apprend ce que le maître enseigne.

Veuillez et voulez. Veuillez avec prière, voulez avec une volonté forte.

Glisser et être glissant. L'homme glisse sur le terrain qui est glissant.

Croasser et coasser. Les corbeaux croassent, les grenouilles coassent.

Avoir l'air. Air du moment et choses féminin, air habituel masculin, elle a l'air gracieux; elle a l'air contente de ce que je lui dis.

Futur d'assaillir et de tressaillir. J'assaillirai et je tressaillerai.

Subjonctif de valoir et de prévaloir. Que je vaille et que je prévale.

Dire et ses composés. Dire et redire, vous dites, les autres vous disez.

Les deux saillir. Saillir, jaillir comme finir; être saillant, il saille, il saillait.

VERBES DÉNATURÉS.

Bayer aux corneilles. Bayer, bouche entr'ouverte sans baillement.

Je vous observe que. Je vous fais observer comme remarquer que.

Montez en haut Montez et descendez sans les pléonasmes en haut et en bas.

Acculer et éculer. Acculer dans un coin, éculer un soulier.

Je me suis en allé. Je m'en suis allé, en mis avant être dans les temps composés.

Je cachte et je feuilte. Je cachète, feuillette, époussette, décollette, furette, verbes en eter.

Désagrafer. Dégrafer.

Boura. Bouillira, infinitif plus a.

Émouler. Emoudre, émoulu.

Régime de deux verbes. Donner à chaque verbe le régime direct ou indirect qui lui convient. Il attaqua la ville et s'en empara, et non il attaqua et s'empara de la ville.

ARTICLE.

Deux modifications de l'article. Élision devant une voyelle ou h muet, contraction avec a et de, au, du, des.

Observation sur un. Un est article quand il est pris dans un sens indéterminé sans l'idée spéciale d'une seule unité.

De pour du. Avec substantif précédé d'un adjectif, moins dans les noms composés.

La plus, le plus. La plus, comparaison, le plus, au plus haut degré. De toutes ces dames c'était la plus affligée, et c'était le moment où elle était le plus affligée.

PRONOM.

Quatre genres de pronoms. Relatifs, démonstratifs, possessifs et indéfinis.

Pronoms directs et indirects. Directs : le, la, les, que; indirects, lui, leur, dont, en, y.

Place des deux pronoms. Direct le premier, moins négation avec : me, te, nous, vous : Donne-le-moi, ne me le donne pas.

Pronoms il, son, sa, ses, d'une seconde phrase. Doivent se rapporter au sujet de la première.

Pronoms qui et que, Doivent toucher le mot auquel ils se rapportent.

Pronom on répété. Doit rappeler l'idée des mêmes personnes.

Emploi du pronom soi. Sens indéterminé et intime et après pronoms indéfinis. La vertu est heureuse en soi; chacun n'aime que soi.

Leur ou son, sa, ses. Leur se rapporte à un nom pluriel.

Les ou leur, avec faire. Les quand faire suivi d'un neutre, leur quand faire suivi d'un actif.

C'est ou est après ce qui, ce que. C'est moins devant adjectif.

De qui, duquel. De qui pour les personnes, duquel pour les choses.

D'où et dont. D'où pour les lieux.

Ceux-ci, les uns. Se rapportent au plus près, au dernier; ceux-là, les autres au plus loin.

Chaque et aucun. Chaque suivi d'un substantif, chacun sans substantif.

L'on. Après et, si, ou excepté devant le, la, les, lui, leur.

Chacun avec son ou leur. Son, quand il est après le régime direct ou n'a pas de régime direct ; leur, quand il est devant le régime direct. Ils ont apporté chacun leur offrande, et chacun selon ses moyens.

Pronom avec besoin. Dont indirect, duquel.

Pronom avec se rappeler. Le, la, les, que direct d'un actif.

Je la suis, je le suis. Je la suis, substantif ; je le suis, adjectif. Etes-vous la mariée ? je la suis, êtes-vous mariée ? je le suis.

Remplacement des pronoms son, sa, ses, leur, lui, eux, elle. Par en et y en parlant des choses ; son, sa, ses, leur, ne peuvent être employés que quand le mot possesseur est exprimé dans la phrase comme sujet.

CONJONCTION.

Emploi de la conjonction. Entre des mots de même nature.

Nature des mots séparés par et, ni, ou. De même nature substantif ou verbe, ainsi ne pas dire : Emploie ton temps au travail et à étudier, mais au travail et à l'étude, ou à travailler et à étudier.

ADVERBE.

Là où. Là où, précision ; autrement là que.

Y avec me. M'y et non moi suivi d'y ; mais mieux moi là. Mène m'y ou mène moi là.

Jusqu'aujourd'hui. Et non jusqu'à aujourd'hui, pléonasme des deux prépositions à et au.

PRÉPOSITION.

A vous à qui. Pléonasme du même rapport, à vous que.

Prépositions différentes. A deux verbes ou adjectifs qui se suivent et ne veulent pas la même préposition.

Mots après même préposition. Mots de même nature, substantif ou verbe.

En campagne, à la campagne. En campagne, en guerre ; à la campagne, dans un village.

Habillé de ou en. Couvert de, transformé en.

Pot à lait, au lait, de lait. A lait n'en a pas, au lait en contient, de lait en est rempli.

PROPOSITION.

Proposition définition. Énonciation d'une idée, d'un jugement.

Proposition composition. Trois parties, sujet. verbe, attribut ou régime ; deux parties, verbe et sujet ou régime ; une partie verbe seul.

Sujet régime et attribut de deux genres. Simple en un seul mot, composé de plusieurs ; complexe cum avec adjectif ou régime indirect ; in sans.

Proposition principale. Idée dominante.

Proposition incidente. Avec pronom ou conjonction.

Proposition auxiliaire explicative. Qui complète le sens des autres.

Proposition elliptique. Qui manque d'une des trois parties.

S'exercer de temps en temps à reconnaître dans un livre les différentes propositions ; mais les analyses logiques par écrit sont une perte de temps et une abstraction inutile qui n'enseigne à écrire aucun mot ni à rectifier aucune locution vicieuse.

PONCTUATION.

Point, fin d'idée. Point d'interrogation ? question. Point d'exclamation ! cri de l'âme. Deux points : devant ce qu'on va dire ou expliquer. Point et virgule ;

séparation des différentes phrases un peu longues d'une même idée. Virgule, pour séparer : 1° mots de même nature qui se suivent ; 2° idées courtes ; 3° les membres de phrases accessoires ; entre deux virgules, les membres de phrases qu'on pourrait retrancher. Le trait d'union, signe du dialogue. Les points de suspension... Les guillemets de citation « », et les parenthèses ( ) d'un mot explicatif,

Voilà toute la syntaxe usuelle et nécessaire apprise au moyen de réponses courtes. Voilà en sept pages ce que les grammairiens mettent en deux cents.

2e *Progrès de syntaxe.* — Mettre sur les petits papiers chaque question en italique ; faire la réponse courte, mais citer un exemple qui prouve que l'on comprend.

L'étude générale de ma grammaire se subdivise donc en dix-sept progrès : 1° analyse de distinction des mots ; 2° verbes, 1re et 2e conjugaison; 3° verbes, 3e et 4e conjugaisons ; 4° principes élémentaires ; 5° difficultés de principes ; 6° homonymes A, B, C ; 7. D. à L. ; 8. L à R; 9. R. à V ; 10. orthographe d'usage, sons généraux ; 11. étude de chaque lettre, 1re moitié ; 12, 2e moitié ; 13. dictées à livre ouvert ; 14. syntaxe usuelle, 1re moitié ; 15. 2e moitié ; 16. grammaire générale 1re moitié ; 17. grammaire générale, 2e moitié.

COURS POUR LES ÉTRANGERS.

Système qui a pour eux le plus d'attrait et le plus de succès.

Leçons à apprendre. Ma grammaire d'orthographe en quatre pages. — Mes verbes à conjugaison rapide. — Ma syntaxe usuelle et mon travail sur le genre des mots. — Mes principes de lecture sur la valeur et l'articulation des sons. — Plus tard, mon étude des homonymes, ma grammaire d'usage et ma grammaire générale.

Exercices écrits. Une dictée graduée. — Un verbe. — Un style, la reproduction d'une des biographies attrayantes de ma littérature, exercice procurant en même temps aux étrangers la connaissance de nos littérateurs. — Explication écrite ou orale des différents genres littéraires en prose et en vers. — Une traduction en français.

Exercices oraux. Lecture lente et syllabique des exercices de mon livre de lecture sur la valeur et l'articulation des sons. — Conversation sur mon histoire des arts, donnant tout à la fois la connaissance de plusieurs mots et celle des arts et des monuments que visitent les étrangers.

Faire prendre note à chaque élève, sur un cahier qu'il conserve et qu'il relit de temps en temps, des mots et locutions qu'il a mal dits, mal exprimés ou mal écrits et de la manière dont on doit les rectifier.

Poissy. — Typographie ARBIEU.

ENSEIGNEMENT BUESSARD,

HONORÉ DE PLUSIEURS MÉDAILLES,

PASSAGE CHOISEUL, 28, ET GRANDE RUE DE PASSY, 41.

GRAMMAIRE

GÉNÉRALE ET COMPARÉE

DES EXAMENS ET DE MON COURS SUPÉRIEUR D'ÉTUDES USUELLES.

Langage et langues.

Langage. Manière d'exprimer ses sentiments et ses idées.

Sentiment. Émotion du cœur.

Idée. Représentation d'un objet dans l'esprit.

Jugement. Rapport de deux idées.

Proposition. Énonciation d'un jugement.

Les trois langages. Mimique, par gestes; parlé, par la parole; écrit par l'écriture.

Langage et langue. Langage moyen général, langue, moyen particulier à un peuple d'exprimer ses sentiments et ses idées.

Langues mortes ou vivantes. Mortes, qu'on ne parle plus; vivantes, qu'on parle encore.

Idiomes ou idiotismes. Locutions particulières à chaque langue. — Idiotisme grec, hellénisme. Par exemple l'emploi d'un verbe au singulier avec un sujet au pluriel neutre. — Idiotisme latin, latinisme : l'emploi de l'infinitif au lieu de l'indicatif français précédé de que. — Idiotisme français, gallicisme. Par exemple : Tant s'en faut, merci, on dit, etc.

Dialectes. Modifications de la même langue. En grec les quatre dialectes dorien, ionien, éolien et attique ; en français, le dialecte flamand, provençal. Le celtique et le basque sont deux langues spéciales.

Origines des trois langues, grecque, latine et française. Grecque du sanscrit indien et du zende persan ; latine du grec ; française du latin, du grec et du celtique. Au IXe siècle, langue romane, premier type national ; dans le nord langue d'oil, dans le midi langue d'oc.

Langues synthétiques. Beaucoup de sens en un seul mot, plus précises sanscrit, grec et latin.

Langues analytiques. Division des mots pour mieux répondre à la division des idées ; plus claires, le français.

Philologie et linguistique. Analyse comparative des formes grammaticales pour en déduire les procédés grammaticaux en usage dans chaque langue.

Des mots.

Mot. Signe d'une idée.

Phrase. Ensemble de mots pour exprimer un ensemble d'idées.

Période. Ensemble de diverses parties de phrases symétriquement arrangées.

Discours. Réunion de plusieurs phrases sur un même sujet.

Mot simple ou composé. Simple, formé d'un seul mot ; composé, formé de deux ou trois.

Analyse du mot. Radical ou racine, expression invariable de l'idée principale, terminaison ou désinence, expression variable des idées accessoires.

Flexions grammaticales. Additions à la racine pour la faire passer d'un sens vague à un sens précis et déterminé.

Flexion préfixe, suffixe et caractéristique. Préfixe quand elle précède le radical, par exemple, inexpérimenté ; suffixe quand elle le suit ; caractéristique quand elle donne à une espèce de mots sa forme caractéristique : le th à l'aoriste passif des verbes grecs ; nt à la troisième personne du pluriel des verbes français.

Diversité des terminaisons latines et uniformité des terminaisons françaises. Le latin n'ayant ni articles dans ses déclinaisons, ni pronoms dans ses conjugaisons, se reconnaît en variant ses terminaisons. Le français ayant des articles de déclinaison et des pronoms de conjugaison termine une infinité de mots par un e muet.

Synonymes. Mots différents par la forme mais ayant à peu près le même sens : amour et tendresse ; courage et intrépidité. Les uns sont plus poétiques que les autres.

Homonymes. Mots semblables par le son mais différents par le sens et par la forme. Le mot cher s'écrit de quatre manières.

Étymologie. Origine des mots en déterminant le sens et l'orthographe. — La plupart des mots français dérivés du latin, mais de deux manières, les uns par transformation populaire et irréfléchie, les autres par travail d'imitation savante. Exemples des premiers : église de ecclesia, douter de dubitare, voiture de vectura, étoile de stella. Exemples des seconds : radiation de radiatio, véhicule de vehiculum, pudeur de pudor, délibérer de deliberare; cependant les savants parfois irréguliers comme dans myriamètre au lieu de myriomètre, dans kilomètre au lieu de chiliomètre.

Doubles dérivés populaires et savants. Nombreux. Par exemple, du latin ratio le peuple a fait raison, le savant ration; de caritas cherté et charité; de calculus caillou et calcul: de directus droit et direct, de liberare livrer et libérer. Du reste l'Académie, depuis longtemps, ne suit plus les étymologies; elle écrit honneur par deux nn, métempsycose sans ch, et ainsi d'une foule d'autres, de manière qu'il deviendra bientôt nuisible de savoir le grec et le latin pour écrire le français.

Du langage parlé.

Mot parlé. Composé de sons.

Son. Émission de voix et élément du mot parlé.

Sons simples. 13 sons simples : les 5 voyelles, les trois genres d'e, muet, aigu et grave, et les 6 sons : eu, ou, an, in, on, un. En latin et en grec pas d'e muet ; en latin tous les e se prononcent, mais brefs ou longs, selon la prosodie. En grec une lettre pour l'é bref et une lettre pour l'ô long; une pour l'o bref, une pour l'ô long.

Sons composés. 22 ; les 19 consonnes et ch, gn, ill.

Classification des consonnes. D'après l'organe principal d'articulation.

5 *consonnes labiales.* Par les lèvres : b, f, p, m, v.

2 *consonnes dentales.* Par langue entre les dents : d et t.

3 *consonnes palatales.* Par la langue contre le palais : l, n, r.

5 *gutturales.* Par gosier : c, g, h, k, q.

4 *sifflantes.* Par petit sifflement : j, s, z, ch.

Consonnes liquides. Coulantes et pouvant facilement se joindre à autre consonne : b, f, p, r, t.

Consonnes mouillées. Son d'un i ; l et n dans ille et gn.

Consonnes identiques. A peu près le même son : b et p ; d et t ; f et v ; g et q ; s et z ; j et ch.

Syllabes et divisions. Son en une ou plusieurs lettres : Mono un, di deux, tri trois, poly plusieurs.

Diphthongue. Deux sons en une syllabe, ien ieu.

Accent. Mode de prononciation ; variété pour harmonie et contre l'uniformité. Accent aigu, grave et circonflexe. Le grec permet à l'accent trois positions : dernière syllabe, pénultième et antépénultième. Le latin deux ; l'accent circonflèxe pour distinguer les cas ne compte pas. L'accent français a deux places, mais pas les mêmes que le latin : toujours sur la dernière quand pleinement prononcée ou sur l'avant-dernière quand la dernière a un e muet.

Quantité. Allongement du son d'une syllabe; prosodie. Voyelle longue en grec et en latin quand autre voyelle semblable supprimée ou quand suivie de deux consonnes. Voyelle longue en français quand autre lettre supprimée, mais souvent brève suivie de deux consonnes. (Voir la prosodie française dans notre livre de lecture.)

Aspiration. Surcroît de force dans l'articulation d'un son. En grec l'aspiration marquée par l'esprit doux ou l'esprit rude ; en latin par un h. Le français emploie la lettre h, tantôt pour marquer une aspiration forte, tantôt pour rappeler seulement une étymologie.

Manière de lire le latin. Tous les e comme s'ils avaient un accent. — Toutes les consonnes se prononcent à la fin des mots. — Tous les ch que — œ, é — s entre deux voyelles ze — tia, tio ; cia, cio — en, in — um, ome — un, on, excepté unc — unt, ent ; onte, inte — qua, coua — quo, co — qui, quæ en deux syllabes.

Langage écrit.

Mot écrit. Composé de lettres.

Lettre. Signe d'un son.

Alphabet. Ensemble des lettres, 25. Cependant alphabet primitif grec ou phénicien de Cadmus, 16 lettres seulement. Alphabet latin, reproduction du grec mais modifié à différentes époques. Alphabet français, alphabet latin de l'époque impériale.

Deux espèces de lettres. Voyelles, 6 en comptant l'y ; consonnes 19.

Rapports du langage parlé et du langage écrit. 35 sons et seulement 25 lettres ; obligation d'avoir des sons formés de plus d'une lettre.

Orthographe. Rapport de la langue écrite avec la langue parlée. Orthographe parfaite, celle où à chaque son répondrait un signe d'écriture. Orthographes grecque et latine très-différentes dans manuscrits et inscriptions. Orthographe française abandonnée à tous les caprices, et sans grammaire jusqu'à la grammaire de Despautère au XVIe siècle. Aujourd'hui encore excessivement bizarre, illogique et difficile, et laissant les neuf dixièmes des Français dans l'ignorance de leur propre langue. (Voir mon système d'orthographe uniforme et possible, pouvant être apprise en une seule leçon, lisible pour tout le monde et conservant l'orthographe de la moitié des mots actuels et les règles logiques. Réforme sans l'inconvénient des systèmes radicaux proposés, illisibles pour tout le monde, et ne conservant presque aucun mot actuel.)

Les deux moyens d'uniformité d'orthographe. L'uniformité dans la représentation du même son et l'unité dans l'étymologie ; mais cette dernière abandonnée depuis longtemps ; la moitié des mots ne suivent plus leur étymologie ; d'ailleurs ce système sera toujours difficile pour ceux qui ne connaissent pas les langues étrangères et c'est le plus grand nombre.

Barbarisme et solécisme. Barbarisme, mot qui n'est pas français. Solécisme, locution qui n'est pas française.

Signes orthographiques. Indication des inflexions de la voix et de la division des mots et des phrases.

Accents et tréma. Accent, signe de prononciation sur voyelles ; tréma, signe de deux points pour séparer voyelle double ; n'existe pas en grec et en latin.

Apostrophe. Signe de l'élision d'une voyelle, a ou e et de l'i dans s'il.

Cédille sous le ç devant a, o u pour lui donner le son de l's, n'existe pas en grec et en latin.

Trait d'union. Signe pour unir deux ou plusieurs mots.

Tiret. Signe de changement d'interlocuteur.

Parenthèse. Partie pouvant être retranchée.

Guillemets. « Signe de citation, au commencement et à la fin. »

Points de suspension. A la suite d'un discours inachevé, temps d'arrêt de méditation.

Lettres euphoniques pour adoucir la prononciation vas-y, va-t-on.

Majuscules. Grandes lettres au commencement des alinéa, des phrases et des vers, aux noms propres d'hommes, de pays et de sciences.

Ponctuation. Signes de distinction des phrases et des repos de la voix. On ne la trouve guères que dans les manuscrits grecs et latins, depuis le ive siècle avant J.-C., et presque jamais dans les inscriptions. En latin et en grec l'abondance des conjonctions rendait moins nécessaire l'usage des signes de ponctuation.

Les sept signes de ponctuation et emploi. Point, fin d'idée. — Point et virgule, entre deux propositions qui s'enchaînent. — Deux points, récit et explication. — Virgule, petit repos après petits membres de phrases et séparant plusieurs mots de même nature. — Entre deux virgules, noms propres et d'état, dit-il et les locutions analogues, phrases explicatives pouvant être retranchées. — Point d'interrogation après question. — Point d'exclamation après interjections et cris de l'âme.

Grammaire et parties du discours.

Grammaire résumé des règles de langage et locutions déduites des ouvrages des grands écrivains. Les littérateurs précèdent les grammairiens.

Grammaire particulière d'une langue. Ensemble des règles suivies pour l'expression des sentiments et des idées d'un peuple.

Grammaire générale. Traité des procédés communs à un certain nombre de langues analogues comparées, avec ou sans les grandes difficultés spéciales et les principes généraux dominants d'une de ces langues.

Grammaire universelle. Etude des éléments homogènes et hétérogènes de toutes les langues.

Parties du discours. Classement par catégories d'analogues dans leurs formes ou dans leurs rôles. Neuf ou dix si le participe à part. Moins en grec et en latin ; grec confond l'interjection dans l'adverbe ; latin pas d'article et encore une catégorie de moins pour la plupart, car ils ne faisaient de l'adjectif qu'une division du substantif; beaucoup de substantifs sont d'abord des adjectifs : le sage, le domestique.

Mots variables et invariables. Cinq variables, nom, adjectif, verbe, pronom et article ; quatre invariables, préposition, conjonction, adverbe et interjection.

Mots de deux natures. Quelques-uns des invariables, selon la phrase ou par une légère addition : avant et avant de, dès et dès que.

Langues sans parties du discours. Langues sans flexions et à monosyllabes (chinois), signes d'idées générales d'après position, comme chiffres en arithmétique, comme Paul aide Pierre ; c'est la position des deux qui indique celui qui aide et celui qui est aidé.

Les quatre divisions de la grammaire de chaque partie du discours. Lexicologie ou définition, orthographe ou manière d'écrire les mots, Syntaxe ou arrangement et emploi des mots, et prononciation.

Différence des syntaxes. Grec et latin surtout Syntaxe de forme et d'accord puisque les mots avec beaucoup de flexions; accord des mots pour marquer l'accord des idées; cette syntaxe doit donc déterminer quelle forme à donner à un sujet, à un régime direct ou indirect, au verbe d'une proposition principale ou subordonnée; syntaxe plus libre et plus variée — français, syntaxe de position et de dépendance marquant la place et les modifications des mots dépendants, au point de vue de l'ordre direct: syntaxe plus claire.

Le substantif.

DIVISIONS ET DÉFINITIONS DU SUBSTANTIF.

Substantif. Nom des personnes et des choses physiques et métaphysiques.

Les trois propriétés du substantif. La nature, le nombre et le genre.

Natures de substantif. Propre, commun et collectif général ou partitif. Noms diminutifs dans les trois langues (fleurette, monticule). Noms indéterminés ou indéfinis dans les trois langues (quiconque, autrui, rien). Noms patronymiques, famille ou fils de en un seul mot, fréquents en latin et en grec, rares en français; cependant quelques-uns: les Atrides, les Mérovingiens.

Genres et différences. Trois en grec et en latin: le masculin, le féminin et le neutre. Deux en français. Genres capricieux, ainsi cœur: féminin en grec, neutre en latin, masculin en français. L'anglais n'attribue de genres qu'aux noms qui en ont réellement dans la nature, les autres neutres.

Nombre et différence. Grec, trois: singulier, pluriel et duel. Latin et français, deux.

Cas et déclinaisons. Six cas, terminaisons différentes indiquant les différentes acceptions d'un mot comme sujet ou régime direct ou indirect, un seul mot sans article ni préposition, mais à terminaison différente. Déclinaison, réunion des six cas; en grec et en latin mais pas en français. Si notre langue en avait une, il l'établirait avec des articles et des prépositions. Nominatif sujet, la femme; génitif, de la femme; datif, à la femme; accusatif régime, la femme vocatif, ô femme; ablatif, par la femme.

Dans cette grammaire générale et comparée, j'explique tout de manière à être compris des personnes mêmes qui ne savent pas le grec et le latin.

ORTHOGRAPHE DU SUBSTANTIF.

Orthographe logique et naturelle. Le langage écrit étant le signe, la représentation de l'idée, l'orthographe d'un nom ou d'un verbe doit exprimer l'idée par le genre et par le nombre.

Noms propres, règle générale. Pas d's, excepté quand comparaison.

Noms propres, orthographe contestée. Quand on sort de l'orthographe logique et naturelle, pour entrer dans celle du caprice et du n'importe quoi, qui est l'orthographe de l'Académie, on ne sait jamais où l'on en est: on écrit les deux Corneille sans s, les trois Scipions avec un s, et on ne sait si l'on doit mettre un s aux trois Horaces ; on écrit les deux Francfort sans s, les deux Indes avec un s ; et l'on ne sait si l'on doit mettre un s aux deux Amériques. Le seul moyen de sortir de cette impasse, c'est de mettre le signe du pluriel à toute idée de pluralité, et dans cette catégorie ne se trouveraient exceptés que ces gallicismes : Ce sont les Cicéron et les Virgile qui ont illustré la littérature latine; parce qu'ici le singulier est l'idée vraie ; il ne s'agit que d'un Cicéron et d'un Virgile. Le latin emploie toujours le pluriel et dit Horatii, Scipiones.

Noms étrangers, règle générale du pluriel. Il n'y en a pas, car ce n'en est pas une de dire un s quand le mot est francisé ; puis de mettre un s à des duos et de n'en pas mettre à des solo ; d'en mettre un à des prétérits et de n'en pas mettre à des déficit, comme si ce dernier mot n'était malheureusement pas trop francisé, surtout par le temps qui court. Il n'y a que deux règles qui puissent avoir le sens commun ; soumettre tout mot admis dans la société des mots français aux lois de cette société, et c'est ce qu'a fait le latin à l'égard de ses emprunts au grec, ou bien conserver aux mots étrangers leurs singuliers et leurs pluriels indigènes : Ainsi dire et écrire un erratum et des errata, un solo et des soli. La langue française est la première comme langage usuel et parlé, et la dernière comme orthographe, mais on pourrait même sans la bouleverser, la réformer d'un grand nombre des difformités et des absurdités que lui ont données les grammairiens dits classiques, probablement par antiphrase.

Noms composés de deux mots sans préposition , règle générale. Le pluriel aux seuls adjectifs ou substantifs ; un s au singulier, pas d's au pluriel, par analyse du mot.

Noms composés de deux mots sans préposition, orthographe controversée Les dimanches, lundis et mardis soir ou soirs? un s si les séances ont lieu toujours le soir, car vous pourriez avoir cette nuance : les dimanches et lundis matins et le mardi soir ; certes l's de matins paraitra obligé à presque tout le monde. — Des porte-drapeau avec ou sans x? S'il s'agit d'un seul, pas d'x, car cela signifie le militaire qui porte le drapeau ; s'il s'agit de plusieurs, un x car cela s'analyse les militaires qui portent les drapeaux.—L'Académie écrit un mille-feuille, un tire-botte, un cent-suisse et un quinze-vingt sans s, puis un mille fleurs et un gobe-mouches avec un s. C'est de l'orthograhe à l'usage de ces derniers, il faut un s au singulier de tous ces noms composés car un cent-suisses et un quinze-vingts s'analysent ainsi : un des cent-suisses, un des quinze-vingts aveugles.— Des papiers vélin sans s, par la même raison que des rubans paille. Vélin n'est pas un adjectif, c'est comme si l'on disait des papiers peau de veau.

Noms composés de deux mots avec préposition. Il n'y a pas de règle : l'Académie, fidèle à son système d'orthographe du n'importe quoi écrit à l'article gelée, gelée de pomme sans s ; à l'article pomme, gelée de pommes avec un s, à l'article groseille, sirop de groseille sans s ; à l'article sirop, sirop de groseilles avec un s, à l'article amande, huile d'amande douce sans s ; à l'article huile, huile d'amandes douces avec un s. La règle des noms composés avec préposition ne peut être que celle-ci : analyse par ces mots : faite avec du ou des, qui a ou qui vend du ou des. Huile faite avec des amandes douces, vêtement fait avec du poil de chèvre ; marchand qui vend du tabac, qui vend des comestibles ; fruit qui a des pepins, fruit qui a un noyau, eau faite avec la fleur de l'oranger et nom de l'orange.

Noms tout à la fois simples et composés et les deux orthographes. Si des à compte et des entre-sol restent décomposés, l'analyse n'admet pas d's; si l'on n'en forme qu'un mot, un s. Même observation pour la Toussaint : en un seul mot pas d's ; en deux, un s, fêtes de tous les saints. Quant aux deux orthographes vole-au-vent et vol-au-vent, la dernière n'est acceptable qu'en formant un mot simple par la suppression des traits d'union. Nom composé ce mot signifie pâte feuilletée et légère qui vole au vent. Coude-pied et non cou-de-pied, puisque c'est le coude formé par le pied.

Noms avec deux adjectifs ou deux nombres. Les grammairiens veulent qu'on laisse le substantif au singulier dans ces locutions : le premier et le second étage, le dix-huitième et le dix-neuvième siècle, l'une et l'autre affaire, page 21 et 22. Cette orthographe n'est pas logique et n'exprime pas l'idée qui est la pluralité. Dans les locutions identiques vous mettez bien un s et vous ne pourriez pas vous en dispenser : les premier et second étages, les dix-huitième et dix-neuvième siècles. Vous êtes entraînés dans une orthographe comme celle-ci : l'une et l'autre *affaire* sont *vues*, ou comme dans cette autre de l'Académie : vingt et un *an* accomplis.

Mots détournés de leur étymologie et qui pourraient facilement y rentrer. Ceux auxquels il suffit de changer, ajouter ou retrancher une seule lettre.

Noms détournés de leur étymologie étrangère ou française et qui pourraient facilement y rentrer. D'après le principe précédent et par la seule modification d'une lettre, on n'aurait plus la tristesse de voir, et la difficulté d'écrire : abattre par deux tt et par un seul abatis, abatage et bataille, Bayonne et baïonnette, honneur et honorable, donner et donation, sonner et sonore, brassière et bracelet, dixième et dizaine, charrette et chariot, quatre et carré, graine et égréner, monnaie et monétaire, phase et faisan, coureur et courrier, oreille et auriculaire, homme et homicide. Voilà un petit échantillon des difformités et absurdités facilement rectifiables de notre langue. En latin, *homo*, *honor*, *donatio*, *sonus* et leurs dérivés n'ont qu'une consonne ; *auris* (oreille) comme auriculaire s'écrit par au. L'Académie et les grammairiens ne peuvent donc pas rejeter leurs fautes sur l'étymologie étrangère ? Quant au mot finale, il doit avoir deux orthographes et non une seule : un final d'opéra, et la finale d'un morceau, puisque le premier est le morceau final, le second la note finale.

Mots détournés de leurs dérivés et qui pourraient facilement s'harmoniser avec eux. Par exemple, abri par la seule addition d'un t ; impôt, dépôt, en changeant le t en s. Ainsi de presque tous les autres irréguliers.

La bizarrerie d'orthographe ne peut-elle pas avoir une cause régulière dans une langue-mère sans l'avoir dans les langues dérivées ? Oui, par exemple, les substantifs latins se forment souvent du participe passé ou supin des verbes; de là ces différences de la terminaison en tion : *abdicatum* a fait *abdicatio; inversum inversio; progressum progressio; inflexum inflexio;* mais les différences françaises du son tion n'ont aucune raison d'être dans l'étymologie française, dans la règle ordinaire française.

Quand on fait un cours de grammaire générale ou un cours quelconque de hautes études, sa première utilité est qu'il donne à raisonner et à penser, qu'il soit une route vers le mieux, un élément de progrès auquel chacun contribue, et non un moyen de routine et d'incrustation du mal dans les esprits. L'Académie prétend que son rôle n'est que de constater l'orthographe bonne ou mauvaise qui a cours. Il vaudrait mieux alors qu'elle ne constatât rien du tout, car on s'appuie de son autorité pour maintenir et perpétuer une mauvaise orthographe. La réforme se ferait au contraire aisément si l'Académie prenait l'initiative, parce qu'alors les grammairiens et le public diraient : C'est l'orthographe de l'Académie.

SYNTAXE DU SUBSTANTIF.

Noms à genres controversés. Amulette. L'Académie fait ce mot masculin, mais sa terminaison est féminine et beaucoup de lexicographes le font avec raison féminin. — Arabesque est du masculin avec la signification le genre arabesque, et nous ne voyons pas de nécessité de créer une exception pour les autres acceptions de ce mot; on n'est pas plus choqué de dire et d'entendre un bel arabesque qu'une belle arabesque. — Quant à orgue, délice et amour, puis au mot gens, le mieux serait de laisser les premiers toujours masculins, le second toujours féminin, comme son singulier et son étymologie latine au lieu de créer exceptions sur exceptions ; depuis l'invention de l'orgue expressif, voilà une exception de plus et l'on dit toujours au pluriel : j'ai fabriqué ou acheté une douzaine d'orgues expressifs. Je ne vois non plus aucune nécessité de donner deux genres à orge pour la seule expression orge mondé.

Genre des lettres. Beaucoup de grammairiens les font avec raison toutes du masculin et je ne vois pas pourquoi l's serait plutôt du féminin que son voisin le t.

Genre des villes. Les arbres et les montagnes sont en général masculins, mais par une bizarrerie inexplicable la plupart des villes à terminaison muette sont du féminin, les autres du masculin. Les noms propres sont soumis à de fréquentes vicissitudes parce qu'ils subissent les influences des habitudes des peuples différents qui occupent les pays.

Substantifs d'un seul genre. La langue étant l'expression des idées et des habitudes d'un peuple n'a pas donné de féminin, par exemple, aux professions du dehors et qui doivent n'être exercées que par les hommes ; la place de la vertu et des devoirs de la femme étant dans la famille ; ainsi, avocat, médecin, professeur, n'ont pas de féminin et ce n'est que depuis peu que les femmes ont adopté contre la misère la ressource des leçons au dehors. De même la femme n'a ordinairement ni l'énergie, ni la cruauté de tuer ; assassin n'a pas de féminin ; mais elle a l'adresse de voler et voleur a un féminin. Trois noms de professions spéciales d'hommes n'ont pas un genre logique : sentinelle, vedette et estafette. Le grec et le latin avaient établi leur langage sur le même ordre d'idées.

Substantifs à nombre controversé. Bocal, bétail et œil, il n'y a aucune raison de ne pas dire des bocaux, de ne pas donner bestiaux pour pluriel à bétail et de ne pas dire les yeux de la soupe comme on dit les yeux de la tête ; l'Académie avec raison s'exprime de cette manière et ne crée d'exception que pour les lucarnes œils-de-bœuf.

Substantifs à locutions controversées. Gommes d'adragant. Faut-il dire gomme adragant ou gomme adragante? ni l'un ni l'autre, puisque adragant n'est pas un adjectif, c'est un substantif comme la canne et la betterave et par cette raison il faut dire gomme d'adragant comme on dit sucre de canne ou de betterave.

Bleuette ou bluette. Bluette est un barbarisme, quelle que soit celle de ses deux étymologies qu'on accepte : la fleur le bleuet ou l'étincelle bleue.

L'affichage ou l'affiche d'un jugement. Il faut dire le tribunal a ordonné l'affichage et non l'affiche du jugement : l'affiche est le papier, l'affichage l'action de poser l'affiche.

Mars ou marée en carême. On arrive à propos comme marée et non comme mars en carême ; ce qu'on désire voir arriver en carême c'est la marée et non le mois de mars.

Faute d'attention et une faute d'inattention. Il faut dire c'est faute ou manque d'attention ; mais il faut dire c'est une faute d'inattention, causée par l'inattention ; la preuve c'est qu'on dit c'est une faute d'ignorance et non c'est une faute de science.

Disparution et terrein. Ces deux mots-là soumis à l'étymologie latine, doivent se dire et s'écrire disparition et terrain ; soumis à l'étymologie française : disparution et terrein ; mais alors il faudra écrire souterrain par un e pour ne pas créer encore une exception illogique.

PRONONCIATION DES SUBSTANTIFS.

Prononciation aspirée controversée de l'h. L'h est aspiré dans Hollande et Hanovre, car l'on dit toujours la Hollande et le Hanovre ; on ne doit donc pas dire du fromage d'Hollande ou d'Hanovre. L'h n'est pas aspiré dans hiver et dans Henri, on dit : avant l'hier et cela date d'hier. On dit : l'Henri que tu connais, le mari d'Henriette ; l'henriquinquiste, le sort d'Henriot et d'Henrion de Pansey. L'aspiration ne serait donc qu'une licence poétique. Quant à héros son h doit être aspiré comme la lettre grecque de son étymologie et c'est une absurdité que ses dérivés : héroïne, héroïsme, héroïque ne le soient pas.

Prononciation aspirée de l'o. Dans oui, ouate et onze, et inutile de créer des exceptions pour ce dernier mot.

Prononciation du ch étranger. Cette consonne a toujours en grec et en latin le son que et de deux choses l'une : ou elle devrait toujours avoir le son che en français, ou toujours le son que dans les mots venant du grec et du latin. La prononciation peut et doit être uniforme ; autrement on est exposé à ne pas s'entendre dans la même langue, et c'est ce qui arrive pour le grec moderne ; la différence de prononciation pour quelques lettres fait que les Grecs modernes et les étrangers qui parlent leur langue ne se comprennent pas. Les philologues n'ont pu encore établir quelle était la véritable prononciation grecque ancienne. Quant aux trois mots italiens violoncelle, vermicelle et concetti, comme ils n'ont pas la lettre h, c'est inutile de donner une prononciation spéciale à apprendre.

Prononciation de l'y entre deux voyelles. L'y représentant deux ii comme articulation, l'un de ces deux i doit appartenir à la première voyelle, l'autre à la seconde ; il faut donc prononcer noi-iau, tui-iau, et non no-yau, tu-yau, de même tu loi-ier et non tu tai-ier, puisque un o et un i se prononcent oi.

F non articulé. Au pluriel des quatre : œufs, bœufs, nerfs et cerfs, mais mauvaise habitude, car d'un côté confusion les cerfs avec les autres mots serre ; d'un autre une exception pour le bœuf-gras.

P et q non articulés. P dans cep de vigne, mauvaise prononciation qui entraîne dans une confusion avec les autres sai, et en désaccord avec les analogues julep, salep. Même critique pour les coqs, quand vous dites : les coqs répètent, ou l'écho répète, on se demande lequel.

T non articulé. Dans aspect, respect et suspect, mauvaise prononciation, car dérivés indiquent le t ; il est absurde de ne pas le prononcer dans suspect et de le prononcer dans correct et direct. En quoi le premier est-il plus difficile à prononcer avec un t que les seconds ? On voit combien il serait facile de revenir au sens commun.

Prononciation d'août et de ses dérivés. On ne sait pourquoi et les grammairiens ne le savent pas eux-mêmes, pourquoi, dis-je, il faut prononcer l'oût. Tous ces mots commençant par ao détachent l'a de l'o et les dérivés eux-mêmes d'août se détachent : aoûter, aoûtement. Le 10 oût est une locution assez drôlatique. — Quant au mot *pluriel* il n'y a aucune raison pour ne pas prononcer la lettre l.

Dans mon cours d'études usuelles, l'étude de la grammaire générale se divise en deux progrès, dont le premier s'arrête ici à la fin du substantif. Il faut donc faire les petits papiers de récapitulation de ce premier progrès et mettre dessus chaque question en italique.

Les règles élémentaires et générales d'orthographe et de syntaxe usuelles ne doivent être qu'indiquées dans une grammaire générale ; il est bien entendu qu'on doit les connaître pour passer un examen et avant d'entrer dans la grammaire générale; je leur ai consacré une étude spéciale et facilitée à laquelle je renvoie.

Article.

DÉFINITION ET DIVISIONS.

Article définition. Ce mot par lui-même ne signifie rien et serait mieux remplacé par le mot déterminatif.

Article, divisions. Ordinairement deux seules classes d'articles : les simples et les contractés, mais les pronoms démonstratifs et les possessifs seraient mieux classés sous le nom de déterminatifs, démonstratifs et possessifs; ce qui est là pronom réel, c'est mien, tien, sien, et celui-ci, mais le mot *ce* n'est ni un adjectif ni un pronom.

Observation sur un. Ce mot est plus souvent un simple article qu'un nombre, il n'est nombre que quand on compte, quand on exprime une idée absolue d'unité, par exemple, ils n'étaient qu'un ou deux.

Origine de l'article. Il vient d'un pronom : le la les viennent du pronom latin ille, illa; de même pour le grec et vous vous rappelez que le latin n'a pas d'article.

Verbes et participes présents substantifiés par l'article. C'est un usage du grec adopté par le français : le boire, le confiant.

Adjectif.

DÉFINITION ET DIVISIONS.

Adjectif, définition. Ce mot signifie adjoint, c'est dire qu'il ne signifie rien du tout, car tous les mots sont adjoints les uns aux autres; il serait remplacé avec avantage par le mot qualificatif. Nous avons vu que plusieurs grammairiens anciens ne faisaient de l'adjectif qu'une division du substantif.

Les trois degrés de qualification. Positif, comparatif plus, superlatif le plus ou très.

Différence dans les adjectifs des langues mères et du français. En grec et en latin, l'adjectif se décline et a trois genres comme le substantif; le comparatif en latin s'exprime par la terminaison or, le superlatif par issimus d'où vient notre issime, et n'emploie plus et le plus que par exception. Le comparatif latin supprime ordinairement le que suivant, et il le peut par la variété des terminaisons de la déclinaison.

ORTHOGRAPHE DE L'ADJECTIF.

Règle trop absolue de l'adjectif. Les grammairiens veulent que l'adjectif reçoive toujours la loi du substantif et ne la lui fasse jamais. Cette règle est trop absolue et ce sont des locutions très-françaises que les suivantes : les seizième et dix-septième siècles (Guizot); aux premier et second rangs (J.J. Rousseau).

Accord de l'adjectif avec seulement le dernier de plusieurs noms. Cela n'est acceptable qu'après des noms synonymes; autrement l'adjectif doit exprimer par son orthographe l'idée de singulier ou de pluriel, et par exemple, dans cette phrase : l'orthographe et la syntaxe usuelles, il faut mieux un s à usuelles que de sous-entendre ce mot après orthographe, car je pourrais avoir cette phrase modifiée : ma grammaire et ma syntaxe usuelle et entendre parler de toute ma grammaire et seulement de ma syntaxe usuelle.

Les deux orthographes de madame Bernard l'aîné et ou une femme âgée. Madame Bernard l'aîné indique la femme de M. Bernard l'aîné. Madame Bernard l'aînée indiqué l'aînée des dames Bernard. — On demande un homme ou une femme âgée, indique que si l'on ne peut point avoir un homme on veut une femme qui soit âgée ; on demande un homme ou une femme âgés, indique que l'on veut que l'un ou l'autre soient âgés.

Le titre de grand. Ces officiers méritent-ils le titre de grand, sans s, car c'est la qualification du titre, comme si l'on disait méritent-ils le titre de général et non de généraux.

Adjectif en act, ect, ict et inct. Ne prennent pas d'e au masculin et c'est logique; l'adjectif compacte est donc une exception inutile.

Adjectifs composés, règle générale. Invariable parce que le premier devient substantif, cependant des étoffes bleu clair ne sont pas la même chose que des étoffes bleues claires; cette dernière orthographe veut dire que c'est l'étoffe qui est claire et non le bleu.

Adjectifs composés dont l'un pris adverbialement. Le premier invariable est pris adverbialement. Pourquoi? dans quel chaos inextricable vous jetez encore et inutilement notre pauvre langue! Vous voulez que le premier adjectif qui peut être changé par un adverbe le soit et qu'on écrive des nouveau-nés; mais alors il faudra donc écrire des premier-nés, il faudra donc dire des fleurs frais écloses; mais alors quel est l'adverbe de mort dans mort-né? Cet usage latin avait du moins sa limite quand l'adjectif n'avait pas d'adverbe. Pourquoi écrivez-vous les premiers venus et les nouveaux venus avec la marque du pluriel? On n'est pas dispensé, parce qu'on est grammairien, d'avoir le sens commun.

Adjectifs différant d'orthographe avant et après le nom. Témoin, nu, excepté, supposé, passé, ci-joint, ci inclus et franc de port. Cette règle exceptionnelle ne se justifie en rien et elle est obligée de créer une exception pour la nue propriété. Quelle différence y a-t-il entre damnées les gens qui font telle chose et excepté les gens ou les gens exceptés qui font telle chose? Ceux qui tiennent à avoir une langue qui ait le sens commun pourraient n'employer ces locutions que dans leur mode d'orthographe rationnelle et dire, par exemple : je vous envoie franc de port ce paquet et je vous envoie cette marchandise franche de port. Ci-inclus ce ou ces paquets. Marchandises ci-incluses.

Poissy. — Typographie Arbieu.

Dernière lettre du masculin des adjectifs trouvée en retranchant l'*e* muet du féminin ; il est donc inutile de créer une exception pour les quatre : *favori, coi, absous* et *dissous*. Dans les premières éditions de son Dictionnaire, l'Académie donnait à absous et dissous leur orthographe logique par un *t*. Dans la cinquième édition, elle les écrit par un *s* et par un *t ad libitum* ; dans les suivantes, seulement par un *s* et toujours sans dire pourquoi, suivant son habitude aussi commode que peu lumineuse.

Règle de même. Cette règle, un *s* quand par eux-mêmes, pas d'*s* quand par et même, n'en est pas une, et la plupart du temps on peut dire les deux. Les prêtres même font le mal ; on peut dire les prêtres eux-mêmes ou et même les prêtres. Ce qu'il y aurait de mieux serait donc de laisser même toujours invariable comme adverbe.

Règle latine et française de quelque. Devant un nom, en latin c'est quel qui varie, en français c'est que ; devant un adjectif, dans les deux langues il est invariable ; devant un verbe dans les deux langues, c'est quel qui varie. En français, il faut faire attention à ces deux locutions : 1o à ce gallicisme il y a quelque cent ans ; quelque est pris pour environ. 2° A cette autre nuance : quelque grands peintres que soient ces quelques grands peintres ; la première expression grand peintre n'est qu'une qualification, un adjectif de la seconde.

Tout devant un adjectif est-il quelquefois un adjectif lui-même ? Jamais, car il signifie toujours tout à fait, soit dans tout aimable, soit dans toute bonne. C'est une erreur de la part des grammairiens qui le font adverbe devant aimable et adjectif devant bonne. Tout à fait n'est jamais adjectif. L'*e* muet n'est qu'un gallicisme euphonique, Toute espèce vaut mieux que toutes espèces, puisque la première orthographe est celle de la prononciation.

Elle est tout ardeur et tout à vous. Dans ces deux locutions, tout ne peut s'analyser que par tout à fait ; il est donc adverbe et invariable. Il faut toujours prendre l'analyse naturelle d'un mot et non se jeter dans des circonlocutions et chercher midi à quatorze heures pour créer et justifier une exception. Cette maison est tout en feu ; tout en feu comme tout à vous signifie tout entière en feu ou à vous.

Nombres au pluriel. Cent et quatre-vingt sont déjà une exception de trop à la règle générale du pluriel ; espérons qu'on en viendra à toujours leur mettre un *s* au pluriel. Certains grammairiens ont donc tort de vouloir étendre la règle exceptionnelle de cent à million et à milliard suivis d'un autre nombre.

Nombre mil dans les dates. On ne l'écrit par trois lettres dans les dates que suivi d'un autre nombre ; c'est dire que cette orthographe exceptionnelle est encore inutile, et ce qu'il y aurait de mieux, ce serait de toujours écrire ce nombre d'une manière uniforme et jamais par trois lettres.

Demi et ses trois pluriels en arithmétique. Les uns veulent deux demi, sous-entendu entiers ; les autres deux demies, genre usuel du substantif demie ; les troisièmes veulent deux demis en créant un genre spécial pour demi en arithmétique. Il est d'autant plus inutile de créer une exception pour le genre de demi en arithmétique que, même en calculant, on dit plus souvent une demie qu'un demi : ajoutez ou retranchez une demie.

Midi et demie vaut mieux avec un *e*, midi et une demie ; sans *e* il aurait la forme de midi et un demi-midi.

Des chemises de toile claire et des habits de drap déchirés. Telle doit être l'orthographe, puisque c'est la toile qui est claire et les habits qui sont déchirés

Bon, cher, juste. Invariables employés adverbialement : ces objets coûtent cher.

Adjectif après deux substantifs. Ce n'est pas seulement quand les deux substantifs ont le même sens, que l'adjectif s'accorde avec le dernier, comme dans un courage, une intrépidité étonnante. C'est aussi lorsqu'il y a deux idées distinctes : il y eut un pillage, un incendie général ; il eut un courage, une prudence étonnante ; le premier et second chapitre général, les premier et second chapitres généraux, telles sont l'orthographe et la syntaxe logiques.

Manceau, l'habitant du Mans, vaudrait mieux par un *s*.

Scolaire et *scholastique.* Pourquoi avoir retranché à scolaire l'*h* étymologique de *schola,* école ?

Coureur et *courrier*, chariot et charrette, quelle orthographe !

Savez-vous pour exprimer la faim d'une cavale, l'orthographe de l'Académie ? *faimvalle.* Les lexicographes, qui ont compris qu'il fallait dire *faimvale*, n'ont pas été jusqu'à comprendre qu'il ne fallait qu'un *l*, en raison de l'étymologie cavale.

SYNTAXE DE L'ADJECTIF.

Positif, comparatif et superlatif. Positif adjectif seul, comparatif avec plus, superlatif avec le plus, très ou fort. Trois exceptions : bon, mauvais, petit ; meilleur, pire, moindre Pire est l'adjectif comparatif, pis l'adverbe.

Pluriel des adjectifs en al L'Académie a tort de priver de pluriel plusieurs adjectifs. Il ne faut point appauvrir inutilement une langue, et le moyen le plus simple de leur donner un pluriel, c'est d'ajouter le signe du pluriel, la lettre *s*. Par exemple l'Académie n'accorde pas de pluriel masculin à jovial ; cependant l'oreille ne serait pas choquée d'entendre dire des discours jovials.

L'adjectif feu comme orthographe et comme syntaxe. Cet adjectif n'est pas rationnel. Feu la reine devrait s'écrire avec un *e* puisqu'on dit défunte la reine ;

puis il n'y a aucune raison pour priver cet adjectif d'un pluriel, et l'on ne serait pas plus choqué d'entendre dire les feus rois que le feu roi.

L'adjectif capable. Des grammairiens classiques prétendent que capable ne se dit que des personnes, excepté quand il s'agit d'une idée de contenance. L'Académie étend avec raison l'emploi de cet adjectif à ce qui est en état de faire une chose et à ce qui peut produire tel ou tel effet.

Grande suivi d'un nom. L'*e* muet doit-il se remplacer par une apostrophe? A quoi bon créer une exception pour grand'messe et grand'mère? On en vient à créer une demi-exception pour grand'peine et grand'rue ; je dis demi-exception, car on emploie souvent grande peine et l'on dit il demeure dans la grande rue. Arrêtez-vous donc dans ce système d'orthographe du n'importe quoi qui conduit, vous le voyez, dans l'on ne sait où.

Page vingt et un ou vingt et une? Page vingt et un, page au numéro vingt et un, marquée du numéro vingt et un ; on ne dit point page une.

Emploi adjectif de masculin et féminin. Que doit-on dire? ces lettres sont-elles masculines ou masculins? Masculin et féminin sont deux adjectifs qui ont un féminin ; on doit donc dire une lettre masculine ou féminine, comme on dit une rime féminine. Pour pouvoir dire masculin, il faut employer l'article du, sous-entendu genre.

Madame, marchez droit et droite. C'est tout différent; il faut dire marchez droite, comme on dit tenez-vous droite ou vivez heureuse; en un mot quand on exprime une situation, une qualification ; mais il faut dire marchez droit au but ou dans cette voie, c'est alors un adverbe.

Adjectif après avoir l'air. N'employez cette expression que lorsqu'il s'agit réellement de l'air et accordez l'adjectif avec son substantif ; autrement employez le verbe paraître. Cette femme paraît bossue et a l'air chagrin ; cette viande paraît cuite.

Différence des nombres latins et français. En latin, un, deux et trois varient et ont une déclinaison ; puis dans la numération parlée, les unités se mettent avant les dizaines et l'on dit : un et vingt, deux et vingt.

PRONONCIATION DE L'ADJECTIF.

Quatre yeux. L'expression entre quatre yeux n'a pas plus de raison d'avoir un *s* euphonique que les locutions analogues ; l'on dit sans *s*, les quatre yeux de cet animal ou de cette soupe.

LE VERBE

DÉFINITION ET DIVISIONS.

Verbe. Mot par excellence, véritable signe du jugement ; partout où il y a verbe, il y a jugement et proposition.

Conjugaison. Ensemble des flexions du verbe. Latin et grec, flexions et pas de pronoms ; français pronoms et simples lettres finales.

Cinq flexions des verbes. Les modes pour les divers états de l'âme, les temps, la personne du sujet, le nombre du sujet et l'état actif ou passif du sujet.

Modes personnels ou impersonnels. Selon qu'ils marquent ou non la différence des personnes. Modes personnels : indicatif, impératif et subjonctif, communs aux trois langues. Optatif particulier au grec, conditionnel au français. Modes impersonnels : infinitif et participe, communs aux trois langues. Le latin seul a le gérondif et le supin.

Double emploi de l'infinitif et triple du participe présent. Infinitif, comme verbe et substantif, participe présent, comme verbe, substantif et adjectif.

Temps. En grec, en latin, différence de terminaison pour chaque temps, mais moins de temps qu'en français, pas de passé indéfini ni antérieur. Français, temps composés avec avoir.

Formes du parfait. Latin une, grec deux, français trois j'aimai, j'ai aimé, j'eus aimé.

Personnes des verbes. Grec et latin, terminaison différente et sans pronoms ; français pronoms, excepté à l'impératif.

Verbes unipersonnels. Sujet vague ou non exprimé comme en grec et en latin, parce que expression de phénomènes à cause ou sujet mal connu.

Nombres et genres des verbes. Le verbe indique le nombre, le participe seul marque le genre, excepté en français où le pronom elle indique aussi le genre.

Cinq genres de verbes. D'après le sujet, actif, passif, neutre, c'est-à-dire ni l'un ni l'autre, ni actif ni passif, comme je marche, réfléchi ou pronominal et unipersonnel. Les dénominations de transitif et intransitif qui passe ou qui ne passe pas, inutiles et inexactes, car l'action du verbe passe toujours sur le régime ; il eût fallu un mot qui exprimât directement et indirectement et l'on devrait remplacer les mots verbe actif et neutre par verbe direct ou indirect. La dénomination pronominal n'est pas non plus exacte, car tous les verbes sont à pronoms, il faudrait dire bi-pronominal. La même critique s'adresse à impersonnel puisque ces verbes ont la troisième personne; appelez-les donc unipersonnels.

Forme de distinction des espèces ou voix des verbes. Grec trois : *o* et *mi* pour l'actif; *maï* pour le passif et le réfléchi. Latin deux : *o* pour l'actif, *or* pour le passif, mais beaucoup d'exceptions. Français, une seule, l'active modifiée par le double pronom pour le réfléchi, et par le verbe être pour le passif.

Impératif. Grec trois, latin deux, français un.

Auxiliaires. Grec et latin, le seul verbe être ; français, deux : avoir et être.

Sujet et régime. Le sujet fait l'action du verbe, le régime la subit ; le verbe régit tel cas, l'accusatif ou le datif, suivant qu'il est actif ou neutre ; c'est plus sensible en latin, mais c'est encore vrai en français puisque le verbe neutre régit un cas de déclinaison à préposition ; c'est donc une idée malheureuse de remplacer le mot régime par le mot complément, qui peut s'appliquer à toute espèce de mots, car tous les mots complètent une idée. Dans je marche lentement, cet adverbe peut être appelé le complément de marche, et n'est pas le régime ; ces deux mots ne sont donc pas la même chose.

Formation des temps. Les cinq temps primitifs : 1o L'infinitif, formant le présent et le futur. 2o Le participe présent, formant les trois personnes plurielles de l'indicatif, l'imparfait et le subjonctif. 3o L'indicatif formant l'impératif. 4o Le passé défini, formant l'imparfait du subjonctif. 5o Le participe passé formant les temps composés. Les radicaux ne signifient rien pour conjuguer les verbes, attendu que les 9/10 n'en n'ont pas : quel est le radical des verbes en enir, en oir et de la 4e conjugaison ? La seule étude facile des verbes est de les classer en familles distinctes avec un verbe type à conjugaison rapide. (Voir mon travail.)

Quant à cette niaiserie, je ne dis pas grammaticale, mais grammairienne, de tout analyser ainsi : je suis pensant, je suis faisant, on devrait n'en user que dans ce seul cas : je suis niaisant.

ORTHOGRAPHE DES VERBES.

Verbes en eler et eter. Pourquoi faire comme l'Académie une exception pour les six verbes acheter, geler, déceler, harceler, peler et bourreler ? Du reste ne vaudrait-il pas mieux ne jamais doubler *l* ni le *t*, et mettre ces sons en harmonie avec leurs analogues : ène, ème, ède, ève.

Verbes en app. Auparavant, on les écrivait tous par deux *pp* ; pourquoi créer une exception nouvelle presque tous les ans, depuis six ou sept ans ? Ce qu'il y aurait de mieux, ce serait de les écrire tous par un seul *p*.

Présents et futurs en aye et ayerai L'Académie a tort d'écrire je paye et je payerai, puisque l'on n'entend pas le son de l'*y*, et puisque cette lettre ne se conserve pas dans les analogues : j'envoie, j'essuie, etc.

ége et é-je. L'accent aigu est une faute contre la prononciation.

Verbes en seoir. Il faut conserver l'e au présent et au futur, ou mieux le supprimer à l'infinitif.

Fesant, faisant. Voltaire a tort de s'appuyer sur l'ancien infinitif *fér*, pour conseiller l'orthographe fesant fesais. L'infinitif est faire ; à l'indicatif il n'y aurait que nous fesons sans *ai*, et il faudrait avoir deux orthographes, l'une pour fesant, l'autre pour bienfaisant.

Convainquant et intriguant n'ont nul besoin de deux orthographes.

Les ayant-droit et les soi-disant. Avec un *s*, c'est une faute, parce que ces deux participes présents ont un régime : ceux ayant les droits, ceux disant soi.

Qu'importe ou qu'importent les accessoires. Il faut le pluriel, car on dirait que nous font, que nous importeront les accessoires.

Que *pourrait* nous apprendre le petit nombre des événements, trop de cheveux *échauffe* la tête. Il faut le singulier dans ces deux locutions, parce que l'idée principale c'est le petit nombre et le trop ; l'on dirait : que pourra le petit nombre, trop de cheveux fait mal.

Exception de l'impératif. Pas d'*s* dans les verbes de la première conjugaison ; absurdité, car aime-moi est aussi bien la seconde personne que chéris-moi.

Les désordres allèrent toujours croissant. Il ne faut pas d's ; on ne dirait pas : les perturbations allèrent toujours croissantes et débordantes ; c'est un gallicisme ayant la préposition *en* sous-entendue.

Les participes coûté, valu, pesé sont toujours actifs ; ces verbes dans les deux sens ont un régime direct : les cent francs que cette denrée a coûtés, elle me les a toujours coûtés. On emploie souvent des verbes actifs sans régime direct ; il aime, il continue à travailler.

Les participes senti et monté. Tout verbe qui a un régime direct est un verbe actif, et doit s'accorder avec ce régime. Cette marche, mon oncle l'a toujours montée et la montera toujours. La rose, ce tabac l'a toujours sentie et la sentira toujours. Qu'est-ce que ce mot la rose ou l'expression l'odeur de la rose, sinon des substantifs, régimes directs ; la rose ni l'odeur, en un mot, un substantif n'est jamais un adverbe. Si l'on admet cela, et qu'on accorde sentie, il faut dire la sentira et non le sentira, comme on dit la montera, comme on dit les ont coûtés, et non l'ont coûté.

Eu à. Le participe *eu* doit rester invariable parce que son régime, c'est l'infinitif qui suit, le pronom que est le régime de cet infinitif. Les torts que j'ai eu à punir; je n'ai pas eu des torts, j'ai eu à punir des torts. De plus, cette orthographe est d'accord avec la prononciation.

Participe avec *en*. Les grammairiens donnent une mauvaise raison du non accord du participe avec en; ce n'est point parce que en est le régime et signifie de cela ; en n'est jamais le régime du participe; mais ce régime est sous-entendu et suivrait ce participe. Des idées, nous en avons eu, sous-entendu quelques-unes. Voilà l'idée que nous avons eue, c'est que et non en le régime. Combien, autant, beaucoup et assez se trouvant avec en, ce sont ces mots, le régime et le participe doit se mettre au masculin singulier; c'est, du reste, l'orthographe de la prononciation : Des lettres, combien j'en ai écrit, autant j'en ai écrit, en avez-vous beaucoup ou assez écrit ?

Plu et paru. Je ne vois aucune nécessité de faire une exception active à plu, et quant à paru, il s'accorde comme convenu quand il se conjugue seulement avec être, sans forme pronominale. Ils ont convenu et ils sont convenus; les livraisons ont paru et sont parues.

Qu'ils ne se le sont imaginé. Ce n'est point parce qu'il y a un membre de phrase sous entendu, qu'imaginé est au masculin singulier, c'est parce qu'il s'accorde avec son régime direct le, mis pour cela.

Se convainc-t-il vaut mieux que se convainc-il ; le c n'a jamais le son du t.

Egrener et boursoufler sont de mauvaises orthographes, puisque l'un vient de graine et l'autre de souffler. Du reste, on n'en finirait pas de signaler les absurdités auxquelles l'Académie adhère et pourrait si facilement remédier.

Meus et émeus. Pourquoi faire une exception au son eux pour ces deux seuls verbes ?

Avoir affaire et non à faire. Les personnes avec lesquelles j'ai une affaire.

SYNTAXE DU VERBE.

Va en chercher, et non vas en chercher, en appartient non à va, mais à chercher. Vas-y, va y mettre ordre.

Action des collectifs sur le verbe. Idée principale : Je préfère dire une couple de pigeons suffira pour dîner, à l'expression ordinaire des grammairiens: une couple de pigeons suffiront. La moitié des hommes est morte, la moitié des fleurs a péri.

Action de ou sur le verbe en général le dernier. Mais encore ici l'idée principale : Racine et madame de Sévigné sont également bons à consulter. On lit dans l'Evangile : Quand votre œil ou votre bras vous scandaliseront, arrachez-les.

Deux heures *est* sonné, *c'est* huit heures qui *vient* de sonner et non le pluriel ; le mot sous-entendu c'est le coup ; on ne dit pas ce sont huit heures qui viennent de sonner. Par la même raison, il faut dire : comme 2 francs est à 4 francs, et non sont. L'expression géométrique et le sens, c'est comme 2 est à 4.

Action de il n'est que ou c'est vous ou moi sur le verbe. Rétablissez les mots sous-entendus : Il n'est pas d'autre que moi qui s'intéresse à ta personne ; lequel de vous ou moi a, et non ai écrit le dernier. Les principaux fleuves *c'est* et non ce sont le Volga et le Danube, et on n'emploie ce sont que quand il touche un substantif pluriel : *c'est* cent francs qu'on me doit et *ce sont* les cent francs qu'on me doit ; la première locution n'a pas l'article les ; sous-entendu la somme. Dans la forme interrogative, et dans si ce n'est, on conserve le singulier : Qu'est-ce que les honneurs? et devant vous et nous, parce que ces deux pronoms expriment souvent un singulier, vous quand on ne tutoie pas.

Ces deux sortes de fruits *sont-elles* et non sont-ils agréables ? L'idée principale est le mot sorte.

Manger et se promener *c'est* et non est nécessaire; est a alors un sujet régulier cela.

Donnez-moi *ce qui* vous plaira ,et non ce qu'il vous plaira ; comme donnez-moi ce qui convient, ce qui peut m'être utile. Réservez ce qu'il pour les verbes unipersonnels. Donnez-moi ce qu'il faut.

Régimes d'hériter. Je ne vois aucune nécessité de créer une exception quand hériter a deux régimes, et de le faire actif dans ce cas ; tous les verbes neutres peuvent avoir deux régimes : les choses dont j'ai essayé de tirer parti.

Le Dieu qu'il faut croire. Racine a fait une faute de français, ou créé une exception inutile; jamais on ne dit croire Dieu.

De et par devant régimes. Autre niaiserie des faiseurs de grammaires ; on dit il fut frappé de trois coups de poignards, quoique ce soit une action ; et il fut brisé par cette nouvelle, quoique ce soit une émotion. De même de la distinction des prépositions à ou de et je ne vois aucune différence entre ce liquide continue à tomber et continue de tomber ; je ne vois pas plus d'interruption dans le second cas que dans le premier.

Etre pour aller. C'est employer le repos pour le mouvement.

Action de tout que et quelque sur le verbe. Je ne vois aucune différence entre toutes bonnes que soient vos raisons, et quelque bonnes que soient vos raisons, et je ne comprends pas pourquoi il faut l'indicatif après tout que et pas après quelque.

Se plaindre avec ou sans préposition. Quelle niaiserie grammairienne, de mettre ou non la préposition de suivant que la plainte est ou non fondée ; mettez la toujours, et aucune plainte là-dessus ne sera fondée.

Regle de rayer. Régler, tracer des lignes avec une règle. Rayer, faire des raies ; dites donc j'ai réglé mon cahier.

Mettez deux *pot*-au-feu, n'est pas la même chose, que mettez deux *pots* au feu.

PRONONCIATION DU VERBE.

ai ais. Ai é fermé ; ais long ê ouvert.

Enivrer et enorgueillir. Inutile de créer des exceptions, et d'aller même jusqu'à mettre un acent sur l'e initial.

Tutoyer. Tutoi-ier, et non tutai-ier. Même observation sur la prononciation de noyer et cotoyer. Ne dites pas tu-yaux, no-yaux, mais tui-iaux, noi-iaux, puisque l'y a le son de deux i.

Roidir. Roadir est plus expressif que rédir.

PRONOM.

Pronom, définition et différences linguistiques. Petit mot pour éviter la répétition du nom ; de trois personnes : celle qui parle, à qui l'on parle et de qui l'on parle. En grec et en latin pas de pronoms de conjugaisons, mais terminaisons de verbe différentes. Pronoms, une déclination en grec et en latin, mais pas en français.

Différence des pronoms de troisième personne avec les deux autres. Plusieurs mots pour la troisième personne, il elle, etc., parce que la personne de qui l'on parle est ordinairement absente ; il est donc besoin de plus d'un mot pour en donner une plus claire ; première et deuxième, toujours en présence l'une de l'autre.

Pronoms ou adjectifs possessifs démonstratifs. Mauvaises dénominations : cet et mon ne sont pas des pronoms, de petits mots mis pour éviter la répétition du nom ; ce ne sont pas non plus des adjectifs, faites-en des articles, et alors il y aura des articles déterminatifs, possessifs, démonstratifs.

J'ai reçu des lettres, celle écrite par vous est aimable. Je trouve cette phrase française aussi claire et moins languissante que celle qui a été écrite par vous ; on peut donc faire suivre immédiatement celui, celle, ceux, par un participe, parce que le verbe être est sous-entendu.

Les leçons que je *leur* ai laissé lire ou apprendre, et non que je *les*. Laissé quoi ? Lire, vrai régime et régime direct ; il vaut donc mieux que l'autre régime soit indirect. On dit, j'ai laissé lire à vos sœurs mes ouvrages.

ADVERBE.

Adverbe, définition Modifie ordinairement le verbe, mais aussi l'adjectif et même le substantif, vraiment heureuse, vraiment roi. Il équivaut à une préposition suivie de son régime, sagement avec sagesse.

Adverbes français. Dérivés du latin, mais terminaison particulière, ment. Synthèse de deux mots latins avec suppression de la dernière lettre latine honestâ mente honnêtement, du mot latin mens, mentis, âme, esprit.

Adverbe ne. On devrait laisser toujours ne, négation, et dire, je crains qu'il vienne et je crains qu'il ne vienne pas.

A l'envi. Sans e, est une orthographe qui n'a aucune justification.

PRÉPOSITION.

Préposition, deux usages. Marquer les rapports et former des mots composés : détour, surtaxe, transfuge. Souvent supprimée en grec et en latin, à cause des flexions casuelles qui indiquent le rapport des mots, mais conservée souvent comme plus claire et plus commode qu'une flexion souvent insuffisante. La flexion ayant disparu dans les déclinaisons des langues dérivées, il a fallu employer les prépositions pour marquer les rapports.

Régime des prépositions. Dans les langues anciennes, la préposition régit le substantif qui la suit, à tel ou tel cas.

Hors et près. Veulent la préposition de ; hors sans préposition, n'a pas la même signification qu'avec préposition, hors cela hors moi. Près, est une abréviation d'auprès ; on dit auprès de l'église, près de moi, et non auprès l'église, près moi. Il vaut mieux rester que de sortir; cette préposition ne se justifie pas et ne fait qu'allonger la phrase.

De nos soldats il y en eut cinquante *de* blessés et cinquante prisonniers. Même critique sur cette autre intrue de préposition.

C'est à vous à, c'est à vous de. L'analyse justifie la préposition de : c'est mon devoir de, c'est à mon tour de. Je ne vois pas quels sous-entendus amènent la préposition à. Pourquoi créer des difficultés qui n'ont aucune raison d'être?

Répétition de la préposition Doit être évitée quand elle ralentit la phrase : Pittacus s'entendit avec Alcée et Sapho ; répéter avec, c'est rendre la phrase traînante.

Hier matin ou soir. L'article au n'est pas français, c'est l'article le qui est sous-entendu, et l'on dit demain soir sans article.

Le quatre *de* mai, cette préposition me paraît inutile, et le galliscisme elliptique, le quatre mai est compréhensible et plus concis.

Prononciation de vers elle, vers eux. En général, on ne prononce pas la consonne qui suit l'r ; cependant il y a plusieurs exceptions ; on dit l'art oratoire ; je préfère vers zeux à véreux.

CONJONCTION.

Conjonction. Terme d'union de deux mots ou de deux prépositions ; elle équivaut en français à la flexion du mode, aussi en latin et en grec n'est-elle pas toujours exprimée; cependant les modes n'étant pas assez nombreux pour exprimer tous les rapports, les conjonctions alors régissent le verbe à tel ou tel mode, ordinairement au subjonctif et à l'optatif, en grec; quel plaisir *de* revoir et non *que de* revoir. Quel est mon plaisir de revoir. Que n'est ni français ni élégant.

Mots tout à la fois adverbes, prépositions et conjonctions. Par exemple, avant seul est un adverbe ou une préposition, avant que conjonction.

INTERJECTION.

Interjection ou exclamation, cri naturel de l'âme jeté au milieu du discours.

Ah ha, eh hé, oh ho. Je ne vois aucune nécessité de donner deux orthographes à ces exclamations, et d'écrire ha! vous voilà, plutôt qu'ah! vous voilà.

FIGURES DE GRAMMAIRES.

Les trois figures de grammaire. 1° procédés réguliers de la formation des mots; 2° métaplasmes ou altérations de la forme régulière des mots; 3° changements dans les rapports syntaxiques des mots.

Figures regulières de formation l'augment et le redoublement; le *paragoge* allongement du radical; la *contraction* deux syllabes en une *audi-is.* La *dièrese* division d'une syllabe en deux. L'*ectase*, syllabe brève rendue longue, par exemple par le pluriel. La *systole* syllabe longue rendue brève. La *synizèse* longue comptée pour brève. L'*allitération* changement d'une consonne par l'effet d'une consonne voisine, n en m devant b, p, m.

Figures irrégulières de formation ou métaplasmes, changements de forme. L'*apocope*, retranchement à la fin d'un mot, d'une syllabe, sans que la syllabe voisine devienne longue. L'*aphérèse*, retranchement d'une lettre ou d'une syllabe au commencement d'un mot. L'*élision*, suppression de la finale d'un mot. La *crase*, réunion en une syllabe longue de la finale d'un mot, et de l'initiale d'un autre. La *prothèse*, lettre ajoutée sans changer le sens. La *métathèse*, transposition des lettres. La *syncope*, suppression d'une syllabe intérieure.

Figures à changements syntaxiques. Idiotismes : les hellénismes, les gallicismes.

Dans cette grammaire générale, je n'ai dû traiter que les questions de science et de controverse; pour les questions usuelles, je renvoie à ma grammaire ordinaire, et pour conclusion à ce travail de critique grammaticale, je pose comme toujours, le jalon de l'avenir dans le plan d'un système d'orthographe uniforme et possible.

L'ORTHOGRAPHE

UNIFORME ET POSSIBLE

Pouvant être apprise en une seule leçon, lisible pour tout le monde, et conservant l'orthographe de la moitié des mots actuels et les règles logiques. Réforme sans l'inconvénient des systèmes radicaux proposés, illisibles pour tout le monde, et ne conservant presque aucun mot actuel.

Il n'y a que deux moyens d'uniformité : l'uniformité dans l'étymologie et l'uniformité dans la représentation du même son. La première est depuis longtemps abandonnée; la moitié des mots ne suivent plus leur étymologie ; d'ailleurs ce système sera toujours difficile pour ceux qui ne connaissent pas les langues étrangères, et c'est le plus grand nombre. La seule orthographe facile, c'est l'uniformité de représentation des sons; mais il faut l'établir dans des conditions qui brisent le moins possible avec les habitudes actuelles, qui ne rendent pas les mots illisibles et les règles logiques bouleversées.

Règles de l'orthographe uniforme et possible.

Masculins sans e muet, féminin avec e muet ; s seul signe du pluriel.

Verbes. Le pronom indique la personne; l'absence de l's les trois personnes du singulier; l's les trois personnes du pluriel.

Aucune lettre doublée.

Plus de c ni de k ; que toujours par un q et l'u inutile. Sc, toujours par s, sion par s ; ze toujours par un z.

Je par j, gue par g et l'u inutile ; gne conservé.

h seulement dans le son de che.

y seulement entre deux voyelles, ayant là le son de deux ii.

x seulement quand senti ; supprimé à la fin des mots.

a et o finales sans rien.

é, i, u masculins sans rien, féminins avec e muet.

er masculins, ère féminins et verbes aujourd'hui en aire.

eur, oir, our, té féminins avec un e muet.

euil jamais l'u avant l'e.

eu et ou sans x et plus d'œ.

an toujours par un a et sans rien après l'n.

in, on, un toujours par deux lettres.

n non changé en m devant b, p, m.

Toutes les consonnes prononcées à la fin des mots, excepté l'n dans an, i. on, un ; dans les mots latins mettre un accent grave sur l'è de en.

Les homonymes ainsi supprimés et rétablis dans la catégorie des mots écrits de la même manière et qui ont une signification différente.

Voyons des mots modifiés par cette réforme ; prouvons qu'ils restent lisibles et n'oubliez pas que l'orthographe actuelle de la moitié des mots est conservée par cette réforme.

Qamé, fourmie, indignitée, amitiée, beur, douleure, busq, arbust, calif, pontif, act, vacarm, scrupul, pap, zodiaq, vertue, glue, sandaraqe, homme arab, femme arabe, les arabs. Je regarde, il regarde, nous regardons, vous regardés, ils regardes. Je sor, tu sor, il sor, nous sortons, vous sortés, ils sortes. Nous portions des porsions. Profésion, objeqsion, anbisieu, trèze, marchandize, gaje, cargézon, balanse, inersie, garson, mozolé, létarjie, mitolojie, jénéreu, jéograf, logogrif, nèfe, étofe, budjé, voge et voje, un voil et une voile, ptizie, umidité, Pitagor, maqignon, trionf, otone, printan, anchoi, perdrie, apuya, solda, matela, bigaro, des travos, apéti, atribu, adverser, dicsioner, mersière, épisière, boulanjé, réfectoir, ivoir, boir, orgeuil, aqeuil, des ibous, seur, qeur, prudan, extraordinèrement, dépindre, qonvincre, examin, pronte, plindre, anfrindre, surprandre, parfun, albom, royom, chanbre, ambarasé, satisfère, dérizoir masculin, dérizoire féminin, féros et férose, exaléson, dézeuvré, apostrofe, ipocrit, jensive, om, vinègre, balé, conduir, sertin, atinte, tandrése, girlande, cataplasm, anfitéatre, abondanse, ataqe, vieillar, émerode, jimnaz, psichée, chatègne, antretien, beuf, aspiq, artifis, trépié, des cheveus, reptil, angille, les poules couvent dans le couvan. Badijon, silindre, filozofie, ipotétiquement, apolog, ipodrom, fosfor, dra, abé, désanbre, saserdos, sourse, courou, paradox, tranquil, abi térébantine, Asonpsion, abdomèn.

Voilà donc le jalon du progrès de l'avenir ; mon devoir est de mettre chacun à même de réfléchir, d'étudier sans se fourvoyer dans l'impossible et de concourir à l'avénement d'une orthographe uniforme qui pourrait être apprise en une seule leçon et ne laisserait plus les 9/10e des Français ne pas connaître leur langue. Ces deux avantages valent bien la peine qu'on les poursuive, et il me semble que puisque chaque année on modifie l'orthographe de plusieurs mots, au lieu de la modifier, comme on le fait, dans le sens d'une orthographe plus difficile et d'exceptions plus nombreuses, on pourrait bien la modifier dans le sens de l'uniformité. Cette possibilité progressive je l'ai indiquée dans ma lettre à l'Académie ; cette lettre a été publiée dans le *Journal de l'enseignement*, de décembre 1851, et elle a obtenu une approbation presque générale ; mais on m'a donné à entendre qu'il n'était pas dans les habitudes de l'Académie de s'occuper de grammaire ; ses séances se passent le plus souvent à écouter des fables et des flonflons. Je croyais à tort, comme tout le monde, que l'Académie avait été fondée spécialement pour faire un dictionnaire et s'occuper de la langue française ; elle croit devoir se borner à être censée faire un dictionnaire ; je me soumets sans m'incliner.

L'ALPHABET MIMIQUE VRAI

Mettant les sourds-muets à même d'être compris par tout le monde, en reproduisant la forme même de chaque lettre, tandis qu'avec l'alphabet mimique ordinaire, ils ne peuvent être compris par personne, cet alphabet n'ayant aucun rapport avec la forme des lettres. Mon nouvel alphabet mimique est un peu plus lent que l'autre dans l'exécution de quelques lettres ; mais la première qualité d'un langage c'est d'être intelligible. A quoi sert un langage que personne ne comprend? La preuve du défaut de l'alphabet mimique ordinaire c'est qu'on s'efforce de le remplacer par l'imitation du mouvement des lèvres ; mais ce mouvement ne produit que des sons confus et un langage de bête fauve ; ce n'est bon qu'avec les muets qui ne sont pas tout à fait sourds.

a o main gauche en réunissant et arrondissant le pouce et l'index,

| main droite, index appliqué contre l'o et sans dépasser.

b o main droite,

| main gauche, index dépassant par en haut.

c main gauche, demi-cercle formé par l'index et le pouce.

d o main gauche,

| main droite, index dépassant par en haut.

e main gauche comme pour le c, mais phalanges supérieures de l'index repliées en boucle.

f main gauche, index,

main droite, index à angle droit, au milieu de l'index de la gauche.

g o main gauche,

j main droite, index partant du bas de l'o et le pouce formant une courbe.

h | | les deux index en regard.

i main gauche, index en cachant le pouce sous les autres doigts.

j | les deux index bout à bout, celui de la main droite en dessous et le pouce formant comme pour le g la courbe.

k | main gauche, index,

< main droite, index brisé appliqué sur le milieu de l'index de la gauche.

l main gauche, index et pouce formant la liaison.

m | | | main gauche, l'index, le médius et l'annulaire collés l'un contre l'autre.

n | | main gauche, l'index et le médius collés l'un contre l'autre.

o main gauche.

p o main droite,

| main gauche, index dépassant par en bas, en cachant le pouce.

q o main gauche,

| main droite, index dépassant par en bas, en cachant le pouce.

r c main gauche,

‿ main droite, crochet formé par l'ongle de l'index recourbé, appliqué sur l'ongle de l'index de la gauche.

s première moitié main gauche, index recourbé,

deuxième moitié main droite, index renversé et recourbé, les deux os de la phalange inférieure appliqués l'un contre l'autre.

t | main gauche, index,

— main droite, index en croix.

u main gauche, index et petit doigt levés, le médius et l'annulaire repliés dans la main.

v main gauche, la main ouverte et aux doigts écartés.
x les phalanges supérieures des deux index repliées et appliquées l'une contre l'autre.

y main droite, l'index et le médius écartés en v, le pouce allongé et formant la queue.

z main droite, index plié, phalanges formant les deux parties du 7, main gauche, index phalanges supérieures horizontales et l'os du milieu appliqué sur l'os inférieur de l'index de la main droite.

ENSEIGNEMENT BUESSARD

MÉTHODE DE FRANÇAIS POUR LES ÉTRANGERS

PREMIÈRE PARTIE DU COURS.

La grammaire comparée. — Première étude des verbes et construction des phrases. — Le langage usuel en trente exercices et conversation élémentaire. — Le genre des mots appris par les sons et à l'aide de mon tableau en deux pages.

DEUXIÈME PARTIE.

Orthographe élémentaire, grammaire, dictées et pourquoi. — Deuxième étude des verbes dans ma grammaire. — Traductions de fables et dialogues de la langue étrangère en français, avec l'exercice philologique des corrections et notes prises et conservées des expressions et locutions manquées. — Fables de Lafontaine et de Florian apprises par cœur, et conversations établies sur les dialogues de ces fables.

TROISIÈME PARTIE.

Orthographe, ma grammaire en quatre pages : règles, dictées avec les pourquoi des fautes. — Etude des six cents homonymes par mon moyen facilitant. — Syntaxe et grammaire générale. — Traductions et lettres. — Lectures et promenades instructives et amusantes avec mon histoire des arts et ma littérature, compte rendu et conversation.

Je prie les familles et les professeurs d'essayer et de comparer les résultats de la méthode qui m'a toujours réussi avec les étrangers, et je leur offre gratuitement ma méthode et mes conseils.

PREMIÈRE PARTIE DU COURS.

La grammaire comparée, c'est ma grammaire franco-anglaise, et qui peut s'appliquer à toute autre langue ; grammaire courte, rapide à apprendre et facilitée par une philologie comparée. Ajoutez-y et faites apprendre mon tableau des mots invariables.

La première étude des verbes, c'est celle de ma grammaire française élémentaire : les verbes *avoir* et *être*, puis les dix principales familles de verbes à conjugaison rapide et avec le verbe type ; mois ou doit faire à un étranger conjuguer par écrit ou de vive voix les verbes dans tous leurs temps et dans toutes leurs personnes, et avec mon mécanisme de la conjugaison française.

INDICATIF PRÉSENT.

Retrancher *r* ou *re* de l'infinitif, puis je-*s*, tu-*s*, il ou elle-*t*, nous-*ons*, vous-*ez*, ils ou elles-*ent*, excepté dans les verbes en *er* : je-*e* et il-*e*.

IMPARFAIT.

Ais, *ais*, *ait*, *ions*, *iez*, *aient*, et remarquez *ions*, *iez*, qui différencient l'imparfait et le subjonctif de l'indicatif.

PASSÉ DÉFINI.

Verbes en *er* : *ai*, *as*, *a*, *âmes*, *âtes*, *èrent*. — Verbes en *oir*, *ure* et *rir* : *us*, *us*, *ut*, *ûmes*, *ûtes*, *urent*. — Verbes en *enir* : *ins*, *ins*, *int*, *înmes*, *întes*, *inrent*, la plupart des autres en *ir* et en *re* : *is*, *is*, *it*, *îmes*, *îtes*, *irent*.

TEMPS COMPOSÉS.

Passé indéfini : l'indicatif du verbe *avoir* et le participe passé. — Passé antérieur : le passé défini du verbe *avoir*. — Plus-que-parfait : l'imparfait du verbe *avoir*.

FUTUR ET CONDITIONNEL.

FUTUR : *rai*, *ras*, *ra*, *rons*, *rez*, *ront*.
CONDITIONNEL : *rais*, *rais*, *rait*, *rions*, *riez*, *raient*.

FUTUR ET CONDITIONNEL COMPOSÉS.

Futur et conditionnel du verbe *avoir* et le participe passé.

IMPÉRATIF.

La première personne du singulier, la première et la deuxième du pluriel de l'indicatif, mais sans pronom.

SUBJONCTIF.

Que je *e*, que tu *es*, qu'il *e*, que nous *ions*, que vous *iez*, qu'ils *ent*.

IMPARFAIT DU SUBJONCTIF.

Ajoutez *se* à la deuxième personne du passé défini, tu *as*, *asses*, tu *is*, *isses*, tu *us*, *usses*, tu *ins*, *insses*.

TEMPS COMPOSÉS DU SUBJONCTIF.

Subjonctif et imparfait du verbe *avoir* et participe passé.

INFINITIF.

Première conjugaison, *er*, deuxième, *ir*, troisième, *oir*, quatrième, *re*.

PARTICIPE PRÉSENT.

ant.

PARTICIPE PASSÉ.

é, i, u, ert.

Le tableau du genre des mots trouvé par les sons est dans ma grammaire.

2e ET 3e PARTIES DU COURS.

Voir ma grammaire française.

LE LANGAGE USUEL

EN TRENTE EXERCICES.

1. Etude des mots classés par familles naturelles et groupes dérivés, avec les règles de la formation et du genre des mots.
2. Etude des locutions avec les expressions spéciales, le genre de régimes, de prépositions, de construction, et la solution des autres difficultés qui embarrassent les étrangers.

I. — LES NOMBRES ET LE CALCUL.

ÉTUDE DES MOTS.

L'élève copiera chaque mot français et écrira à gauche l'expression étrangère de ce mot, soit qu'il la cherche dans un dictionnaire, soit que le professeur la dicte ; puis il apprendra les deux mots en disant l'orthographe du mot français.

Nombres cardinaux : Zéro, un, deux, trois, quatre, cinq, six, sept, huit, neuf, dix, onze, douze, treize, quatorze, quinze, seize, dix-sept, dix-huit, dix-neuf et vingt. A partir de dix-sept les dix chiffres ajoutés à la dizaine. Vingt et un, vingt-deux, etc., trente, quarante, cinquante, soixante, soixante-dix, soixante et onze, quatre-vingt, quatre-vingt-dix, quatre-vingt-onze, cent un, mille, million, billion ou milliard, trillion, quatrillion.

Nombres ordinaux : *al*, singulier du pluriel *aux* : le premier, la première, féminins formés ordinairement en ajoutant un *e* muet au masculin : le second, la seconde ou le et la deuxième, la moitié ou demi, le tiers ou le et la troisième, le quart ou le et la quatrième ; mais ensuite, *ième*, ajouté au nombre cardinal : le cinquième, le vingtième. Quand l'adjectif masculin se termine par un *e* muet, le féminin est nécessairement semblable au masculin.

Louis quatorze, le sept juin, nombres cardinaux avec les hommes et les mois, mais après avec les hommes, et avant avec les mois.

Une fois, deux fois, trois fois, c'est le mot fois précédé d'un nombre cardinal, et qui exprime ce genre d'idées.

ÉTUDE DES LOCUTIONS.

Dans une demi-heure il sera trois heures et demie.

Quelle heure est-il? il est à ma montre quatre heures passées.

L'horloge de l'église vient de sonner six heures et quart.

L'aiguille de la pendule marque huit heures moins un quart.

L'arithmétique est la théorie raisonnée, le calcul la pratique des opérations.

Les mathématiques et un mathématicien, la géométrie et un géomètre, la science et un savant.

Un nombre n'est pas la même chose qu'un chiffre, et peut être composé de plus d'un chiffre.

On fait et on refait, on recommence une opération, une règle, un calcul, la preuve d'une opération.

On se trompe ou l'on commet une erreur.

Le maître enseigne et l'élève apprend.

Je sais calculer ou compter, je sais ou connais le calcul.

Résoudre un problème et la solution d'un problème.

Arrêter ou régler un compte. Qui est-ce qui a fait ce compte?

Rectifier une erreur. Corrige cette faute, vérifiez ce compte.

Oublier un point ou une virgule.

Un calcul est bon ou mauvais.

Une opération n'est pas juste, n'est pas réussie, est manquée, est fausse.

Être fort ou faible *en* calcul ou sur le calcul, mais *sur* l'addition et les autres règles.

Etre le premier, le second, le troisième, le dernier de sa classe,

La numération a pour objet d'enseigner à lire et à écrire les nombres.

L'addition. Le résultat s'appelle somme ou total : 7 et 8 font 15 je pose 5 et je retiens 1.

La soustraction. Les trois noms du résultat : reste, excès ou différence ; 9 de 12 il reste 3.

La multiplication. Les deux facteurs : le multiplicande et le multiplicateur. Le résultat, produit, 9 fois 7, 63, je pose 3 et je retiens 6.

La division. Les deux facteurs : le dividende et le diviseur. Le résultat, quotient, en 8 combien de fois 2, 4 fois.

Prendre la moitié, le tiers, le quart, le cinquième d'un nombre.

Le système décimal est établi sur les divisions régulières de dix en dix.

Avec cet exercice, on sait compter en français ; on peut s'en tenir à cette simple étude des locutions du calcul ou faire la grande de mon cours d'anglais.

II. — LA FAMILLE.

ÉTUDE DES MOTS.

Père, mère, frère, même orthographe. Adjectifs, paternel, maternel ; féminin formé en ajoutant *le*, paternelle, adverbe formé en ajoutant *ment* au féminin, paternellement. Dérivés : paternité, maternité, fraternité ; fraterniser, seul verbe et régissant la préposition *avec*. Substantifs en *té*, la plupart féminins, mais sans *e* muet, excepté les quatre usuels : dictée, jetée, montée, portée.

Sœur, sans adjectif spécial ; fraternel. Mots même féminins en *eur*, sans *e* muet, excepté heure, beurre et demeure.

Enfant, un fils ou garçon ; une fille ; enfance. Adjectif, enfantin, ine, filial, ale, ni verbe ni adverbe.

Pour exprimer l'aïeul, on met grand devant père et mère : le grand'père, la grand'mère. Pour exprimer le parent direct de l'autre, on met beau devant un des noms de la famille : le beau-père, la belle-mère, le beau-fils ou gendre, la belle-fille ou bru, le beau-frère, la belle-sœur.

Un oncle, une tante ; un neveu, une nièce ; un cousin germain, une cousine germaine ; sans adjectifs ni verbes.

Les aïeux, les ascendants, les descendants, les collatéraux, les parents en ligne directe.

Un fiancé, une fiancée ; le marié, la mariée ; un mari ou époux ; une femme ou épouse ; adjectif, conjugal. Verbes : épouser quelqu'un, se marier à ou avec. Le garçon d'honneur, la fille d'honneur, un veuf, une veuve ; adjectifs, *euf*, féminin, *ve*, un orphelin, une orpheline.

Les fiançailles, un mariage, hymen ou hyménée ; une noce ; adjectif, nuptial. Le voile, le cierge, le bouquet nuptial, un épithalame ou chant de noces, une alliance, s'allier à, être allié à.

Un nourrisson, une nourrice, un père nourricier, nourrir, une nourriture, un frère de lait, une sœur de lait, un jumeau, une jumelle.

Un parrain, une marraine ; un filleul, une filleule ; un tuteur, une tutrice. Ordinairement, *teur*, féminin, *trice* ; un et une pupille, la tutelle.

Un héritier, une héritière, un héritage, hériter de.

Le prénom ou nom de baptême, le nom de famille et le surnom, verbes nommer et surnommer; adjectifs nominal et nominatif; terminaison des infinitifs, *r* ou *re*.

Professeur sans féminin, professer, le professorat, la profession, professionnel; un gouverneur, une gouvernante, gouverner, gouvernement. Précepteur; adjectif préceptoral, verbe enseigner, substantif enseignement. Un maître, une maîtresse de, un instituteur, une institutrice; instruire, instruit, instruite.

Intendant ou régisseur, régir; administrateur, administration, administrer. Un secrétaire, un commis, un employé; le secrétariat, le bureau.

Un cuisinier, une cuisinière, une cuisine, faire la cuisine; un maître d'hôtel, un porteur d'eau.

Un et une domestique, un serviteur, une servante, une bonne d'enfants, un valet de chambre et une femme de chambre; un laquais, un homme de peine, un frotteur.

Un cocher, un chasseur, un petit groom, un valet de pied, un palefrenier ou garçon d'écurie. Terminaisons ordinaires des professions : *er*, *eur*, *on*, *ant*.

Monsieur, madame, mademoiselle; un monsieur, une dame, une demoiselle; messieurs, mesdames, mesdemoiselles.

La jeunesse, jeune, rajeunir, être jeune.

La vieilllesse; adjectif vieux, vieille; un vieillard, une vieille femme; verbe vieillir, devenir et être vieux ou âgé ou d'un grand âge.

La mort, verbe mourir. Le mort ou défunt. Le deuil et être en deuil de... La bière ou cercueil, la fosse ou tombe. Les funérailles, le convoi, l'enterrement. Le service funèbre et le catafaque à l'Eglise. Le corbillard pour les pauvres, le char pour les riches et avec les quatre coins ou cordons du poële ou drap funèbre. Un poële est aussi un ustensile de chauffage et *une* poële sert pour les fritures; puis il y a encore l'homonyme, le poil du corps.

Un géant, une géante d'une grande taille. Un nain, une naine; un borgne et un aveugle; un bossu et une bossue, une bosse; un sourd-muet, une sourde-muette.

ÉTUDE DES LOCUTIONS.

Je suis de Paris, du beau Paris, du Périgord, de la Champagne, patrie de Paul.

De, devant les noms propres de personnes et de villes, excepté quand il y a un adjectif : du, de la devant les noms de pays.

C'est du vin, c'est de bon vin; achète de l'édredon et une cravate de soie.

Du, devant les noms communs masculins, excepté quand il y a un adjectif et quand un mot sous entendu amène la préposition de, du aussi régime direct, de l' devant un nom masculin commençant par une voyelle.

Je veux de la pomme de la dame, je veux des pommes des dames.

De la, devant les noms féminins, des, devant les noms pluriels; parfois directs, parfois indirects, de les.

Ces variations de prépositions sont une des grandes difficultés pour les étrangers; aucune méthode n'ayant pu trouver d'aide pour cette difficulté, n'en parle même pas.

Je vais à Paris, au beau Paris, parler à Paul; je vais au château, à la messe, aux funérailles.

A, devant les noms propres, excepté quand il y a un adjectif; à la, devant les noms communs féminins; au, dans les autres cas; aux, devant les pluriels.

Bonjour, bonsoir, bonne nuit; adieu, sans adieu, au revoir.

Comment vous portez-vous? comment allez-vous? comment va la santé? comment cela va-t-il? comment êtes-vous? comment va votre frère? voilà donc une manière en variations de demander des nouvelles.

Fort bien, Dieu merci, assez bien. Pas mal, et vous?

Je vous suis obligé, je m'en réjouis; j'en suis bien aise ou charmé.

Où est-il? à la campagne, en ville, chez lui; il est sorti.

Elle se portait mal hier matin; j'ai été un peu indisposé la nuit passée ou dernière; vraiment, j'en suis bien fâché ou peiné.

Vous êtes bien pressé; faites mes amitiés à mademoiselle votre sœur, ou rappelez-moi au souvenir de.

Je n'y manquerai pas. Je vous remercie de votre visite.

Il faut que je m'en retourne; il faut que je retourne chez mon père; ma mère m'attend; il faut que je vous quitte.

Vous souhaiterez le bonjour à monsieur votre frère; il paraissait se bien porter la dernière fois que je l'ai vu.

Je me couche très-tard, de bonne heure.

Vous souviendrez-vous de m'éveiller? n'y manquez pas, il faut que je me lève à la pointe du jour.

Etes-vous encore au lit? éveillez-vous, debout, levez-vous; je vais me lever; je me lève.

Dites-moi l'heure, s'il vous plaît, et donnez-moi ce dont j'ai besoin.

La vie a quatre âges: l'enfance, la jeunesse, l'âge mûr et la vieillesse.

Cet enfant est né en mil huit cent cinquante. *Mil* s'écrit par trois lettres dans les dates.

Quel âge a-t-il ? il a dix ans ou il est âgé de dix ans.

Ce vieillard est sexagénaire, 60, septuagénaire, 70, octogénaire, 80, centenaire, 100.

Cet enfant au berceau, est-ce votre nouveau-né et votre premier né ?

Quelle est la lingère qui a confectionné la layette ?

Un enfant est baptisé ou reçoit le baptême ; le prêtre baptise l'enfant ou administre le sacrement du baptême.

Le parrain et la marraine tiennent leur filleul sur les fonts baptismaux.

Un enfant est en nourrice, et l'on met un enfant en nourrice.

Une mère allaite ou nourrit son enfant ; elle l'élève elle-même ou le met en pension.

On dit d'un enfant qu'il est bien ou mal élevé.

Être dévoué *à* se dévouer, avoir du dévouement *pour* ses parents, obéir *à* ses parents, être reconnaissant *envers* ses parents ; avoir de la reconnaissance *pour*.

Manquer *à* ses devoirs, manquer de respect ou d'égards *pour* ou *envers* ses parents.

L'éducation est morale, et l'instruction intellectuelle.

La vie de famille s'appelle aussi vie privée ou domestique ; la vie publique, c'est la profession.

Le juge de paix a réuni le conseil de famille.

On vit *sous* le toît paternel, maternel ou au foyer domestique. On s'absente, on s'éloigne *du*, on vit dans sa famille ; on quitte, on se sépare de sa famille ; mais on y revient.

Je sais ou connais votre nom de famille ; mais quel est votre nom de baptême ou prénom, et n'avez-vous pas aussi un surnom ?

Donner un dîner, une soirée *de* famille ; dîner *en* famille, et passer la soirée en famille.

Épouser ou prendre pour mari ou femme telle personne ; se marier à ou avec telle personne ; c'est un couple bien uni.

On fait un mariage d'inclination, de convenance ou d'argent.

La bague d'un mariage s'appelle une alliance, et la mariée porte un voile et un bouquet de fleur d'oranger. Montrez-moi la corbeille de noces et le trousseau de la mariée.

Le garçon d'honneur et la fille d'honneur tiennent à l'église le voile du mariage, au moment de la bénédiction nuptiale.

On se marie à la mairie, et c'est le mariage civil et légal ; puis on se marie à l'église, et c'est le mariage religieux.

Inviter quelqu'un *à* sa noce, à son bal de noce, à sa messe de mariage,

J'ai reçu une invitation *pour* ; j'ai assisté *à*.

Après le concert, *il y a eu* bal et souper ; on a dansé jusqu'à cinq heures du matin, jusqu'au jour.

Ce fiancé ne s'est-il pas rencontré avec sa fiancée chez mon beau-père ?

Perdre sa femme ou devenir veuf ; on porte le deuil ou l'on est en deuil de ses parents.

Sur la pierre on a mis ou gravé une épitaphe.

On honore la mémoire des morts en continuant leurs bons exemples.

Quand on porte un corps au cimetière, les quatre coins du poële ou drap funèbre sont tenus par des amis du défunt.

Les voitures qui suivent un convoi s'appellent voitures de deuil, et la voiture du mort s'appelle char pour les riches, et corbillard pour les pauvres.

Les pauvres sont déposés au cimetière dans la fosse commune et leurs corps sont brûlés avec de la chaux vive.

III. — LA TABLE.

MASCULIN : Mots en *ier* et couteau, réchaud, plat, vase, verre et bol.

FÉMININ : Mots en *ère* et *iette* et nappe, carafe, tasse et vaisselle.

OBJETS DE TABLE.

En *ette* : Assiette, fourchette et serviette. Un rond de serviette.

En *ier* : Un saladier pour la salade, un sucrier pour le sucre, un moutardier pour la moutarde, un huilier pour l'huile, un vinaigrier pour le vinaigre, un saucier pour la sauce ; saucer son pain.

En *ère* : Une cafetière pour le café, une théière pour le thé, une salière pour le sel, une poivrière pour le poivre, une cuillère ; un verre, seul masculin en *erre* dans les objets de table, et remarquez les deux *rr*. Verbes poivrer, saler.

En *au* : Un couteau et un réchaud, couper, réchauffer.

En *on* : Un flacon, bouchon et tire-bouchon ; boucher et déboucher une bouteille.

En *elle* et *eille* : Une écuelle et une bouteille.

AUTRES : Un plat, un bol, un bocal, un service en porcelaine; une carafe, une nappe, une tasse, une terrine, une boîte.

SOUPES OU POTAGES ET PAIN.

Pain blanc, blanche, tendre ou frais, fraîche, bis, rassis ; de la croûte, de la mie ; un morceau de pain, un petit pain ; un mets, des hors-d'œuvre ; une soupe ou potage au pain, au vermicelle, au riz ; une panade, du bouillon, un consommé, de la bouillie.

1.

VIANDE.

Masculin, mots sans *e* muet excepté perdrix et les femelles.

Viande maigre, maigreur, maigrir; gras, grasse, de la graisse, engraisser; une tranche, un ragoût et une fricassée, fricasser; un hachis, du bouilli, du rôti, faire bouillir et rôtir; des os et de la chair.

Un taureau, un bœuf et une vache; du filet de bœuf, de l'aloyau; du bœuf à la mode.

Un veau et une genisse, des côtelettes de veau, une tête de veau, du fricandeau, de la poitrine de veau, de la cervelle, un pied de veau, des rognons, de la fraise de veau.

Un mouton et une brebis, un gigot et une épaule de mouton.

Un quartier d'agneau.

Un porc ou cochon, du lard, du jambon, des saucisses, du saucisson, du cervelas, du boudin, une andouille et une andouillette; des tripes, du gras double.

De la volaille, un coq, un poulet et une poule; une cuisse, une aîle, une carcasse, un croupion, un gésier de poulet, des abatis.

Un canard et une cane, une oie truffée, un pigeon et un pigeonneau; une perdrix, un perdreau, un lièvre et un lapin; un chevreau, un faisan.

Des œufs à la coque, sur le plat, à la sauce blanche; une omelette au lard, du lait, de la crême, du beurre et beurrer.

Un boulanger, un boucher, un charcutier et un laitier. Féminin, *ère*, substantif, *rie*.

POISSON.

Du poisson, une arète, une écaille, une queue, une tête, le milieu.

Masculins, ceux non terminés par un *e* muet : un esturgeon, goujon, saumon; un turbot, du gabillot et un maquereau ; un hareng, un brochet, des anchois, un homard, puis un crabe et du congre ou une anguille de mer.

Féminins, la plupart de ceux avec un *e* muet. : Une anguille, une carpe, une huître, une lamproie, une morue, une moule, une sole, une sardine, une raie au beurre noir, une écrevisse, une langouste, une tanche et une truite ; un marchand et une marchande de poisson. La halle au poisson, aux légumes. Les femmes de la halle.

LÉGUMES.

Masculins, ceux non terminés par un *e* muet : Radis, riz et salsifis; artichaut, haricot et poireau ; melon, potiron, ognon, champignon ; navet et panais, chou et choufleur, épinard.

Féminins, ceux terminés par un *e* muet : Une asperge, carotte, choucroute, citrouille, lentille, oseille, fève, pomme de terre, rave et tomate.

SALADE.

Féminins, excepté cresson et céleri.

De la laitue, de la scarole, de la chicorée, de la romaine, des betteraves, des maches, du cresson et du céleri.

AROMATES.

Masculins sans *e* muet : Ail et une gousse d'ail ; estragon, persil, piment, cerfeuil, thym, laurier, clou de girofle ; mais aussi poivre et sucre de canne et de betterave.

Féminins avec *e* muet : échalotte, ciboulette, muscade, truffe, vanille.

FRUITS ET ARBRES FRUITIERS.

En français, l'arbre formé en ajoutant *ier* au fruit. Arbres masculins, et la plupart des fruits féminins.

Une cerise, un cerisier ; fraise, mure, framboise et groseille ; fraisier, murier, framboisier, groseillier ; poire, pomme, prune, figue ; poirier, pommier, prunier, figuier ; une amande et une aveline, un amandier; une noix, un noyer ; une noisette, un noisetier ; un marron et une chataigne, un marronnier et un chataignier; un citron, un citronnier. Olive, datte, orange ; olivier, dattier, oranger; du raisin et une vigne ; une pêche, un pêcher, un abricot, un abricotier.

BOISSONS.

Boisson et boire de l'eau et du vin ; eau-de-vie, du cidre, de la bière, eau de seltz, limonade, sorbet ; punch, ratafia, noyau, orgeat, sirop, thé, café, chocolat, liqueur et genièvre. Masculins, les mots non terminés par un *e* muet, et aussi cidre et genièvre ; boisson, liqueur et eau, par exception féminins.

Le fruitier, l'épicier et le marchand de vin.

ÉTUDE DES LOCUTIONS.

Inviter quelqu'un à dîner, envoyer ou adresser une invitation à quelqu'un.

Être invité à dîner *chez* monsieur un tel ; recevoir une invitation *à* dîner; *pour* le bal de ; pour une soirée.

Faire un second déjeuner avant le dîner et le souper.

Faites-moi le plaisir de dîner avec moi (présent), de venir dîner avec moi (futur), mais on dîne chez quelqu'un.

Servez le dîner, mettez la nappe, le couvert ; le dîner est servi, nous attend.

Manger *du* veau, de la soupe, des côtelettes ; mais manger une côtelette *de* veau.

Boire du vin pur, boire un verre de vin, une tasse de thé, prendre le thé, le café. Merci, je ne bois pas de thé.

On se met à table. Asseyez-vous à cette place, ou voici votre place.

Ce mets est très-bon. Voulez-vous y revenir ? Je vous en demanderai encore un peu ; mais je me réserve pour le dessert.

Voulez-vous ? désirez-vous, vous offrirai-je ou vous servirai-je du, de la, des, un.

Je n'ai pas de pain ; je vous demanderai du pain s'il vous plaît ; ou donnez-moi, je vous prie, du pain, ou de ce mets, ou tel objet de table.

Garçon, donnez-nous ou apportez-nous le réchaud et servez le rôti.

Découper la viande, aiguiser ou repasser un couteau, repasser du linge avec un fer.

Nettoyer la vaisselle, l'argenterie ; rincer ou laver les verres.

Tenir bien ou mal un meuble de table.

Verser ou offrir du vin ; répandre du vin sur la table, renverser et casser une bouteille.

Remplir, vider un vase ; cette carafe est pleine, est vide ; renverser le sel, le poivre, l'huile. Assaisonner ou faire la salade, puis la tourner.

Mettre tel ingrédient dans un mets.

Il manque de telle chose à ce mets, ou il n'y a pas assez de telle chose dans.

Faire le café ou le thé ou du café.

Faire chauffer ou réchauffer un mets ; faire bouillir de l'eau, *faire* frire du poisson, faire une friture.

Ce mets est froid, chaud, poivré, salé, vinaigré, sucré, épicé, bon, mauvais, fade..

Je préfère ou j'aime mieux tel autre hors-d'œuvre ; je préfère le café au thé ; j'aime mieux le café que le thé.

Voici votre place, asseyez-vous à cette place ou prenez ce siége, fauteuil ou chaise.

Vous ne mangez pas, vous ne buvez pas. J'ai beaucoup, assez mangé ou bu.

Avoir faim, soif, appétit ; n'avoir pas faim, soif, *d*'appétit ; avoir soif ou être altéré, se désaltérer.

Ce mets est cuit à point, est brûlé.

Cette viande est tendre, dure, ou coriace.

Ce pain, croûte et mie, est tendre ou frais, est rassis.

Je vous traite et agissez sans cérémonie.

J'ai eu, j'avais à dîner ou à ma table telles personnes ou convives.

Changez les assiettes, emportez ce plat et remplacez-le par un autre.

Faites attention aux arêtes de ce poisson.

Ouvrir des huîtres, gratter et éplucher des légumes, écosser des pois, peler un fruit.

La liqueur me porte à la tête ; le café m'agit sur les nerfs, m'agite les nerfs, m'empêche de dormir.

Ce fruit n'est pas mûr; cette poire est trop mûre, est blette, est gâtée.

Le lait a tourné, a aigri.

Ce beurre roux a ranci, est rance, est loin d'être du beurre frais.

Combien avez-vous payé la douzaine de ces œufs frais ?

Un gourmet mange avec délicatesse, un gourmand avec voracité.

Merci ou je vous remercie ; je veux bien, j'accepte.

Trinquer, boire à la santé de, porter un toast à.

Les marchandises de l'alimentation s'appellent denrées ou comestibles; celles du chauffage, combustibles.

Aller au marché, aller faire ses provisions.

On consomme un produit et il se consume par le feu.

IV. — LE CORPS.

ÉTUDE DES MOTS.

Le corps : corporel, corpulence.

Le sang : sanguin, ine ; sanglant, ante ; sanguinaire ; saignant, ante. Verbe saigner ; le sang dans les artères et veines.

Un nerf : nerveux, euse ; adj. en eux, féminin en euse et x même au singulier.

Une chair ou un muscle avec leurs tendons. Charnel et charnu, musculeux.

Un os : osseux, euse ; ossification, s'ossifier. La moëlle des os.

La tête, le crâne. Un cheveu et une chevelure ; une boucle et une tresse de cheveux ; bouclé, tressé. Un poil.

Une âme, animer, un animal, une animation ; mots en al, masculins, en tion, féminins.

Un esprit : adj. spirituel, elle ; adverbe spirituellement. Spiritueux

Une intelligence : intelligent, ente ; intellectuel, elle ; intelligible, intelligiblement. In intelligible, in intelligent ; in, non.

Le cerveau avec les cinq facultés de l'âme : l'instinct, la volonté, la mémoire, le raisonnement et la sensibilité.

Les cinq sens : la vue avec son organe l'œil, pluriel yeux, adjectif oculaire; un oculiste. Verbe voir, adjectif visible, adverbe visiblement, autre adjectif visuel. Une vision, un visionnaire. Les cils et les sourcils, les paupières. La prunelle ou pupille des yeux noirs ou bleus. Le regard, regarder. La rétine.

L'ouie avec son organe l'oreille ; adjectif auriculaire. Verbes entendre, écouter.

L'odorat avec son organe le nez : adjectif nasal, ale; les narines. Verbe sentir. Une odeur, odorant, ante.

Le goût avec son organe le palais : la bouche avec les lèvres, la langue, le palais, la mâchoire avec les dents, les gencives; les moustaches. Un dentiste et un ratelier. Verbe goûter.

Le toucher répandu par tout le corps, mais dont le principal organe est la main. Verbe toucher comme le substantif.

La joue avec ou sans couleurs, avec ou sans favoris; le visage, la figure ou la face avec ou sans rides; les traits, un air, une physionomie; le menton avec ou sans barbe.

Le cou, la gorge, le gosier, le larynx. La voix, adjectif vocal.

La poitrine avec les côtes et les viscères, les poumons, adjectif pulmonaire ; le cœur, adjectif cordial ; le dos, adjectif dorsal. Un poitrinaire, une fluxion de poitrine.

Le ventre avec les hanches, les flancs, les reins, l'estomac, les intestins ou boyaux, les entrailles, le foie, la rate. La ceinture, la taille, le maintien.

Les membres; les extrémités supérieures : l'épaule avec l'aisselle, le bras, le coude; l'avant-bras, le poignet et le poing, la main avec ses cinq doigts : le pouce, l'index, le médius, l'annulaire et le petit doigt avec leurs phalanges et leurs ongles. La paume de la main, le geste.

Les extrémités inférieures : la cuisse, la jambe, le genou, le mollet, le coude-pied, le pied, le talon, la cheville, le jarret, la plante des pieds, l'orteil ou doigt de pied. Le pas, la démarche.

La peau, le cuir, la graisse, engraisser. Embonpoint.

Les humeurs : la bile, la sueur, les larmes, la salive, la morve, la lymphe.

Les tempéraments ou les systèmes : sanguin, bilieux, nerveux, lymphatique et musculeux.

Instinct : instinctif, ive.

La volonté, verbe vouloir, adjectif volontaire; involontaire, in, non. Adverbe involontairement.

La mémoire, le souvenir : verbes se souvenir et se rappeler. Un oubli et oublier.

La raison : raisonnable, raisonner, raisonnement, autre adjectif ıtionel.

La sensibilité : sensible, sensiblement, sentir, une sensation.

Le génie : ingénieux, euse ; un ingénieur ; s'ingénier.

Une idée, idéal, ale. Une pensée, pensif, ive. Un penseur sans ḿminin. Verbe penser. Une réflexion, verbe réfléchir.

ÉTUDE DES LOCUTIONS.

Le corps de cet animal, de ces animaux, al, pluriel aux et sans e. . est d'une forte corpulence et se donne les jouissances corpoelles.

Le sang vient du cœur par les artères et y retourne par les veies en passant par les poumons; c'est ce qu'on appelle la circuıtion du sang découverte par l'anglais Harvey.

Le sang circule dans les artères et dans les veines : le sang me ɪout dans les veines ; le sang se fige, se tarit.

Cet homme est sanguin sans être sanguinaire. Cette viande est aignante et cette bataille fut sanglante.

J'ai saigné *du* nez et on m'a saigné *au* bras avec une lanette.

Ma sœur a eu une attaque de nerfs, le médecin l'a guérie ıvec une potion camphrée. Son nouveau né a des convulions.

Personne n'est nerveux dans votre famille, mais je connais ıne personne nerveuse dans la mienne. Personne, sans article, nasculin.

La charpente osseuse de l'animal quadrupède est la même que :elle de l'homme, ainsi que tout le reste de l'organisation physique lans les deux êtres.

Sa blessure au crâne le gêne, lui fait mal. Pronoms régimes di:ects d'un verbe actif : le, la, les, que ; pronoms indirects : lui, leur, dont, en, y,

Cet homme n'est pas assez spirituel pour ne pas abuser des spiritueux.

J'ai mal à *la* tête, à la gorge, aux yeux et non à *ma* tête parce qu'on ne peut pas avoir mal à la tête d'un autre. Je souffre *de.*

C'est ce muscle et ce sont ses tendons qui se sont enflés. Ce sont, quand touché par un nom pluriel. Ce sont par *ce* devant un nom, par *se* devant un verbe.

Cette chevelure de cheveux bouclés *lui* va bien et *la* rajeunit.

Cette âme *qui* pense, *que* vous sentez et *dont* vous ignorez la nanature. Qui, pronom, sujet ; que, régime ; dont, régime indirect.

Ce travailleur intellectuel est intelligent, mais vient de prononcer une phrase inintelligible.

Chaque organe ou chacun des organes a sa fonction ; les organes ont chacun leur fonction et j'étudie *chacun*. Chaque suivi d'un nom; chacun, sans substantif; son après un sujet singulier, leur après un sujet pluriel.

Le chirurgien a extrait quelques os de la plaie ou blessure *que* vous vous étiez faite et *dont* vous vous étiez plaint.

L'oculiste lui a fait l'opération de la cataracte et les rayons visuels ont encore pu pénétrer à la rétine. Il est visible tous les lundis de deux à cinq. Je regarde mais je ne vois rien.

J'ai écouté mais je n'ai pas entendu les bruits auxquels vous faisiez allusion. Rapportez-vous en à moi. Allez-y de nouveau.

Cette fleur sent bon, sent mauvais; elle a bonne, mauvaise odeur, sans article. Ce mets a bon, a mauvais goût.

La bouche embrasse ou donne un baiser ; elle parle et chante, elle sert à parler, à la parole ou au langage, à l'orateur; à chanter, au chant, au chanteur.

Le dentiste lui a arraché une dent, nettoyé les autres avec une brosse à dents et une poudre pour les dents, puis il a mis à votre mère un ratelier de fausses dents.

Votre nièce a le toucher délicat; elle a touché par mégarde *un* fer chaud qui l'a brûlée ; elle a touché *du* piano..

On se coupe les ongles, la gorge ; on se fait la barbe ou on se rase; on se fait raser, couper, ou tailler les cheveux.

Ses joues sont colorées comme celles du personnage du dessin colorié. Il a des rides ou il est ridé; il a des traits réguliers, une physionomie ou un air sévère, doux, douce.

La main sert à saisir, le pied à marcher: donner un coup de poing, un coup de pied à quelqu'un. On a une démarche noble, gracieuse ou disgracieuse.

J'ai eu le bras démis, cassé ; je me suis démis, cassé le bras en tombant de l'échelle, en faisant une chûte.

J'ai reçu un coup au talon; je souffre de mes cors, d'une entorse.

Il est devenu bossu à la suite d'une maladie de l'épine dorsale.

Les poumons servent à respirer, ou à la respiration ; il a l'haleine courte, la respiration gênée et il éprouve même des suffocations.

Jeune il était maigre; mais en avançant en âge il a pris de l'embonpoint.

C'est le foie qui secrète la bile nécessaire à la digestion. Je ne digère pas bien; j'ai mal à l'estomac; j'ai un mauvais estomac.

Je suis indisposé, malade, forcé de garder la chambre le lit; mon cœur et mon pouls battent fort.

Le cœur aime quelqu'un ou a de l'amour, de l'amitié, de la tendresse, de l'affection, de la sympathie *pour*. Il est sympathique à, ami *de*, aimable, affectueux, tendre *pour*.

Il hait quelqu'un ou a de la haine ou de l'aversion, de l'antipathie *pour* ou *contre*, de l'indifférence *pour*, il est antipathique *à*; indifférent pour, il est haïssable, odieux. Il s'est conduit envers moi odieusement ou d'une manière odieuse. Les adverbes de manière se remplacent naturellement par l'expression d'une manière suivie de l'adjectif.

Il est ingrat envers ou pour ses parents; ils ont de l'ingratitude pour leurs parents.

Le cœur ressent une émotion vive ou profonde, légère ou passagère dans une rue passante.

L'esprit pense et réfléchit *à*, se souvient *de*, se rappelle quelque chose, verbe actif sans préposition; ne se souvient plus de, ne se rappelle plus ou bien oublie, sans préposition quelqu'un ou quelque chose, mais oublie *de* faire, néglige de, et oublie *á* faire, ne sait plus.

Le cœur jouit *de*, ou éprouve une jouissance; il souffre ou éprouve une souffrance; il ressent une douleur *à* telle partie du corps et *de* tel malheur.

J'ai froid aux pieds, j'ai trop chaud à la tête; vous n'êtes pas assez couvert, assez chaudement vêtu.

Le système bilieux prédomine chez cette personne; elle est d'un tempérament bilieux.

Tu n'es pas raisonnable et ton raisonnement n'est pas rationnel. Tu ne raisonnes pas juste et cette corde de violon ne résonne pas. Ingénie-toi, t'ingénies-tu ; impératif et interrogation ; impératif avec e muet pas d's. Cet ingénieur a du génie et a des procédés ingénieux.

V. — LE TEMPS ET LA TEMPÉRATURE.

ÉTUDE DES MOTS.

Un siècle de cent ans, adj. séculaire ; un lustre de cinq ; un mois, adj. mensuel ; un an ou une année, annuel ; une semaine, hebdomadaire ; un jour, quotidien. Les jours, mois et saisons du genre masculin.

Les sept jours de la semaine : dimanche, *dies Domini*, jour du Seigneur des astres, lundi jour de la Lune, mardi de Mars, mercredi de Mercure, jeudi de Jupiter, vendredi de Vénus, samedi de Saturne.

Les douze mois : janvier mois de Janus, février mois des Fébruations ou purifications, mars mois de ce Dieu, avril *aperire* ouvrir, mai mois de Maïa ou des Majores vieillards, juin mois des Juniores jeunes gens, juillet mois de Jules César, août d'Auguste, septembre septième mois de l'année primitive commençant au printemps, octobre, *octo*, huit, novembre et décembre, *novem*, neuf, *decem*, dix

Les quatre saisons : le printemps, l'été, l'automne et l'hiver:

Le soleil levant, couchant ; le lever, le coucher du soleil ; le soleil se lève, se couche, est à l'horizon. Les rayons solaires, un arc-en-ciel.

La lune avec son croissant et ses phases : la nouvelle lune, le premier quartier, la pleine lune et le dernier quartier. Le clair de lune, une éclipse de et s'éclipser.

L'aurore, le crépuscule, le matin, la matinée, midi, l'après-midi ou l'après-dînée, le soir ou la soirée ; minuit, il est midi.

Les astres, les étoiles, les planètes et les comètes. .Adjectif d'astre, sidéral, d'étoile, étoilé, de planète, planétaire. Comète n'a pas d'adjectif. Astre, astronome, astronomie, astrologie, astrologue.

Un air et une atmosphère. Aéré, un aérostat ou ballon, un aéronaute.

Adverbe de temps : aujourd'hui, demain et après demain, hier et avant hier, la veille, le lendemain, aujourd'hui en huit, en quinze. Une quinzaine, dans la huitaine. Une heure, une minute et une seconde.

Un jour de fête : le jour de l'an ou le premier de l'an, le carnaval ou le mardi-gras, le mercredi des cendres, le carême et la mi-carême (mi, demi, moitié), la semaine sainte, Pâques, la Pentecôte,la Fête-Dieu, l'Ascension de Jésus et l'Assomption de la Vierge au ciel, l'Avent, la Toussaint, le jour des Morts, les vacances, un jour de congé, la première communion.

La pluie, pluvieux, euse ; pleuvoir, il pleut, il a plu, verbe unipersonnel. Une ondée ou averse.

La vapeur, évaporation, s'évaporer, se vaporiser, se réduire en vapeur.

Nuage, nuageux, chargé de nuages. Brouillard, une brume, brumeux.

La gelée, il gèle. Le dégel, il dégèle. La neige, il neige, il fait de la neige, de la rosée, du givre, du verglas.

La grêle, il fait ou il tombe de la grêle ; des giboulées, il fait des; la glace, il glace ; *il* indique que ces verbes sont unipersonnels.

Le vent, il vente, il fait du vent. Une bise, une rafale, une

mbe, une tempête ou un orage, un ouragan, un tour-
on.

Le tonnerre, la foudre et les éclairs. Il tonne, il fait des
airs.

Une clarté, clair, clairement, éclairer, s'éclaircir. Lumière, lu-
neux.

Obscurité, obscur, obscurcir et s'obscurcir, être dans l'obscurité,
curément; au figuré, obscurantisme, système d'ignorance.

Sécheresse, adjectif sec, sèche; sécher, se sécher, sèchement au
uré.

Humidité, humide, mouiller, se mouiller, devenir humide.

Chaleur, chaud, chaudement, chauffer, chauffage.

Le froid physique, la froideur morale, froidement au moral.
oidir, devenir froid, gagner ou avoir un refroidissement.

ÉTUDE DES LOCUTIONS.

Un siècle est un espace de cent ans. Une revue mensuelle, heb-
madaire; un journal quotidien.

Nous arriverons *dans* huit jours; nous arriverons *en* huit
urs.

C'est aujourd'hui dimanche. Qu'avez-vous fait mardi? Les
nces auront lieu les lundis, mercredis et vendredis à huit
ures et demie du soir. J'y serai lundi, je n'y suis jamais *le*
ndi.

Le premier septembre. Cela s'est passé, se fait *en* janvier ou
mois de janvier, *en* hiver, mais *au* printemps.

Il fait clair de lune; il y aura, il y a eu une éclipse de
eil.

Le jour paraît, le jour tombe, la nuit vient, il fait jour, il fait
it.

Je ferai cela ce matin ou ce soir, dans la matinée ou dans la
rée; la soirée est fraiche; nous irons passer l'après-midi ou
près-*dînée*, la soirée avec vous; nous travaillerons après-dîner.
est midi, minuit. C'était hier matin ou soir.

Le ciel est étoilé. Cet astronome a bien étudié notre système
anétaire et cet astrologue a mal prédit l'avenir d'après l'inspec-
on des astres.

Choisissez-moi un appartement bien aéré et exposé au midi.

Cet aéronaute est monté dans son ballon, s'est élévé dans les
rs ou dans l'atmosphère et est descendu à l'aide de son para-
ûte, près de Paris.

Je fis cela hier, la veille de mon mariage; je ferai cela demain,
lendemain de mon arrivée. J'ai payé sa semaine, sa quin-
ine, son mois à cet ouvrier; faites-moi cela dans la huitaine.

Cet ouvrier fait le lundi, fait carnaval, mardi gras, n'observ pas le carême, ne fait pas ses pâques. On célèbre une fête, on de mande, on obtient un congé; on a des vacances et l'on en pren trop souvent quand on ne le devrait pas.

Il pleut à verse; il est tombé une averse; je suis trempé jus qu'aux os.

L'évaporation de cette eau bouillante a produit une vape abondante que la chaleur a dilatée et que le froid a condensée.

Le ciel est couvert, est chargé de nuages; cela annonce l'orag le temps est à l'orage. Les nuages s'amoncellent.

Il fait beau ou mauvais temps. Le temps est chaud, froid, se humide, doux, frais. Quel temps fait-il? Le baromètre est à pluie, au beau fixe, au variable. Le temps se remet.

Temps pommelé n'est pas de longue durée. Le vent ou la g rouette a tourné. Le vent souffle fort; il est au nord, à l'est, l'ouest, au sud; des vents de nord-est, de sud-ouest; il fait u vent d'ouest, un zéphyr, une brise de mer, de forts coups d vent.

Il fait de la pluie, de la neige, du brouillard, de la grêle, d éclairs, du tonnerre. Une tempête a éclaté. Le tonnerre ou la fo dre est tombé sur.

J'ai froid, j'ai chaud aux pieds. Je suis en sueur, je su glacé.

Telle rivière a débordé et il en est résulté une inondation, pu un tremblement de terre a tout bouleversé.

Le thermomètre indique la chaleur par la dilatation ou la co densation du mercure ou de l'esprit de vin; le baromètre, la s cheresse ou l'humidité par la pression plus ou moins forte de l'a qui fait monter le liquide dans le tube. Ces deux instruments d physique marquent les dégrés de chaleur et d'humidité. Le the momètre est un instrument juste; mais le baromètre marque so vent le contraire du temps.

Le temps s'éclaircit. Eclairez-moi avec ce flambeau; éclaire vous l'esprit, parlez clairement.

Le temps s'obscurcit; je suis dans l'obscurité; n'obscurcissez p les questions; j'entrevois obscurément la vérité.

Séchez-vous, faites sécher ce linge; la sécheresse nuit à terre; il m'a répondu sèchement.

J'ai eu froid et j'ai gagné un refroidissement; il m'a reçu fr dement; il m'a témoigné de la froideur.

VI. — LA TOILETTE.

Le genre des mots se trouve par mon tableau du genre des so et par mes exercices précédents.

ln chapeau d'homme fait par un chapelier. L'industrie de la pellerie. Un crêpe au chapeau.

Jne perruque, un faux toupet faits par un perruquier ou feur, art de la coiffure. Coiffer quelqu'un, se faire coiffer .

Jne chemise, un faux col et une cravate par un chemi- '.

Jn gilet, une robe de chambre, un pantalon, une culotte courte, habit ou une redingote avec collet, manches, poches, boutons, ıtonnières, revers, doublure, garniture, une veste, un manteau, paletot, un pardessus par un tailleur habile dans l'art du vête- ıent, des bretelles.

Jn caleçon, un mouchoir de poche par une lingère ; l'industrie la lingerie.

)es bas de soie, de laine, de coton, de fil, des chaussettes par un ricant de bas.

)es bottes, des souliers avec l'empeigne, la semelle, le talon par bottier ou cordonnier, l'industrie de la chaussure. Le savetier ommode les savates. Des escarpins, des pantouffles, des chaus- ıs, des brodequins, des sabots, des boucles, des sous-pieds, des êtres, du cirage pour cirer les souliers, un tire-bottes, des épe- ıs, des bottines, des jarretières.

Les gants faits par un gantier, l'industrie de la ganterie.

Un chapeau de femme fait par une modiste, art de la mode. Un onet de femme par une modiste ou une lingère.

Une robe, un jupon, un mantelet, un caraco, un pincetaille, par e couturière, l'industrie de la couture, vendus par les mar- ands de nouveautés.

Un corset, par une corsetière. Un lacet, se lacer ; un busc, des leines, un œillet de corset.

Un voile, un fichu, une collerette, une camisole, un peignoir et plupart des objets de blanc, par une lingère. Un châle, une harpe par un fabricant de châles.

Un manchon et toutes les fourrures et pelleteries vendues par s fourreurs.

Une robe *de* soie, de velours, d'orléans, de popeline, de mérinos, ie ou laine et coton, à falbalas, à volants.

Etoffes pour habillements. — Un pantalon *de* casimir, drap fin ; ı gilet *en* piqué, en poil de chèvre ; un drap en toile de Hollande, ı calicot, de la mousseline ; une robe de calicot, de mousseline ıns l'article. De la batiste, un gilet de flanelle ; de la peluche, de serge, du velours ; un tissu de soie, une étoffe précieuse ou ommune ; de la gaze, du crêpe, un crêpon de Chine, de la moire, e la soie, du satin, du taffetas, de la dentelle, du tulle, du tricot, e la fourrure, du cuir, du maroquin, du mérinos, du gros de Naples, du madapolam, de la ouate, du galon, de la ganse, de l bourre de soie.

Objets de toilette. — Un peigne pour se peigner, un rasoir pou se raser, une brosse à dents ; une brosse pour se brosser ou pou brosser ses habits, une brosse à souliers, un sac, une bourse, u porte-monnaie, un éventail, des papillotes, un parapluie, une om brelle, un en tout cas. Un essuie-main pour s'essuyer les mains une pelote pour les aiguilles et les épingles, un étui, des ciseaux un portefeuille, une cravache. Une montre à répétition avec un ca dran, des aiguilles, un mouvement, un ressort, une boîte en o ou en argent et une clé. Une bague, une alliance de mariage, u collier de perles ou de corail, un bracelet avec un diamant, un ru bis, une émeraude, une améthiste, une parure de diamants ren fermée dans un écrin, des boucles d'oreille, un lorgnon, une lor gnette de spectacle, un binocle, des lunettes, une tabatière, u nécessaire : un fabricant ou marchand de chaque produit indus triel ; un bijoutier, joaillier, horloger pour les bijoux et les mon tres. La bijouterie et l'horlogerie.

ÉTUDE DES LOCUTIONS.

Combien ce chapeau ? quel est le prix de ce chapeau ? quinz francs. C'est un peu cher ; je ne veux y mettre ou en donne que douze. Mettez votre chapeau. Ne gardez pas votre chapeau su la tête. Prenez votre chapeau et allez-vous en.

Je me fais coiffer, je me suis fait faire un faux toupet, je me sui fait raser par ce perruquier ou coiffeur ; il coiffe telle personne, i est le coiffeur de. Je suis tout décoiffé, il est né coiffé.

Mets ta chemise ; il est en chemise ; ne reste pas en chemise. O met un vêtement ; et on le quitte ou ôte.

J'ai essayé mon pantalon, il ne me va pas ; rapportez-le, je vou prie, au tailleur pour qu'il l'arrange.

Votre redingote est déchirée, est usée, a un trou ; dites à votr fille de la raccommoder, d'y faire un point.

Ce vêtement est mal cousu, n'est pas solide, est gracieux, dis gracieux, ne vaut pas le prix qu'il a coûté.

Je vous ai acheté une douzaine de mouchoirs de poche, je les a payés comptant ; j'ai donné un à compte ; je les ai fait marquer, je leur ai réservé une place dans un des tiroirs de ma commode Ne vous montrez plus avec les vieux ; servez-vous des neufs.

La blanchisseuse a lavé ou blanchi le linge et l'a rapporté ; don nez-le à la repasseuse pour le repasser. Rattachez ces dentelles e rubans, et cousez-les mieux.

Mes souliers sont percés, donnez-les à ressemeler au save tier.

Attachez mieux vos jarretières, boutonnez votre habit. Je vais sser ma robe et je suis à vous. Peignez-moi, lacez-moi, habillez-oi, habillez-vous. Je me suis habillé, chaussé de bonne heure. suis prêt, je suis à vous, á vos ordres. Dépêchez-vous.

Quitte ton habit, tire tes bas, déchausse-toi, ôte ton chapeau, ishabille-toi ; ton pantalon est crotté, décrotte-le ; cire tes sou-urs ou mets y du vernis. Lace tes bottines. Défais ce nœud et n'en is plus.

Monter et régler une montre ou une pendule ; ma montre ne va is, il faut la porter chez l'horloger.

C'est *du* mérinos, c'est *de* bon mérinos ; ce *sont* des robes *de* mé-nos ; cette robe est *en* mérinos.

Je voudrais un manteau à la mode ; est-ce la dernière mode ? uel est le prix ? Combien en demandez-vous ? Ce n'est pas bon arché ou c'est trop cher. Laissez-le moi á ou pour cent francs. C'est un prix fixe ; en voici d'autres d'un prix moins élevé et de onne qualité.

Donnez-moi bon poids, bonne mesure. Mesurez bien, pesez en.

Payer comptant ou prendre à credit, faire des dettes. Le débi-ur doit à son créancier. Faire ou souscrire un billet, payer un llet. Prendre un engagement envers.

Faites-moi un paquet de tout cela et faites-le porter chez moi ar l'un de vos employés ou garçons de magasin.

Je sortirai après midi pour faire des emplettes. Je conclurai ce arché si on ne surfait pas.

J'ai fait mon choix et m'en tiens à ce vêtement qui est à la mode t de bon goût. J'accepte, c'est convenu.

Je n'ai pas de monnaie, rendez-moi sur ma pièce ; faites-moi de monnaie. Passez à la caisse ; payez au caissier, à la dame de omptoir. Adressez-vous au patron, au teneur de livres. Payez-ous. Rendez-moi sur vingt francs.

On peut déjà comprendre que trente exercices de ce genre doi-ent procurer les principaux éléments du langage usuel. Ces exer-ices, avec mon genre d'études des mots et des locutions, ma gram-naire rapide et à philologie comparée, mon tableau du genre des ons, ne se trouvent dans aucune autre méthode ; seulement il est robable que ce nouvel enseignement, comme mes autres, me sera ris par les auteurs et professeurs sans qu'on dise qu'il est de moi. Bien loin d'attaquer mes plagiaires et contrefacteurs, je les remercie le propager mes idées et de les rendre utiles à ceux qui en ont esoin ; il me suffit de penser qu'elles produisent quelque bien.

VII. — LES MEUBLES.

ÉTUDE DES MOTS.

Le mobilier, valeurs mobilières, valeurs immobilières, immeubles ou propriétés. Un propriétaire et un locataire qui loue un appartement, fait un bail et paye son loyer ou son terme. La location, l'achat d'un mobilier.

La literie. Masculin : un bois de lit, un lit de plume, un matelas par un matelassier; un sommier, un traversin, un oreiller avec sa taie d'oreiller, un édredon, un drap, un berceau. Féminin : une paillasse remplie de paille, de la toile à matelas, une courte-pointe et une couverture, la ruelle du lit; une bassinoire pour bassiner un lit.

Pour s'asseoir : une chaise, un fauteuil, un canapé, un sofa, un divan ou une causeuse avec des coussins et une housse; un banc, un tabouret. Le dos, les bras et les pieds du fauteuil. La paille de la chaise; verbe rempailler.

Pour se regarder : une grande glace ou un petit miroir, un trumeau entre deux glaces ou deux fenêtres.

Pour serrer ses affaires : une armoire avec des étagères, une commode avec des tiroirs et un dessus de marbre, une table de nuit, une table de jeu, un guéridon, un bureau un secrétaire, un placard avec un porte-manteau et une patère. Un coffre, une malle en bois, une valise en cuir, une boîte à chapeau.

L'ébénisterie, un ébéniste pour les meubles. La menuiserie : un menuisier pour les planchers, les portes et fenêtres des maisons, pour l'industrie du bâtiment.

Pour l'éclairage : un chandelier avec de la chandelle ou de la bougie et une bobèche. Un flambeau, un candelabre à plusieurs branches par un fabricant de bronzes; une lampe par un lampiste; un lustre suspendu; un quinquet à la rampe d'un spectacle; un bougeoir, petit chandelier; un fallot, une lanterne, un bec de gaz, une veilleuse pour les malades, petite mèche sur de l'huile; un porte-mouchettes, une mouchure de chandelle; un éteignoir, verbe éteindre; un brûle-tout, un briquet avec une pierre et de l'amadou; un briquet phosphorique avec des allumettes chimiques,

Pour le chauffage; un soufflet pour souffler le feu, une pincette, des chenets, un garde-cendre, un gril, un panier à charbon, le panier au charbon, un panier de charbon; une cheminée à la prussienne avec son tablier; un écran pour se garantir la figure et ne pas confondre avec un écrin pour serrer les bijoux.

Pour se laver : un lavabo, un pot à eau avec une anse, une cuvette, du savon.

ENSEIGNEMENT BUESSARD

HONORÉ DE PLUSIEURS MÉDAILLES

PASSAGE CHOISEUL, 28, ET GRANDE RUE DE PASSY, 41.

DICTÉES

DE

L'ENSEIGNEMENT BUESSARD

CHAQUE DICTÉE EN CINQ PARTIES

1 Dictée graduée de principes, 2 Dictée graduée d'usage, 3 Dictée d'homonymes, 4 Dictée de connaissances usuelles, 5 Dictée philodéontique de morale.

I

1 *Dictée graduée de principes* avec les pourquoi par écrit des mots relatifs aux cinq règles qu'on a apprises dans la leçon, mots que le maître fait souligner dans la dictée, afin que l'élève les porte dans la marge de sa copie et en fasse les pourquoi. — Des amis dévoués et des amies dévouées. Je conclus et je continue, tu conclus, elle conclut, nous concluons, vous concluez, ils concluent. Ces hommes passeront quand nous passerons. Tu vas les reconduire. Tu étais arrivé ; vous avez désiré étudier ce que je composais. Il vous lisait des histoires pour vous charmer.

2 *Dictée graduée d'usage* avec les pourquoi par écrit d'un ou deux mots de chacune des cinq règles d'usage apprises dans la leçon-fédéralisme, caractéris-

tique, extraordinairement, un capital et une capitale, adroit, confus, gentil, abricot, refus, repos, regard, galop, drap, ténèbre, obsède, fidèle, antépénultième, démène, persévère, épicière, dépèce, inquiète, élève, pâte, tête, côte, arrête, succès, abcès, progrès, bibliothèque. La ruse de votre Russe, les coussins de ton cousin, une rose et une rosse. La case que tu casses, il voulait que tu misses ta mise. Jardin, joli, jujube, gage, gorge, guttural, objet du jeune, bague, guitare. Béquille utile, charmille fertile, tuile de la Castille, il pile et il pille.

3 *Dictée d'homonymes* sur les cinq appris dans la leçon avec les mots indicateurs.— Amande fruit, et amende en argent. Ancre d'un navire et encre pour écrire. Autre caverne et entre verbe. Avant préposition et avent fête. Anche de clarinette et hanche du corps.

4 *Dictée de connaissances usuelles* à écrire et à apprendre. — Le parchemin est une peau préparée ; on l'appelait en latin *pergamena,* parce qu'on prétend que ce sont les habitants du royaume de Pergame, dans l'Asie mineure, qui en eurent la première idée. Les anciens écrivaient sur l'écorce du papyrus, roseau du Nil, et conservaient les manuscrits en les roulant, d'où le mot volume, du latin *volvere* rouler ; ou bien ils écrivaient avec un poinçon sur des tablettes en cire; cette cire était parfois dans une coquille, comme cela avait lieu pour le vote du bannissement à Athènes ; telle est l'origine grecque du mot ostracisme, *ostracon,* coquille.

5 *Dictée philodéonique* à écrire et à apprendre et, comme pour la dictée de connaissances usuelles, faire dans le devoir suivant les pourquoi des mots de principes qu'on aurait mal écrits, et écrire cinq fois les mots d'usage qu'on aurait manqués. — La règle de conduite philodéonique. Sois homme de devoir, de principes, de travail et d'instruction. Sois homme de devoir en n'agissant que d'après la concordance de réponse de ta conscience et de ta raison ; cette concordance de réponse est un guide infaillible ; Dieu a voulu que tout homme pût se bien conduire par lui-même; puis pense que toute faute a sa punition même sur la terre; on ne pourrait citer un cœur coupable qui ait été calme, un criminel qui ait été heureux.

(Le professeur comprend que chaque dictée peut être faite en une seule fois ou en plusieurs, selon le temps ou l'élève dont il dispose; leur utilité est dans leur ensemble, dans leur gradation, et dans leur portée instructive et morale.)

II

1 *Dictée graduée de principes.* Cet arbre et cette arme. Ce monsieur se trompe. Ce sont ces messieurs qui se sont contrariés. C'est ta famille qui s'est aventurée ; c'est mauvais et c'est mal faire. Ce père et ses enfants sont venus ces jours derniers.

2 *Dictée graduée d'usage.* Un balai et je balaie ; une ivraie, un envoi, une oie et j'envoie, courroie, paroi, une loi, un appui et j'appuie. La pluie, le travail et je travaille à cette maille, un sommeil, je sommeille, une corbeille, du fenouil, une grenouille, je brouille. Un lieu, une lieue, un pieu, un homme pieux, une queue, un cheveu, des cheveux, je peux, je veux et je m'émeus. Deuil, écureuil, orgueil, accueil, cercueil, portefeuille, senil. Des travaux, des perdreaux, des tuyaux, du gruau, des noyaux, étau, frayeur, beurre, une cour, bravoure, inflexibilité, amitié, une dictée.

3 *Dictée d'homonymes.* Autant adverbe, autans les vents. Abaisse verbe et abbesse substantif. Abhorre verbe et abord substantif Accueille verbe et accueil substantif, hache outil et ache céleri.

4 *Dictée de connaissances usuelles.* Les oiseaux présentent cette particu-

larité exceptionnelle qu'ils ont un larynx double, ce qui explique la continuité des sons qu'ils émettent. La licorne est un animal probablement mythologique mi-cheval, mi-âne, avec le corps blanc, les yeux bleus, la tête rouge et surmontée d'une corne longue, aiguë et tricolore, rouge, noire et blanche. Les marsupiaux de la Nouvelle Hollande ont leurs membres postérieurs beaucoup plus longs que les antérieurs, se dressent sur les deux pattes de derrière et sont pourvus d'une poche ventrale où accourent se réfugier leurs petits à l'heure du danger.

5 *Dictée philodéonique.* Remplis donc tes devoirs envers Dieu, envers ta patrie, envers ta famille, envers tes semblables et envers toi-même. — Ton devoir envers Dieu en lui offrant pour culte une journée remplie par le travail et par le devoir. — Ton devoir envers ta patrie en ayant les vertus civiques : la dignité, le désintéressement, la justice, le respect des droits, et ne te dégrade jamais en appuyant ou en acceptant le mal.

III

1 *Dictée graduée de principes.* Mais tu doutes de mes ressources. Il a manqué à ses devoirs. Vous ou moi nous irons où ton parrain voudra. Ceux qui sont ici savent ce qui se passe. Nous leur indiquerons tous leurs travaux.

2 *Dictée graduée d'usage.* Concours, secours, un cours, velours. Donjon. aucun, front, rond, plomb, long, pardon, parfum, quelqu'un. Insiste, intimité, ainsi, chemin, enclin, plein, souterrain, certain. Appartement, imperturbablement, aimant, diamant, banquier, chanteur, stance, abondance. Maman, Drogman, musulman, roman, talisman, caïman.

3 *Dictée d'homonymes.* Aie impératif, ais planches, haie cloture, je hais et il est. Elle pronom et aile substantif. Air qu'on respire, aire pour battre le blé, hère pauvre diable, erre verbe et ère époque. Aille verbe et ail substantif. Allions verbe et haillons substantif.

4 *Dictée de connaissances usuelles.* Fleur de Lis signifie fleur de Louis : c'était l'armoirie qu'avait choisie et mise sur sa bannière Louis le Jeune quand il se rendit à la deuxième croisade. Le liége est produit par un chêne qui peut, pendant un siècle et demi, donner de nouvelle écorce tous les sept ou huit ans, sans périr. L'ivraie a été ainsi appelée parce qu'une de ses espèces a la propriété de causer l'ivresse. Le lilas a ses fleurs disposées en thyrse et des feuilles tellement amères qu'elles ne sont broutées par aucun animal herbivore ni touchées par aucun insecte.

5 *Dictée philodéonique.* Ton devoir envers ta famille en ne séparant pas d'elle ta vie, en l'honorant par tes vertus, en l'aidant par ton travail et par ton dévouement, en ne demandant point de comptes à tes parents, car quoi que tu fasses tu seras toujours leur débiteur, en maintenant son union par tes bons exemples et par tes concessions. — Ton devoir envers tes semblables en faisant pour eux ce que tu voudrais pour toi-même ; ne sois ni égoïste ni déloyal dans tes ventes et dans tes relations, et ne fais tort à personne de son temps et de ses produits par des dettes volontaires.

IV

1 *Dictée graduée de principes.* Ce négociant et son commis sont partis. On les laissait se fourvoyer dans ce qu'ils ont fait. Non, ils n'ont pas erré. Cet am-

bassadeur s'empresse d'emménager. Néanmoins, bonbon, embonpoint. Ces travaux à l'aiguille sont soyeux et bleus, je m'en émeus. Des filous, mais les sept bijoux, cailloux, choux, genoux, hiboux, joujoux et poux.

2 *Dictée graduée d'usage.* Bissac, bac, opaque, j'attaque, baraque, un pic, une pique, je pique, oblique, un grec, une grecque, un bloc et je bloque; la perruque du duc. Asseoir, essuyer, je hisse, ossification, le hussite, acier, acide. Abondance, arrogance, danse, ganse, province, annonce, réponse, bourse, course, ressource, que je vinsse et que je tinsse. Tendresse, paresse, nièce.

3 *Dictée d'homonymes.* Aller verbe, allée substantif et hâlé bruni. Autel d'église, et hôtel, maison. Auspices protection et hospice hôpital. Hauteur élévation et auteur d'un ouvrage. Alambique verbe et alambic substantif.

4 *Dictée de connaissances usuelles.* La lyre ou luth est le plus ancien des instruments : la forme et le nombre des cordes en étaient variables; une main se posait sur les touches comme cela a lieu pour la guitare; l'autre pinçait les cordes ou les frappait avec une sorte d'archet appelée plectrum. Gui d'Arezzo, en Toscane, inventa les notes de musique et leur donna pour noms des syllabes prises dans la première strophe latine de l'hymne de saint Jean ; il n'avait établi qu'un hexacorde à six notes ; la note *si*, ou gamma grec (γ) fut ajoutée plus tard et c'est elle qui a donné son nom à la gamme.

5 *Dictée philodéonique.* Ton devoir envers toi-même en cultivant ton esprit et en formant ton cœur aux principes et aux habitudes dignes et austères, en repoussant tout mensonge et toute composition de conscience ; bannis le luxe et l'oisiveté ; ils engendrent la corruption et les besoins factices, aie une vie simple et travailleuse. Prends le soir du plaisir, mais prends-le sans remords, sans corrompre les autres et toi-même et ne te souille jamais ni par l'ivresse ni par les habitudes d'estaminet, ni par la passion du jeu et des spéculations de bourse.

V

1 *Dictée graduée de principes.* Quatorze et treize cent soixante millions. Trois cent quatre-vingts francs. L'an huit cent. Les six mille neuf cents francs de mil huit cent cinquante. Une demi-lieue, deux lieues et demie. Deux ans et demi.

2 *Dictée graduée d'usage.* Conversion, convulsion, permission, profession, pension, discussion, discrétion, sujétion, fluxion, complexion, suspicion, adoption. Reçu, menaça, aperçoive, maçon, garçon, échanson, leçon, caleçon. Abeille, abbesse, adoration, addition, agrandir, suggestion, bataille navale, diadème, sérénissime, cuisine, astronome, enfantine, chacune, sourire, aurore, blessure, réussite, quitte, discute, la lutte.

3 *Dictée d'homonymes.* Haleine respiration et alène de cordonnier. Après préposition et apprêt substantif. Appât pour attirer, appas charme. Appuie verbe et appui substantif. Archet de violon et archer soldat.

4 *Dictée de connaissances usuelles.* Un lingot est un morceau de métal fondu qui n'est ni monnayé ni ouvragé et qui n'a d'autre forme que celle qu'on lui a donnée dans la mine en le fondant et en le jetant dans des moules qu'on appelle lingotières. La litharge est du plomb fondu, ordinairement coloré en rouge par un peu de minium, et qui sert à donner un vernis aux poteries. Le jais est une houille qui se façonne aisément et qu'on extrait par masses arrondies de vingt à vingt-cinq kilogrammes.

5 *Dictée philodéonique.* Propage autour de toi l'idée du devoir par l'exemple, par la diffusion des écrits utiles et par l'attrait des arts. Souviens-toi de tes morts et accorde-leur un culte de reconnaissance ; que ceux qui t'ont aimé et protégé pendant la vie soient encore avec toi après leur mort; consacre un musée de famille à ce qui te reste d'eux et vis avec les souvenirs qui peuvent répandre un charme ou une vertu dans ta vie.

VI

1 *Dictée graduée de principes.* Je dénoue, je romps, je me convaincs de cela, je réponds, je crains, je résous, je pressens. Demain je labourerai comme je pourrai et je discourrais si tu discourais toi-même. J'acquerrai cette propriété et n'errerai pas.

2 *Dictée graduée d'usage.* Affreusement, effroi, offrir, afin, défiance, méfiance, référé, nèfle, professer, glorifier. La hache, la haine, je hais, je me hâte. Géographie, bibliographie, catastrophe, étoffe, carafe, habitation, héliotrope, hémisphère, hydrogène, hypothèse, hippodrome, hommage, humanité. Christianisme, chronologie.

3 *Dictée d'homonymes.* Arrête verbe et arête substantif. Des arrhes acomptes, un are mesure, l'art ou science, la hart corde des pendus. Assieds verbe et acier substantif. Athée substantif et hâté verbe, Aval substantif et avale verbe.

4 *Dictée de connaissances usuelles.* Un linteau n'est pas la même chose qu'un liteau : un linteau est une poutre au-dessus d'une porte, les liteaux sont les raies colorées qui traversent les serviettes et les nappes. La belette en deux mots est un petit quadrupède ; l'ablette en un mot est un poisson et c'est avec ses écailles argentées qu'on obtient, à l'aide de l'ammoniaque, la coloration des perles factices. Une grue est un oiseau au long cou et une machine pour décharger les navires, pour en retirer en les élevant facilement les pierres, sacs et autres matières lourdes.

5 *Dictée philodéonique.* Sois homme de principes en ayant un principe unité dans les trois sphères ; un principe ne se scinde pas, c'est une unité ou ce n'est rien. Prends le principe qui est la source et le terrain logique des sentiments élevés, féconds et indépendants, et mets ton principe au-dessus des hommes, des circonstances et de l'intérêt personnel.

VII

1 *Dictée graduée de principes.* Il faudrait que tu allasses, comprisses, courusses et parvinsses. Ecris-moi et ne crie pas. Hier je vins et parlai et je parlais encore quand tu es entré; je persévèrerai probablement demain mais je ne persévèrerais pas si tu ne persévérais toi-même ; je voudrais qu'il étudiât plus qu'il n'étudie; il faut que j'aie la conscience que j'ai. Que puis-je, où es-tu, dussé-je, que coud-elle, que craint-il. Que se passe-t-il, où ira-t-il, se convainc-t-elle de cette nécessité.

2 *Dictée graduée d'usage.* Philosophie, physique, phosphore, théologie, misanthrope, philanthrope, orthographe, thermomètre, théâtre, thèse, lithographie. Dimanche, lundi, mardi, mercredi, jeudi, vendredi et samedi. Janvier,

février, mars, avril, mai, juin, juillet, août, septembre, octobre, novembre et décembre. Le printemps, l'été, l'automne et l'hiver.

Dictée d'homonymes. Ara oiseau et haras pour les chevaux. Au article, eau boisson, oh! exclamation, os partie du corps et aulx pluriel de ail. Babille verbe et babil substantif. Bah! exclamation, bats verbe et bât selle d'un âne. Bal où l'on danse et balle de fusil.

4 *Dictée de connaissances usuelles.* Le K barré en Bretagne est l'abréviation de *Ker* qui signifie lieu et voilà pourquoi cette lettre s'est conservée beaucoup plus en Bretagne qu'ailleurs. Le menhir gaulois est un obélisque brut qui n'est ni taillé ni couvert d'inscriptions; on l'élevait sur l'emplacement d'un fait remarquable ou sur un tombeau; dans la plaine de Carnac (Morbihan), il y a douze cents menhirs de différentes grandeurs selon l'importance des militaires tués dans cette bataille. En Egypte, l'obélisque était un monolithe formé d'une seule pierre et s'élevait aussi sur l'emplacement d'un souvenir historique; mais le tombeau égyptien avait de nombreux caveaux, et était surmonté d'une pyramide de plusieurs pierres superposées et allant toujours en diminuant de manière à se terminer en pointe.

5 *Dictée philodéonique.* Sois homme de travail en ne vivant jamais en oisif et en n'étant pas un seul jour sans travailler. Aime le travail en le proclamant le plus grand bienfait de la Providence et en adoptant cette maxime: l'homme n'a droit de prendre du repos et du plaisir que le soir après avoir travaillé le jour. — Travaille avec zèle, intelligence et probité, n'accepte qu'un avancement, des bénéfices et des récompenses légitimes. Refuse toute aumône, toute gratuité froissante et toute spoliation; ne dois rien qu'au travail et à toi-même, et aide de tout ton concours les idées et existences utiles méconnues ou en souffrance.

VIII

1 *Dictée graduée de principes.* Je suis ému, compromis, interdit, confus. Ces femmes sont tombées et ont tombé dans les piéges qu'on leur avait tendus. Je l'ai aperçue cette femme, je les ai interrogés ces messieurs sur les dépêches que tu nous avais confiées. Quelle chaussure ont-ils usée et de quelle chaussure ont-ils usé. Combien de marchandises ont-ils comptées et sur combien de marchandises ont-ils compté. Les catastrophes que pressentait son fils à la suite des démarches que j'essaie, tout le monde ne les prévoyait pas. Il faut que tu aies et qu'il ait le courage dont tu es doué. Nous rangeâmes et nous haranguâmes, déménageons.

2 *Dictée graduée d'usage.* Un, deux, trois, quatre, cinq, six, sept, huit, neuf, dix, onze, douze, treize, quatorze, quinze, seize, dix-sept, dix-huit, dix-neuf, vingt, trente, quarante, cinquante, soixante, quatre-vingts, cent, mille, million, billion ou milliard, trillion, quatrillion, quintillon, sextillion, septillion, octillion, nonillion, décillion, douzième, douzaine. Français, Suédois, Africain, Indien, Espagnol, Suisse, Bourguignon, Picard, Turc, Grec, femme turque ou grecque, Sicilien, Allemand, Ottoman, Bédoin. Général, ambassadeur, forgeron, médecin, chirurgien, boulanger, épicier, commissaire, mercière.

3 *Dictée d'homonymes.* Basilic serpent et basilique église. Ban d'un mariage et banc pour s'asseoir. Balai objet de ménage, ballet danse et balaie verbe. Bail substantif et baille verbe. Bai adjectif, baie substantif et baye verbe.

4 *Dictée de connaissances usuelles.* L'imprimerie fut inventée en mil quatre cent quarante cinq par Guttemberg, de Mayence; on imprima d'abord sur des

lanches avec des lettres en relief; mais comme ce système était trop fragile, 'aust et Scheffer inventèrent les caractères mobiles en métal; c'est un alliage e plomb et d'antimoine. Le compositeur assemble les lettres, le metteur en ages assemble les lignes pour en former des pages et l'imprimeur met la forme ous la presse et au moyen d'une encre grasse étendue sur la forme et d'une ression exercée sur le papier, la reproduction a lieu. L'in-folio est le livre ont les feuilles sont pliées seulement en deux feuillets, l'in-quarto en quatre, in-octavo en huit. L'in-douze a vingt-quatre pages à la feuille, puisqu'un uillet est formé d'un recto et d'un verso.

5 *Dictée philodéonique*. Sois homme d'instruction en consacrant chaque ur quelques moments à l'étude, à éclairer et à cultiver ton esprit; sors ton me de l'état brut, grandis-la et anoblis-la par la lumière et par la science. 'ignorance est un sacrilége et l'ignorant un exploité; la science est le plus beau ambeau du monde, l'étude le plus doux consolateur du cœur. Elève tes enfants ar une éducation qui fasse d'eux des cœurs dignes et honnêtes et des esprits éclairés et indépendants. Aime l'instruction en la propageant en toi et dans les utres et en aidant les hommes et les moyens qui peuvent la répandre.

IX

1 *Dictée graduée de principes*. Je rejette et je répète; j'appelle et je mêle. Je connus et j'ai connu, je souris et j'ai souri. Je hais la haine. Aucun élève ne sortira chaque jour. Ni vous ni moi nous n'y voyons rien. Qui a dit qu'y puis-je. Si elle s'y trouve et s'il vient.

2 *Dictée graduée d'usage*. Cantatrice, avocat, adjudant, sergent, président, éclairer, ecclésiastique, accapareur, académicien, évêque, syndic, archiduc, sténographe, princesse, rabbin, négociant, pontife, pâtissier, actrice, charcutier, blanchisseuse, libraire, lithographe, commandant, magistrat, notaire, fonctionnaire, couturière.

3 *Dictée d'homonymes*. Il bâtit de bâtir et battit de battre, il baignait verbe et beignet substantif. Banquier capitaliste et banquet festin. Bar, poisson, et barre barreau. Bel adjectif masculin, belle adjectif féminin et bêle verbe.

4 *Dictée de connaissances usuelles*. La lithographie ou l'art de graver sur la pierre a été inventée et importée en France par Senefelder, choriste de Munich, au commencement du XIXe siècle. Cet art consiste à tracer, avec un corps gras, les traits ou le dessin qu'on désire reproduire, à décomposer ce corps au moyen d'un acide afin de le rendre insoluble à l'eau, à humecter la pierre pour que l'encre ne puisse adhérer qu'aux traits ou aux points tracés sur la pierre, enfin à placer un papier qui enlève l'encre au moyen de la pression, de manière à reproduire le dessin original.

5 *Dictée philodéonique*. Termine ta journée par ce simple examen de conscience: Quel bien ai-je fait aujourd'hui? quel mal ancien n'ai-je plus fait? ai-je été un homme de devoir, de principes, de travail et d'instruction? Au lieu de dire: Je ferai comme les autres et je vivrai avec mon siècle, même dans ce qu'il a de mauvais, fais le contraire, réforme-toi; que dans chaque groupe naturel s'établissent cette réforme individuelle, cet air de principes homogènes et austères, et cette propagande des principes par l'habitude de la règle de conduite, par l'éducation et par les fêtes philodéoniques de famille; il se formera une majorité d'honnêtes gens, une génération nouvelle avec un sang nouveau, et le corps social, qui n'est autre chose que le composé des individus, se trouvera naturellement réformé. Sois donc en tout temps et par toi-même, en adoptant la règle de conduite philodéonique, un honnête homme et un homme utile.

X

1 *Dictée graduée de principes.* Il s'en faut que tu sois sans ressources. Quel déshonneur et quelle tristesse qu'elle y souscrive. Tous ceux qui savent tout ce qui se passe. Il se peut que tu te trompes un peu. Agis constamment et prudemment.

2 *Dictée graduée d'usage.* Moka, cervelas, chocolat, café, raisiné, échaudé, fricassée, poulet, api, besi, céleri, candi, salsifi, eau-de-vie, cassis, hachis, perdrix. Maquereau, perdreau, levraut, artichaut, aloyau, gruau, noyau, œuf, bœuf.

3 *Dictée d'homonymes.* Bénit par l'église, béni sans l'église. Bête, animal, bette, plante. Beau adjectif, baux substantif et un pied bot. Bonheur prospérité et l'autre bonne heure. Boucher masculin, bouchée féminin et il bouchait.

4 *Dictée de connaissances usuelles.* La première idée de la vapeur est due à Salomon de Causs, que Louis XIV fit enfermer comme fou à Bicêtre; le Français Papin mit le premier un piston en mouvement en le soulevant par la vapeur et en le laissant retomber dans le vide produit par la condensation de la vapeur. L'Anglais Newcomen établit la première machine à vapeur, l'Anglais Dance, la première voiture à vapeur. Une locomotive est une machine à vapeur dont la chaudière fournit la vapeur à deux cylindres dans chacun desquels se meut un piston dont la tige communique un mouvement de rotation à l'essieu d'une paire de roues qui, en tournant avec lui, font avancer tout le système, et celui-ci roule sans obstacle sur un chemin de fer aux rails unis et assis sur un terrain plat.

5 *Dictée philodéonique*, extraite de mon livre du devoir. Enfants, regardez cette fleur qui croît et grandit avec l'appui d'un vieil arbre ; voyez comme la fleur s'enlace à son protecteur, comme elle lui reste toujours attachée, comme elle l'embellit de sa jeunesse à elle, comme elle cache avec soin, sous l'éclat de sa corolle et sous la douceur de ses parfums, les imperfections de son vieil ami. Enfants, voilà le symbole de vos devoirs envers votre père et votre mère. N'oubliez jamais qu'un enfant, pour prouver à ses parents son amitié et sa reconnaissance, n'a à sa disposition que deux moyens : La bonne conduite et le travail.

XI

1 *Dictée graduée de principes.* Les chefs-lieux, les arcs-boutants, un cure-dents et des prie-Dieu. Ces avocats ne sont pas des Cicérons ; ce sont les Cicéron qui ont illustré l'éloquence. Ces étoffes bleu clair comme couleur et bleues claires comme tissu. Es-tu absous pour ce que tu as dissous. Les vingt francs pour les cent lieues et pour les trois milles d'Angleterre. Cette pendule sonne les demies à midi et demie.

2 *Dictée graduée d'usage.* Andouillette, anguille, frangipane, limande, orange éperlan, merlan, cerise, cerfeuil, cerneau, ciboulette, cidre, citron, citrouille, carotte, caillebotte, échalotte, gibelotte, matelotte, compote, champignon oignon saucisson, saumon, marron, liqueur, beurre, lentille, haricot, huile, punch rhum, chardonneret, mulet, sanglier, crustacé, scarabée, araignée, orfraie.

3 *Dictée d'homonymes.* Bouilli, bœuf, et l'autre bouillie. Billion, nombre, et billon monnaie. Boa serpent, bois forêt et il boit. Boue fange, bout extrémité et je bous. Bon adjectif et bond substantif.

4 *Dictée de connaissances usuelles.* Un jubé est une tribune élégante à l'entrée du chœur pour chanter l'épître et l'évangile ; on n'en voit plus à Paris qu'à Saint-Etienne-du-Mont ; la nef est le milieu de l'église, l'abside le fond

rrondi. La croix grecque a les deux branches égales, la croix latine les deux ranches inégales. Un évêque *in partibus* est celui sans siége réel et que les apes nomment à un évêché fictif d'un pays non catholique. Les évêques du hristianisme grec s'appellent patriarches et les prêtres popes : le christianisme rotestant n'a que de simples ministres vêtus pendant l'office d'une robe de ige; en Angleterre seulement cette religion a conservé les évêques.

5 *Dictée philodéonique.* Un frère est un ami donné par la nature, et pourınt Virgile a pu dire avec une malheureuse justesse : rare est la concorde entre ·ères. On n'a le plus souvent pour ses frères que de l'indifférence ou une ıusse jalousie; on se détache de la famille et on se crée une position d'isoleıent dans laquelle n'est jamais le bonheur. Le devoir de l'aîné c'est surtout le on exemple; l'exemple c'est un fluide qui anime, électrise et entraîne tout ce ui se trouve dans sa sphère d'action. Aimez-vous, frères et sœurs, et, comme e tendres fleurs qui croissent et brillent les unes auprès des autres, mêlez touours et votre éclat et votre rosée, et vos parfums.

XII

1 *Dictée graduée de principes.* Il va les pieds nus et nu-tête dans sa nue ›ropriété. Ci-joint les billets ci-joints. Passé huit heures et à huit heures pasées. Ces généraux mêmes, ces généraux, ces princes même n'ont même pas ce ıu'il faut. Quelque bons que soient ces quelques procédés, quels qu'ils soient et ıuelque grands peintres que soient ces quelques grands peintres depuis quelque ʻingt ans. Toute occasion tout inquiétante et toute fiévreuse sera pour ces ıommes, tout dangereux, une toute autre circonstance, dans une circonstance out autre. Ma nièce est tout ardeur.

2 *Dictée graduée d'usage.* Fourmi, brebis, souris, perdrix, pie. Crapaud, scargot, vermisseau, taureau, des chevaux. Morue, tortue, grue, Zébu. Chamois, anchois, hibou, sapajou, loup. Bécasse, écrevisse. Homard, renard, casoar, condor, castor.

3 *Dictée d'homonymes.* Une bordée et je bordais. Bouque verbe et bouc substantif, bourre verbe, bourg substantif masculin et bourre substantif féminin. Bloque verbe et bloc substantif. Bill loi et bille jeu.

4 *Dictée de connaissances usuelles.* Le maillechort est une composition formée de nickel de zinc et de cuivre, et qui a la couleur de l'argent ; ce sont deux ouvriers lyonnais, Maillot et Charlier, qui ont inventé cette composition à bon marché, et qu'on peut dorer ou argenter par le procédé Ruolz. Le procédé fort simple pour préserver toute espèce de métaux de la rouille consiste à les tremper dans de l'eau de chaux; on devrait utiliser pour les objets de ménage ce moyen qu'emploient les Anglais pour expédier au loin des instruments de fer et d'acier.

5 *Dictée philodéonique.* L'habitude est une seconde nature, et vouloir vivre sans principes, sans ce qui a fait les citoyens austères, dignes et dévoués de l'antiquité, c'est se condamner à n'être qu'une existence frivole, vénale et corrompue. Habituez-vous jeunes à ne jamais transiger avec la conscience ni pour les autres ni pour vous-mêmes; habituez-vous jeunes à aimer le vrai, le bien et le beau, à y concourir et à aider qui souffre injustement; habituez-vous jeunes à n'agir que d'après la concordance de réponse de votre conscience et de votre raison; cette concordance de réponse est un guide infaillible; on ne pourrait citer une seule circonstance dans laquelle ces deux conseillers providentiels disant : Tu fais bien, l'action soit mauvaise. Si Dieu exige de tous les hommes le devoir, c'est que chaque homme peut se bien conduire par lui-même.

XIII

1 *Dictée graduée de principes.* Feu la mère de ma feue marraine. Je vais à grand peine à la grand'messe dans la grand rue. C'étaient eux seuls ou c'était vous tous. Ce seraient donc ce négociant et ses commis. Puissé-je, pouvais-je, dussé-je ; te dévoues-tu, dévoue-toi, vas-y, va y mettre ordre, cherches-en, va en chercher.

2 *Dictée graduée d'usage.* Pélican, requin, daim, lynx, sphinx, chrysalide, bouc, ablette, belette, singe, chat, rat, chevreuil, bouvreuil, corneille, porc-épic, aspic, bourrique, sarcelle, quadrupède, punaise, caille, cavale, perruche, zèbre, taupe, baleine, cigogne, crocodile, reptile, cochenille, coquillage, hirondelle, hippopotame, dauphin, éléphant, phoque, rhinocéros, panthère, cerf-volant, orang-outang, hareng.

3 *Dictée d'homonymes.* Brigand substantif, briguant verbe, brig masculin, brique féminin. Brocard plaisanterie, brocart tissu. Il brochait, broché adjectif, brochet substantif, bru substantif et brut adjectif.

4 *Dictée de connaissances usuelles.* Le procédé Appert date de 1810 : Il consiste à remplir aux trois quarts des bouteilles ou des boîtes de métal contenant des substances alimentaires qu'on veut conserver, à fermer ces vases hermétiquement et à les soumettre, pendant environ une demi-heure, à l'action de l'eau bouillante d'un bain-marie, l'oxygène de l'air, dans un vase clos et sous l'influence de la chaleur, se combine avec la substance alimentaire qui se trouve alors dans une atmosphère d'azote dont les propriétés anti-septiques, c'est-à-dire incorruptrices, ont été reconnues.

5 *Dictée philodéonique.* Le travail est le plus grand bienfait providentiel ; retirez le travail du monde il n'y aura plus que stérilité, ennui et désordre. Dieu nous donne chaque jour un repos naturel dans les repas, dans la soirée et dans le sommeil ; travailleriez-vous dix heures par jour que vous auriez encore quatorze heures de repos ; on est bien plus fatigué, bien plus souvent malade après un jour de plaisir et d'oisiveté qu'après un jour de travail, et c'est dans les jours de fêtes que se commet le plus de désordres. On ne peut être moral et heureux qu'à la condition de se poser cette règle de conduite : l'homme n'a le droit de prendre du repos et du plaisir que le soir après avoir travaillé le jour.

XIV

1 *Dictée graduée de principes.* Il faut que je coure plus vite que je ne cours. Rions de peur que nous ne riions plus ; veux-tu que nous le priions d'essayer les vêtements que nous essayions hier et que nous essayons encore aujourd'hui ; ta sœur a paru indisposer ses bienfaiteurs le jour où elle a paru indisposée ; est-ce moi qui le reconnaissais ou toi qui le nommais à elle qui sourit ; procure-t'en, s'en procure-t-on, abstiens-t'en, s'en abstient-on. Par ce que je vois et quoi que je fasse, je n'arriverai pas. Quant à toi, quand à cinq heures tu viendras, tu verras qu'on n'aura pas ce qu'il faut.

2 *Dictée graduée d'usage.* Manteau, pantalon, pantoufle, ruban, faïence, et mentonnière. Hamac, tric-trac, busc, zinc, kiosque, almanach. Carafe, agrafe, étoffe. Natte et jatte, calotte et culotte. Ouate, cravate, capote, papillote, pelote, redingote. Corset, soufflet, collier, cahier, chandelier, monnaie, harnais, canapé.

3 *Dictée d'homonymes.* But masculin et butte féminin. Cane oiseau et canne bâton. Cal à la main et cale pour s'embarquer. Carte à jouer et fièvre quarte. Un cap et une cape.

4 *Dictée de connaissances usuelles.* Le mammouth est cet éléphant fossile iquel les habitants de la Sibérie ont donné le nom de mammouth et que les ituralistes appellent éléphant primordial ; il y a sur les côtes de la Sibérie :s îles entièrement composées de sable pétri d'une immense quantité de dénses et d'ossements de ces éléphants primordiaux. A l'autre extrémité de ;chelle des êtres est le ver de terre ou lombric dont les tronçons coupés redeennent au bout de quelques mois des vers entiers. La magnanerie est l'art élever les vers à soie et aussi l'atelier destiné à cet usage ; les petits insectes mpants ont le nom vulgaire de magnan.

5 *Dictée philodéonique.* On ne joue ni avec les principes ni avec le de)ir ; ils ne se prêtent pas aux habitudes qui peuvent les détruire ; l'habitude :s petits mensonges conduit aux grands et au mal qu'on croit pouvoir cacher ; iabitude des spéculations de bourse conduit à la passion du jeu, à la déyauté et à la perte de l'amour du travail ; l'habitude des compositions de inscience pour les autres conduit à en avoir pour soi-même ; l'habitude du bac conduit à la vie d'estaminet ; qui fume boit et qui boit peut se laisser enaîner à tous les désordres ; de plus le tabac est un poison qui use le cerveau la poitrine en les surexcitant ; il est une des causes de l'affaiblissement iysique, intellectuel et moral. On ne saurait trop réprouver l'indigne faiesse du père qui tolère ou met un cigare à la bouche de son fils, et quant à :nfant, qui, jeune encore, affiche cette tendance au vice, on peut dire que ce :ra un mauvais sujet, un pilier d'estaminet et de lieux de désordre.

XV

1 *Dictée graduée de principes.* Ils ont marché ; ils se sont contrariés et ii dans les démarches qu'ils s'étaient proposées. Ils se sont laissé tromper et s se sont laissés tomber. Il a existé des anthropophages pendant les famines u'il y a eu. Nous nous sommes parlé et entendus ; nous avons fait tous les forts que nous avons dû et plus énergiquement que tes amis ne se l'étaient naginé. Voici les réponses qu'elle a su que j'avais faites. Le peu de confiance ue vous m'avez témoignée m'a encouragé ; le peu de confiance que vous m'avez ;moigné m'a découragé. Quand on est séparés on se doit un souvenir. Des lées nous en avons eu et voici l'idée que nous en avons eue de ces hommes iarmants charmant leurs loisirs.

2 *Dictée graduée d'usage.* Plomb, drap, empois, réchaud, placard, jarreère, cuillère, chaussette, assiette, serviette, peigne, habit, étui, glu, vernis, imis, brodequin, traversin, essieu, amadou, padou, éventail, gril, linceul, iux-col, camisole, casserole, girandole, grattoir, arrosoir, armoire, ivoire, sariu, ciseau, escabeau, tuyau, calicot, sabot, chiffon, chaudron, crayon, pailisson, peluche, caleçon, hameçon, mousseline, pelisse, pelleterie, pierrerie,)ucoupe, bol, vaisselle, barde, housse de fauteuil, nappe, bibliothèque, châle, ırysocale, ustensile, camée, mausolée, store, réverbère et suaire.

3 *Dictée d'homonymes.* Car conjonction, quart substantif et carre verbe.)u'est-ce que cette caisse. Canot singulier et canaux pluriel. Camp d'une arıée, kan chef, quand lorsque, quant à moi et qu'en que en. Cabot de voiture et haos d'idées.

4 *Dictée de connaissances usuelles.* Des deux mâchoires, l'inférieure seule a n mouvement, les aliments passent dans le pharynx, tube derrière le larynx, uis dans l'œsophage qui les conduit dans l'estomac, grande vessie pourvue d'un uc gastrique qui réduit les aliments en bouillie, en lait blanc appelé chyle qui evient le nouveau sang, passe par les poumons où l'oxygène de l'air lui donne ı chaleur et la couleur rouge, puis se rend au cœur. L'air passe par le larynx

et par les bronches, petits tubes qui le conduisent dans les poumons, grandes éponges, de chaque côté du dos et qui décomposent l'air, retiennent l'oxygène et rejettent surtout le gaz acide carbonique ; voilà pourquoi l'air est malsain dans une salle fermée où se trouvent plusieurs personnes.

5 *Dictée philodéonique.* La vie par les spéculations de bourse est un déshonneur et un danger ; elle fait perdre l'habitude du travail et donne celle de s'enrichir promptement et par tous les moyens ; la fortune est au plus chanceux, souvent au plus floueur et non au plus capable et au plus honnête ; ce sont donc là des fortunes mal acquises qu'il faut frapper du mépris. Si l'on avait offert à Aristide ou à Caton de vivre par ce moyen, ils se seraient crus outragés ; on n'est donc pas un honnête homme en jouant à la bourse. C'est l'infiniment petit nombre qui s'enrichit ; on finit presque toujours par perdre et trop souvent on plonge sa famille dans la ruine et dans le déshonneur. Un commerçant ou tout autre qui risque à la bourse le crédit qu'on lui accorde est criminel. Les spéculations de bourse sont une des causes les plus actives de la corruption et de la décadence d'un peuple.

Je continuerai ces dictées, et, comme on le voit, je fais toujours deux parts dans mon enseignement : celle de l'instruction et celle de l'éducation ; mon idée et ma tâche c'est de vulgariser la science et le devoir. La science, par une méthode de mnémotechnie naturelle de la mémoire et de l'intelligence en dehors de tous les systèmes factices imaginés jusqu'à présent et mettant toute étude à la portée de toute intelligence, s'adaptant à toutes les autres méthodes pour les aider, et de plus, donnant par une étude ou par une lecture attrayante et méthodique des connaissances usuelles qu'on n'acquiert pas ordinairement dans les éducations de famille et de pension. Le devoir, en le mettant partout, en ne donnant que des idées vraies et des sentiments dignes, en rectifiant toute idée faussée et en ravivant tous les nobles instincts, en rompant honnêtement et franchement avec toute composition de conscience et avec tout ce qui ailleurs fausse l'esprit et le cœur, en faisant servir la partie la plus élémentaire comme la plus élevée de l'enseignement à propager la vérité et l'idée du devoir, en imprégnant l'enfant chaque jour et dans chaque étude de cet air pur, de ce sang nouveau, en un mot en faisant tout concourir à former des hommes de devoir, de principes, de travail et d'instruction.

Mes nouveaux moyens d'enseignement ont probablement quelque valeur puisque les auteurs classiques, qui sont venus après moi depuis 1837, me les prennent. Dernièrement on me montrait deux nouvelles grammaires qui m'ont pris la plupart de mes idées, mais en les cachant et les perdant au sein d'abstractions et de détails inutiles dont mon expérience m'a fait m'abstenir. Les maîtres de pension qui avaient ma géographie viennent de m'apprendre et de me montrer qu'un auteur classique bien connu m'a pris mon idée de 1837, ma méthode des questions sans autre réponse que la carte. Il paraît que mes idées sont bonnes.. tout au moins à prendre...

Aujourd'hui qu'un grand nombre d'instituteurs de Paris et de la province se servent de ma méthode et souvent sont réduits à la dicter à leurs élèves, victimes de la lésinerie de parents qui dépensent dans des plaisirs et des vêtements inutiles beaucoup plus que cet argent, j'ose espérer de leur loyauté qu'ils diront du moins que ce qu'ils dictent est de moi ; c'est ma seule compensation et c'est une justice que je crois due à mon travail et à mes sacrifices de dix-sept années.

Poissy. typographie Arbieu.

XVI

1. *Dictée de principes.* Assaisonne cet aloyau au beurre d'anchois et ne confonds pas le bifteck avec les côtelettes de veau et le rosbeef. Va-t'en chez le charcutier que nous t'avons indiqué ; tu achèteras une bajoue, des andouillettes, des cervelas et quelques beaux saucissons. La couenne de lard que nous nous étions procurée pendant les grandes chaleurs qu'il y a eu, a ranci et s'est détériorée au point qu'elle ne nous a pas servi et que nous ne nous en sommes servis que pour graisser les rouages de notre baquet. Ote cette hotte que les maraîchers ont remplie à midi et demi de choux-fleurs, d'artichauts, de gousses d'ail et de toute espèce de légumes tous rares à cette époque. Quelles gens as-tu consultés pour que j'acquière avec confiance cette cargaison de harengs saurs, dont tu nous as parlé.

2. *Dictée d'usage.* Des abat-jour, abbaye, abcès, abdication, aboiement, abondance, ex abrupto, absence, absorption, abstinence, académicien, acacia, acajou, acanthe, accaparement, accélération, accessoire, accompagnement, accroc, acide, achat, un acquit, actionnaire, adagio, andante, adhésion, adolescence, adversaire, aérostat, affabilité, affluence, affranchissement, agenda, agrafe, agression, être aux aguets, aïeux, aiguille, aigrette, aimant, airain, aisselle. Ces dictées d'usage ont pour but de faire passer sous les yeux et sous la plume les mots usuels qui présentent quelque difficulté.

3. *Dictée d'homonymes.* Un capital et une capitale. un cachet et il cachait. le cadis drap et le cadi juge turc. un chêne et une chaîne. mon cher, une chaire de professeur, de la chair saine et de la bonne chère. un chant en musique et un champ de betteraves. chaud brûlant et de la chaux. un chaume et tu chômes. une cheminée et il cheminait. un choc et il me choque. un chut et une chute. un chat d'Angora et le shah roi de Perse.

4. *Dictée de connaissances usuelles.* Les aliments sont broyés par les dents, qui se divisent en canines, incisives et molaires, puis humectés par la salive que secrètent les glandes amygdales placées de chaque côté du cou ; ils passent dans le pharynx, l'œsophage et l'estomac, où le suc gastrique les réduit en bouillie ; la bile secrétée par le viscère le foie, les analyse et le chyle se rend par les grandes veines au cœur où il devient le sang, et passe dans les poumons pour recevoir, par le contact de l'oxygène, de la chaleur et de la couleur.

Le pouls indique le sang artériel. L'air passe dans la trachée-artère, le larynx, les bronches et les poumons qui le décomposent et rejettent tout ce qui est nuisible ou inutile à la vie.

5. *Dictée philodémique.* Les dettes volontaires sont un vol; on est un malhonnête homme quand on fait tort à un travailleur de son temps ou de ses produits, et l'on doit régler ses besoins sur ses ressources. Les dettes volontaires mettent les familles honnêtes dans la gêne, paralysent le travail général et détruisent la confiance et le crédit. On ne saurait trop mépriser les gens sans honneur qui se font un jeu des dettes, qui ont même l'impudeur de les appeler le bon genre ; et quant aux dettes involontaires, on doit prouver qu'on est un honnête homme en s'acquittant peu à peu.

Exercice des pourquoi des mots soulignés, comme pour les quinze dictées précédentes, et après la correction de chaque dictée, faire les pourquoi de ses fautes; les pourquoi des mots de principes, et écrire cinq fois chaque mot d'usage manqué.

XVII

1. *Dictée de principes.* N'y a-t-il pas une demi-lieue d'ici au château où nous avons dîné cet automne et où je mangeai des ananas, des massepains, des gâteaux à la frangipane et aussi ces échaudés trempés dans une crême à la vanille, et qui ont joui d'une réputation méritée. Excepté les perdreaux et les levrauts qu'on avait payés trop cher, tous les autres mets n'ont pas coûté un prix trop élevé; mais le pâté de foie gras et le faisan n'ont rien valu et le brochet n'était pas cuit à point. Qu'as-tu bu? de la bière, du cidre ou du vin, avec de l'eau de Seltz ? Je parierais que tu as bu au dessert de toutes les liqueurs qui ont été servies, rhum, cassis, ratafia, eau-de-vie de Dantzig, noyau, liqueurs que j'avais goûtées et dont j'avais goûté. Le café Moka, le Xérès et le thé t'ont-ils convenu ? A-t-on porté un toast à l'amphitryon ?

2. *Dictée d'usage.* Album, alcali, alcool, allegro, alezan, allaiter, alleluia, alliance, allocation, allumette, almanach, alphabet, amadou, amarrer, ambassadeur, amendement, amnistie, amorce, amphibie, amphithéâtre, amplification, ampoule, amygdale, anathème, anchois, annales, anguille, annonciation, annihiler, antécédent, antenne, an-

ticipation, anthropophage, antipathie, antiquaire, apercevoir, apoplexie, apothéose, apothicaire.

3. *Dictée d'homonymes.* Un maître clerc, une claire-voie, il voit clair. une clef de porte, une claie barrière. clore verbe, chlore substantif. la clause d'un acte, close participe. un clou, il cloue. je me convaincs de cela et je lui convins. un col, de la colle. un coq oiseau, une coque d'œuf, du coke à brûler. le corps humain, un cor au pied. une côte de bœuf, une cotte de mailles, une quote-part. un objet court, une cour, je cours, il faut que je coure.

4. *Dictée de connaissances usuelles.* La sensibilité a son foyer dans le cerveau et se propage par les nerfs, cordes moelleuses et blanches; le mouvement se fait par les muscles qui sont attachés aux os par des tendons, larges et forts rubans nacrés. Le jeu des articulations est facilité par les suintements qu'opèrent les glandes. Autour du cerveau se groupent les organes de nos sens : l'œil avec les cils, sourcils et paupières, le nez, l'oreille avec son tympan, le palais. Le diaphragme est le muscle sur lequel repose l'estomac et qui sert de cloison aux viscères de la poitrine. Le foie et la rate dans les reins, sont protégés par les hanches. Aux membres supérieurs appartiennent l'épaule, l'aisselle, le bras, le poignet, le poing, le doigt auriculaire et les autres doigts avec leurs phalanges; aux membres inférieurs, la cuisse, la jambe, le jarret, le mollet, le pied avec ses orteils. Les os forment le squelette de l'homme.

5. *Dictée philodéonique.* Celui qui s'habitue à des compositions de conscience pour les autres, en a, à plus forte raison, pour lui-même; on ne doit jamais composer avec la morale éternelle, avec le devoir et les principes, dans l'intérêt d'un homme quel qu'il soit. Plus l'homme qui fait le mal est élevé, plus il est coupable, plus il doit être flétri parce que plus il devait le bon exemple et plus son mauvais a d'influence. On ne doit pas faire le mal, car alors c'est mentir; on doit le flétrir, en prendre non l'indifférence, mais l'indignation. Le bien est le bien, le mal est le mal. Les ennemis que fait la conscience sont le plus beau fleuron de la couronne de l'honnête homme; ne pas protester contre le mal, c'est le commettre.

XVIII

1. *Dictée de principes.* Assieds-toi, aie patience, sers-toi de cette

cuiller de vermeil, et serre cette autre dans le buffet où nous avons ramassé les oublies que nous avons gagnées à la loterie. N'étaient-ce pas des cerises et des bigarreaux qui avaient été placés sur les biscuits? Tout épicés que soient ces mets avec du thym, du persil et du cerfeuil, je les préfère aux hors-d'œuvre tout délicats pourtant que vantait le gourmet que nous avions invité à dîner le jour de l'Épiphanie. Nous nous étions déjà donné la main chez vous le jour de l'Ascension, en déjeûnant avec des huîtres, une fricassée de poulet, un gigot, du maquereau, du nougat et du chocolat. Quelque succulentes que soient les fraises et les pommes de reinette et d'api de votre jardin, c'est une grappe de raisin et quelques nèfles que je vous prie de m'apporter.

2. *Dictée d'usage.* Apparition, appartement, appentis, apprenti, appétit, appointement, appréhension, approvisionnement, approximation, une après-dînée, j'irai après dîner, apurer un compte, araignée, arbrisseau, des arcs-boutants, des appuis-main, des arrière-pensées, archonte, arçon, une arène, argile, argutie, arithmétique, armistice, les arrérages d'une rente, arrogance, arsenic, artichaut, artisan, ascendant, aspect, assassinat, association, assomption, astreindre, athlète, attentatoire, auberge, audience, auréole, authentique, auto-da-fé, autographe, auxiliaire, les avant-scène, aventure, avoine ou avène, azur.

3. *Dictée d'homonymes.* Le coût d'une marchandise, le cou d'un homme, un coup de sabre, il coud. un coin, une pomme de coing. M. le comte, un compte d'intérêt, un conte histoire. un chœur d'opéra, le cœur humain. en se convainquant de ce propos convaincant. un coudrier, vous coudriez. Quoi! tu restes coi. je lui confierai les fruits que je confirai. un conseil et je conseille. un collet, il collait. une croix, je crois. la crême et le saint-chrême.

4. *Dictée de connaissances usuelles.* Le diamant, on ne sait trop ce que c'est; on suppose que c'est du charbon à l'état pur et cristallisé; son excessive dureté fait qu'on s'en sert pour couper le verre. Louis de Berquem de Bruges découvrit en mil quatre cent cinquante-six, l'art de tailler et de polir le diamant et ce n'est que sous Louis XIII que ce bijou commença à faire partie des riches parures. Le carat est une fève d'Afrique, dont les semences sèches sont toujours également pesantes, ce qui fait que les indigènes s'en sont servis pour peser leur poudre d'or. Le poids du carat européen est de quatre grains; l'or pur est à vingt-quatre carats; ce poids sert pour peser les matières précieuses.

5. *Dictée philodéonique.* Le mensonge est un mal, conséquence et aggravation d'un autre mal, et l'on ne saurait trop flétrir ce mot de Talleyrand : la parole a été donnée à l'homme pour dissimuler sa pensée. Personne n'a le droit de tromper ; la vérité c'est Dieu, et personne n'a le droit de la cacher ; ne connaître que le pour d'une idée sans en connaître le contre, c'est avoir un esprit faussé ; l'opinion qui défend l'objection, la lecture du contre et la liberté de discussion, sent et prouve qu'elle n'est pas la vérité. D'ailleurs, celui qu'on a trompé finit par le savoir et souvent ne croit plus à rien ; puis on est puni par où l'on a péché : on a besoin d'être cru et on ne l'est pas, et l'on devient l'objet du mépris universel. On doit s'abstenir des petits mensonges, car ils conduisent aux grands.

XIX

1. *Dictée de principes.* La blanchisseuse a-t-elle rapporté mon faux col et la robe à falbalas de la comtesse ? De la ganse, achètes-en, va en chercher chez la mercière. Qu'y a-t-il à ce gilet. Ne s'enquerra-t-on pas de cette housse de fauteuil qui s'est trouvée perdue en mil huit cent cinquante-cinq, et qui nous avait coûté quatre-vingts francs. Ces habits qu'on te présente ce sont plutôt des haillons que des hardes. N'as-tu pas remarqué au bal de la reine d'Angleterre ces chevaliers de la jarretière dont on s'est moqué. Apprécie-t-on les jabots que les fashionnables de notre quartier se sont efforcés de mettre à la mode. Manteaux, mitaines, manchettes de mousseline, médaillons, camées, serre-tête, corsets, pantalons, pantoufles, souliers, chaussettes, tout a été payé avec le billet de neuf cent quatre-vingt-dix francs, qu'avaient escompté nos banquiers.

2. *Dictée d'usage.* Baccalauréat, bacchanale, badaud, badigeonner, baignoire, baïonnette, une bajoue, un balai, balançoire, baleine, ballot, banlieue, bannissement, baptême, baril, baromètre, barreau, des basses-tailles, batterie, baudrier, bavolet, bécarre, bécassine, un beignet, bénéficiaire, un biais, bibliophile, bibliothèque, bienveillance, bigarrure, biographie, bimbelotier, pain bis, biscuit.

3. *Dictée d'homonymes.* Un croisé, une croisée, il croisait. un croquet, je croquais. un crucifix, il crucifie. un creuset, il creusait. un cri aigu, un cric mécanique, je crie. un crû, une crue. un curé, une curée. cuir substantif, cuire verbe. une danse, dense épais. date époque, datte fruit. dans préposition, dent substantif, d'en mot com-

posé, un dey gouverneur, un dé à coudre, un dais pour le saint sacrement, dès conjonction, des article, les deux délace et délasse.

4. *Dictée de connaissances usuelles.* En mil six cent neuf, des écoliers qui patinaient sur un canal de la Hollande s'avisèrent d'ajuster des fragments de glaçons aux deux extrémités d'un tube de carton, et poussèrent des cris de surprise en voyant se rapprocher les objets qu'ils regardaient au travers de cette lorgnette improvisée. Le hasard conduisit sur la berge de ce canal un savant, Jacques Métins, et d'une enfantine distraction naquit la première idée du télescope, que Galilée, Képler et Huyghens perfectionnèrent. Dans ce même XVIIe siècle, Octavio Mey, négociant de Lyon, remarque qu'un fil de soie machinalement mordillé par lui a doublé d'éclat en s'humectant, et part de cette observation pour donner l'eau ou le lustrage aux étoffes.

5. *Dictée philodéonique.* Les superstitions sont une absurdité et un danger; elles ont deux causes principales : la tendance de l'ignorance à croire plutôt l'insensé que le sensé ; puis comme il y a plus de malheurs que de bonheurs dans la vie, quel que soit le jour qu'on observe d'une manière spéciale, il est toujours néfaste. La superstition est une fausseté : les tables tournantes se trompent neuf fois sur dix, et quant au vendredi, la princesse de Catane fit retarder d'un jour, en avril mil huit cent cinquante-quatre, le départ du paquebot à vapeur qui lui appartenait ; s'il était parti le vendredi, il n'eût pas rencontré l'autre paquebot qui l'a brisé et causé la mort de deux cents personnes. Le moyen de se débarrasser des superstitions, c'est de s'éclairer et d'observer un autre jour que le vendredi, un autre nombre que 13 et de constater les erreurs fréquentes des tables, partant le danger et l'absurdité de régler sa conduite et son opinion sur les superstitions.

XX

1. *Dictée de principes.* Ces nœuds de ruban nous ont convenu et charmés. Plie ces nappes damassées, serre-les dans le buffet et sers-t'en le jour où je fêterai ma marraine. Cette pelisse qu'ornaient des pierreries a reçu hier de la peluche ou de la ouate qui me la rendent précieuse. Au sortir du bain, que j'aie mes pantoufles, mon peignoir et mon pantalon blanc. Mets quelques aiguilles dans cette pelote. Le tailleur a promis ta redingote dans une demi-heure. Tous ces va-nu-

pieds qui vont aussi tête nue, ont jeté là un sarrau, des sabots, une blouse en serge, une serviette à liteaux bleus, deux serre-tête, une taie d'oreiller, un traversin et un matelas.

2. *Dictée d'usage*. Année bissextile, bivouac, bizarrerie, des blanc-seings, blanchisseuse, blasphème, une poire blette, un bleuet, une bleuette, boisseau, bourrelier, bonnetier, bordereau, bouffon, bouillonnement, boulanger, bouleversement, bourgeoisie, bourgeon, bourgmestre, bourrasque, bourrique, des boute-en-train, bouvreuil, brancard, brebis, buffleterie, un busc et un buste.

3. *Dictée d'homonymes*. Dessin tableau, fait à dessein. les deux je déteins, je détins. les deux je décrie, je décris. délai substantif et délaie verbe. les deux je défie et je défis. descente substantif et décente adjectif. déçu trompé et dessus adverbe. devint verbe et devin substantif. différant participe, différent adjectif, différend substantif. donc, un don et dom Pèdre. dois verbe et doigt substantif. doux adjectif et d'où adverbe. dur adjectif et dure verbe. les deux verbes tu dors et tu dores.

4. *Dictée de connaissances usuelles*. En mil sept cent trente-neuf, le docteur James Clayton, distillant à feu nu du charbon de Newcastle dans une cornue, obtint d'abord un fluide aqueux puis une substance noire huileuse, et un gaz qui s'échappant et s'approchant d'une chandelle, s'enflamma. Ces expériences furent renouvelées en Angleterre, mais ce fut l'ingénieur Philippe Lebon qui eut le premier l'idée de l'application du gaz à l'éclairage; il fabriqua un thermo-lampe dont la destination était d'appliquer la lumière du gaz à des usages économiques. Son invention ayant été accueillie avec indifférence en France, il la porta en Angleterre.

5. *Dictée philodéonique*. Les vols reçus, c'est là un mot créé par le commerçant, le fonctionnaire, le domestique et l'enfant, pour être voleur en conservant le nom d'honnête homme et en n'étant pas le plus souvent atteint par la loi. Le commerçant vole sur le poids et sur la qualité de la marchandise; le fonctionnaire demande trop ou se fait donner des pots-de-vin, le domestique vole sur les achats dont on le charge; l'enfant vole les livres, les jeux et l'argent de ses camarades ou de ses parents. Il ne suffit pas de changer les mots pour changer les choses; les vols reçus sont des vols comme les autres et sont même plus coupables et plus infâmes, car ils sont lâches et sans danger. On ne saurait donc trop flétrir et mépriser ceux qui disent d'un vol : c'est reçu !

1. *Dictée de principes.* Des agrafes et des aiguilles, j'en ai trouvé près de l'aigrette, ornée d'une améthyste. C'est perdre son temps que de chercher pendant deux heures et demie le burnous, le bonnet, la bourse, les brodequins et les brassières en batiste que renfermait ta malle. Etaient-ce des camisoles, des collerettes, des caleçons, des coiffes ? ou bien était-ce un corset, un collier, une capote, des ciseaux et une parure en chrysocale que tu réclamais ? Puissé-je les trouver ; j'ai fait toutes les recherches que j'ai dû et beaucoup plus tôt que vous ne l'aviez pensé. Ce cure-dents, ce couvre-pieds, ce camail, ces ceintures de soie et ces quatre paires de chaussettes ne t'ont-ils pas paru payés trop cher ? Mets ton châle et aventure-toi dans les rues que je t'ai indiquées.

2. *Dictée d'usage.* Cabas, caban, cabriolet, cachalot, cadenas, cafetière, caissier, calembour, caleçon, calepin, camisole, camphre, canevas, canif, calife, cannelle, cantharide, capitulaire, carafe, caravansérail, carotte, carreleur, carrosse, des casse-tête, catafalque, catarrhe, cathédrale, cauchemar, cautère, cécité, céleri, célibataire, cénotaphe, cep de vigne, céphalalgie, cercueil, cerise, cerfeuil, cerneau, des cerfs-volants, certificat, cervelas.

3. *Dictée d'homonymes.* Eclair, essai, ennui et emploi substantif; éclaire, essaie, ennuie et emploie verbe; éclaircie substantif, il éclaircit verbe. éphore, magistrat et effort tentative. écho qui répète et écot à payer. l'envie s'exerce à l'envi. les deux verbes exhausse, exauce. épie verbe et épi substantif. en un an. les deux verbes enceigne et enseigne. éteins verbe, étain métal et étaim tissu. les deux verbes ils étaient, étayent.

4. *Dictée de connaissances usuelles.* Le parvis est la place devant une église ; l'escalier développé pour monter dans une église se nomme perron ; si une colonnade se détache en avant de l'entrée du monument, c'est un péristyle ; le porche est l'entrée à enfoncement et ogivale des monuments gothiques ; la nef est la partie de l'église où se tient le public ; quelquefois à l'entrée du chœur il y a, comme à Saint-Etienne-du-Mont une tribune élégante, appelée jubé ; l'abside est le fond arrondi de l'église. La croix grecque a les deux bras égaux ; la croix latine a les deux bras horizontaux plus courts. Quand on imite une coupe renversée, la partie extérieure se nomme dôme, la partie intérieure coupole.

5. *Dictée philodéonique.* L'éducation a pour but de mettre chacun à même de penser et de se diriger par soi-même ; le devoir n'est solide qu'autant qu'il est le résultat d'une conviction éclairée et l'on ne mérite pas le nom d'homme quand on ne sait pas se conduire par soi-même. Si les hommes d'aujourd'hui sont si peu de chose, s'ils n'ont pas les vertus civiques et les nobles caractères des grands citoyens de l'antiquité, c'est beaucoup la faute des femmes; c'est qu'elles n'ont que des idées de luxe et de futilité et ne reçoivent qu'une éducation factice, qui les empêche de savoir penser et se diriger par elles-mêmes ; l'homme est beaucoup ce que le fait sa mère, et la plupart des mères disent à leur fils : Fais comme les autres, ne t'occupe que de t'enrichir, ne te compromets pas par des sentiments généreux, ce ne sont là que des mots. L'épouse dit à son mari : procure-moi n'importe par quels moyens la facilité de satisfaire mes besoins de luxe, de vanité et de futilité. Au reste, la femme se fait colifichet et l'homme la traite en colifichet, et lui fait rarement une part dans la vie sérieuse. Que la femme s'éclaire donc, qu'elle prenne des sentiments austères et dignes, qu'elle les inculque à ses enfants, qu'elle fasse d'eux des citoyens.

XXII

1. *Dictée de principes.* Quelque caractéristiques et tout effrayantes qu'aient été les atteintes d'apoplexie et de paralysie qui ont frappé violemment et inopinément mon parrain, quelle que soit l'impuissance probable des remèdes qu'on nous avait conseillé d'employer ; nous persévérerons encore pendant deux mois et demi. Cette grippe et cette gastrite ont dégénéré en fièvre typhoïde, cet asthme en phthisie, ces hémorragies en dyssenterie. Les juleps, les sirops et les autres potions émollientes que nous avons achetés fort cher chez le pharmacien du faubourg, n'ont pas influé sur la guérison.

2. *Dictée d'usage.* Un chaland, chandelier, charcutier, charretier, charrue, chasselas, châssis, chaufferette, des chefs-d'œuvre, chenil, chiffonnier, chrétienté, chronologie, chrysanthémum, chrysocale, chrysalide, chyle, cidre, cèdre, cierge, cigüe, un cil, circonférence, citoyen, citrouille, coercitif, cohésion, coïncidence, colifichet, collation, collerette, coloris, commandement, commencement, commentaire, commerçant, commissionnaire, compas, compassion, concessionnaire.

3. *Dictée d'homonymes.* Étant participe, étang substantif, étend indicatif, émail substantif, émaille verbe. eux pronom, des œufs substantif, les deux expira, expiera. fasse verbe, face substantif. fais verbe, fait acte, faix poids. faon substantif, fend verbe. phare fanal, fard pommade, far gâteaux. fassions verbe, fashion substantif. faut verbe, faux adjectif, faux substantif. fatiguant participe, fatigant adjectif.

4. *Dictée de connaissances usuelles.* Le pastel est un crayon fait de couleurs pulvérisées, mêlées soit avec du blanc de plomb, soit avec du talc et incorporées avec une eau de gomme, de manière à en former une pâte ; on fait des pastels de toutes sortes de couleurs. La peinture au pastel a l'agrément de ne pas sécher comme celle à l'huile, mais elle a le défaut de manquer de fixité ; elle ne remonte guère au delà du XVIIIe siècle et s'est éteinte avec ce siècle. Le pastel est aussi une plante et la seule qui fournisse une teinture bleue un peu solide ; mais l'indigo d'Amérique lui est très-supérieur et l'a remplacé.

5. *Dictée philodéonique.* Le luxe est la ruine des familles et des Etats ; il est le plus grand démoralisateur et dissolvant social ; il entraîne les familles dans les besoins factices, dans les dettes, dans le jeu, dans la perte des idées sérieuses et morales, souvent même dans la ruine et dans le déshonneur. Le luxe appliqué aux boutiques cause la gêne, parfois la faillite du commerçant et la cherté des objets de consommation. Le luxe est pour les Etats un signe de décadence et de dissolution ; il fait perdre les nobles instincts, énerve toutes les fibres généreuses, surexcite l'égoïsme et la corruption, est une insulte à la misère publique et jette une nation dans cette impasse ou d'être envahie par un peuple neuf, à mœurs viriles ou de se régénérer par une crise terrible, par une révolution radicale. L'histoire de tous les peuples est là pour le prouver. Quand l'Assyrie, la Perse, la Grèce et Rome ont donné dans le luxe, elles se sont dissoutes. Qui pousse au luxe, pousse donc au mal. Ayez une vie simple et laborieuse ; la vertu et le bien-être sont dans les goûts simples et dans les besoins bornés.

XXIII

1. *Dictée de principes.* N'était-ce pas à la chasse que nous avions gagné, toi qui souffres tant, un rhumatisme chronique, moi qui me repens une esquinancie et un torticolis. Ne prétend-on pas

que nos deux partisans ont succombé à une hémoptysie. Les vingt sangsues et la saignée auxquelles les médecins ont recouru comme au meilleur système thérapeutique que conseillent les savants dans certains cas d'ophthalmie, quel bien ont-elles opéré? Quant à l'abcès qui m'est venu à l'index et qui s'est changé en panaris, malgré l'onguent et le sparadrap de diachylum de notre apothicaire, je verrai ce qu'il y a à faire. Ma toux catarrhale et mes hémorrhoïdes ont persisté et m'ont donné le spleen.

2. *Dictée d'usage.* Conciliation, concurrence, concussionnaire, condamnation, condescendance, confidentiellement, conséquemment, maison contiguë, contorsion, des contre-amiraux, contrecarrer, controverse, contumace, conversion, des coq-à-l'âne, correctionnel, correspondant, corridor, cosmographie, cothurne, cotylédon, couenne de lard, coulis, des coupe-gorge, courrier, coureur, courroie, courroux, coutil, un croc, cylindre, cyprès, cynisme.

3. *Dictée d'homonymes.* Faisant verbe, faisan oiseau. fer substantif, faire infinitif, ferre indicatif. faite participe, un faîte sommet et une fête. feins verbe, fin terme, faim besoin de manger. le feu de ma feue tante. fil substantif, file verbe. fi exclamation, fils substantif, et les deux verbes fie, fit. foie de veau, foi religieuse, une fois, fouet de postillon. fosse substantif, fausse adjectif. fourrait verbe, le fourré d'un bois. fors préposition, le for de la conscience, fort adjectif.

4. *Dictée de connaissances usuelles.* Le sucre des colonies est aussi appelé sucre de canne, parce qu'on le trouve dans un jonc tout imprégné de sa douceur. Le sucre de France est extrait de la betterave; pour en tirer parti, on la réduit d'abord en pulpe à l'aide des râpes, puis on la soumet à l'action de presses hydrauliques, qui la transforment en sirop. Pour retirer au sirop l'humidité qui s'oppose à la cristallisation, on le fait cuire, puis on le raffine, on le purifie en le mêlant à du sang de bœuf ou à des œufs dans des chaudières à clarifier. On le met dans des formes, où il devient pain de sucre, on fait égoutter les formes et on les fait parfaitement sécher dans une étuve.

5. *Dictée philodéonique.* Il faut du plaisir à la vie; Dieu ne répand pas des biens sur la terre pour qu'on les dédaigne; la tendance au bonheur est naturelle, vient de Dieu. Presque tous les plaisirs on peut se les permettre. Un enfant peut aller partout au bras de

son père et de sa mère. On prend de nobles émotions au spectacle des grandes tragédies et des grandes comédies. Scribe, lui-même, opéra des conversions avec ses vaudevilles, surtout avec *le Mariage de raison*, *le Mariage d'inclination* et *une Faute*; des mères et leurs filles venaient chaque jour lui témoigner leur émotion et leur reconnaissance. Un bal de famille est aussi un plaisir inoffensif. Le tout est de savoir choisir et composer ses plaisirs et de les prendre en famille.

XXIV

1. *Dictée de principes avec les pourquoi de syntaxe.* La foule des hommes se trompait et une foule d'hommes se trompaient. Personne n'est venu ; quelque chose est perdu, quelque chose que j'aie dite. Quelles gens et quels sont les gens que tu as rencontrés? Les encriers je les ai vus, les écritoires je les ai aperçues près des patères que tu as posées, des nacres que tu as frottées, de la réglisse et de la jujube que tu as enveloppées. Viens dans l'antichambre et l'alcove que tu as arrangées. Cette cuiller bosselée s'est bossuée. Il veut et il voudra que j'aille ; il voulait et il voudrait que j'allasse.

2. *Dictée d'usage.* Un dard, dauphin, bœuf en daube, débarrasser, débonnaire, décemvir, décisif, dédaigneusement, défiance, dégât, le déjeuner, dépense, dépositaire, désapprobation, désintéressement, descendant, désobéissance, dessous, déterrer, dialecticien, diaphane, dictionnaire, dièse, dilemme, dimension, diocèse, diphthongue, directoire, discussion, dissension, dithyrambe, donjon, douairière, doyenné, dromadaire, dynastie, dyssenterie.

3. *Dictée d'homonymes.* Le fond d'un puits, un fonds de commerce, les fonts baptismaux, il fond au singulier, ils font au pluriel. four, substantif, et fourre verbe. forçat galérien des bagnes, et força verbe. flanc du corps et flan gâteau. frèt location d'un navire, frais adjectif. fusiller verbe, un fusilier substantif. les deux verbes je fondrai, je fonderai. filtre verbe et philtre magique substantif. du gaz et de la gaze. gai adjectif, guet attention, gué d'une rivière. goûte verbe et goutte substantif.

4. *Dictée de connaissances usuelles.* La perle est une matière d'un blanc nacré, dure, sphérique, composée de couches nombreuses et serrées et qui constitue une partie de certaines coquilles uni-

valves, dans l'intérieur desquelles elle se développe, par suite d'une activité plus grande dans le travail secrétoire qui donne naissance à la nacre, à la partie intérieure blanchâtre et brillante de la coquille. La perle est un carbonate calcaire, combiné avec une gélatine animale. Les anciens calligraphes appelaient lettres perlées celles dont les parties étaient formées de perles ou de petits cercles rangés les uns à la suite des autres.

5. *Dictée philodéonique.* A quoi bon la science, on n'arrive jamais à tout savoir, disent certaines gens qui en ont pour eux-mêmes mais qui n'en veulent pas pour les autres, afin de pouvoir les dominer. Le plus doux bienfait de la science, c'est précisément qu'on n'arrive jamais à tout savoir et que l'esprit a toujours le charme d'une étude nouvelle. Tout ce qu'il y a eu de beau et de grand dans le monde a été le résultat de l'influence de la science; le génie des sages civilisa et moralisa les peuples; tous les grands siècles de l'esprit humain doivent leur éclat, leurs institutions et leurs idées à la science et au génie. L'étude est le plus doux consolateur, le plus fidèle ami et fait vivre au sein du vrai, du beau et du bien. L'ignorance est la cause de presque tout le mal social; je ne vois aucune différence entre la vie de l'ignorant et celle de la brute; il n'est permis à personne de laisser son esprit sans culture : la femme comme l'homme, le peuple comme le bourgeois, doivent s'éclairer et cultiver leur esprit et leur cœur.

XXV

1. *Dictée de principes avec les pourquoi de syntaxe.* Toute bizarre qu'est cette règle et quelque bizarre que soit cette règle. La reine ou les princesses sont arrivées ; la reine ainsi que les princessesse trouvait mal. Quand ton œil ou ton bras te scandaliseront, l'Evangile t'engage à les couper. Vous et moi étions là, vous et lui étiez là. La plupart des combattants mouraient; plus d'un officier était blessé. Un des généraux qui parlaient se trompait. C'était le capitaine et ses soldats; c'étaient les soldats et leur capitaine. Cette idée m'a échappé et cette autre m'est échappée. Cette dame a demeuré ici et est demeurée interdite.

2. *Dictée d'usage.* Ébahissement, ecclésiastique, échafaud, échalas, échapper, un échaudé, échauffourée, échoppe, éclaircissement, éclipse, écueil, effervescence, effronté, éhonté, élixir, ellébore, el-

lipse, émeri, éminemment, émissaire, emménagement, empeigne, empois, emprunt, encan, encensoir, encyclopédie, enfreindre, s'enhardir, enjambement, enjouement, engouement, enrhumé, enseigne, enveloppe, éphémère, épiphanie, érysipèle, escompte, escroc, essentiel, estomac, étoffe, étymologie, eucharistie, excentricité, exceptionnel, exhalaison.

3. *Dictée d'homonymes.* Grâce substantif, grasse adjectif. guerre substantif, guères adverbe. j'en pronom, gent substantif singulier, gens substantif pluriel. un gril et une grille. geai oiseau, jais bague, jet d'eau. du grès de bouteille, à mon gré. la halle et le hâle. hanter fréquenter et enter grefler. être verbe et être substantif, héraut d'armes et héros distingué. herse de labourage et erse adjectif écossais. hochet substantif et hochait verbe. huit nombre et huis-clos à portes fermées.

4. *Dictée de connaissances usuelles.* Le penny est une monnaie anglaise de dix centimes, on dit au pluriel pence; le schelling vaut douze pence; la livre sterling ou la guinée vaut vingt-cinq francs; le farthing, deux centimes. Une piastre espagnole ou un rouble russe valent à peu près cinq francs; le dollar américain des États-Unis, cinq francs cinquante centimes; le florin allemand, deux francs quinze centimes; le ducat d'or allemand, onze francs; le ducat d'argent, la moitié; le thaler, trois francs soixante-quinze centimes; le réal espagnol, vingt-six centimes.

5. *Dictée philodéonique.* L'aumône dégrade et porte à la paresse, un cœur digne ne l'acceptera jamais; elle ne s'adresse donc qu'aux gens sans cœur et elle est impuissante parce que son secours insignifiant est bien vite épuisé. La seule aumône qui aide réellement et qui relève l'âme et le corps est le travail. Sans doute quand un pauvre vous tend la main dans une rue, tout ce qu'on peut faire c'est de lui donner quelques sous; mais si vos ressources de bienfaisance vont au delà de ces quelques sous, employez l'argent de vos aumônes et de votre superflu à utiliser le temps ou à acheter les produits du travailleur gêné et du talent méconnu.

XXVI

1. *Dictée de principes avec les pourquoi de syntaxe.* J'ai oublié d'écrire mais non à écrire. Tu saignes du nez et l'on te saigne au

ras. Tu participes de cette nature et tu as participé à cette action. Je ne fais que marcher et que de marcher. Il m'en impose mais il ne m'impose pas. Vas-y, va y mettre ordre, va en chercher. Il a suppléé e juge de paix et a suppléé à l'absence de cet acte. Je m'en suis allé. Je cachète, feuillette et époussette. Voici les choses dont j'ai besoin; e me les rappelle et je m'en souviens.

2. *Dictée d'usage.* Façade, facétieux, faïence, fainéantise, falot, fascination, fausseté, fenouil, ferronnerie, fisc, fixité, flegme, fluxion, un forçat, le forum, fourreau, fricandeau, frissonnement, froncis, frontispice, furet, fusil, futaie, gageure, gangrène, ganse, des garde-feu, des gâte-métier, gaufre, gazette, gémeau, géographie, géranium, gibelotte, gibecière, gingembre, girafe, goëmon, gouttière, des grand'mères, grappe, grasseyer, grattoir, grippe, gruyère, gueule, gymnase.

3. *Dictée d'homonymes.* Hure de sanglier, eurent verbe. une article, hune du mât d'un navire. il pronom, île substantif. un intrigant, intriguant. j'eus, du jus. l'as-tu là, es-tu las de cela et pris dans des lacs filets. le lac et la laque. du lard et les dieux lares ou domestiques. leste adjectif, lest poids, je l'ai vu bien laid, du lait, une laie femelle du sanglier, un lé de toile. lacet substantif, laçait verbe. se lasser de se lacer. lire verbe, lyre substantif. lice arène, lisse adjectif. lis plante, un lit, et les deux verbes je lis, je lie.

4. *Dictée de connaissances usuelles.* La composition d'un repas chinois est une chose historique et curieuse; voici la composition du repas de luxe que donna en mil huit cent cinquante-cinq un négociant chinois de Singapoure : un potage aux nids d'oiseaux et six autres potages tant de mouton que de grenouilles et de foies de canards; un hachis de queues d'éléphants avec une sauce aux œufs de lézard, un porc-épic à l'étuvée, servi dans le gras vert de la tortue, mets trouvé très-bon par les Européens du festin; du becco de mer excellent et des gésiers de poissons entourés d'herbes marines; des bécassines garnies de crêtes de paon, plat qui coûtait à lui seul mille francs. Au dessert, des gelées dont la peau de rhinocéros avait fourni les éléments, mais trouvées très-peu agréables, des fruits envoyés de Malaga en Espagne et des espèces très-variées de vins d'Europe.

5. *Dictée philodéonique.* La force qui s'emploie à opprimer le juste et le faible au lieu de les protéger est un fléau social et n'est qu'une force factice, car le vaincu de la veille devient le vainqueur du lendemain. La conquête est un sacrilége : tout peuple a droit à

son territoire naturel et à son indépendance nationale. Les plus grands conquérants ont rempli le monde de ruines, de larmes, de misère et de sang, n'ont pas laissé de compensation équivalente et tous les empires formés par la conquête se sont bientôt dissous, le plus souvent même à la mort des conquérants. Les peuples ont été la cause de leur avilissement en glorifiant la force ; les arcs de triomphe devraient être pour les bienfaiteurs et non pour les destructeurs de l'humanité.

XXVII

1. *Dictée de principes avec les pourquoi de syntaxe.* Une fleur passagère dans une rue passante. J'ai mangé cette frangipane avec une faim valle. Ce chat d'Angora a joué avec le pied de roi, le fil d'archal et la filoselle. Homme ombrageux dans un bois ombreux. Objet fragile payé sur le casuel. Existence oisive et question oiseuse Tout est consommé et consumé. Donne-le moi, ne me le donne pas, je les lui donnerai. Etes-vous la domestique? Je la suis. Etes-vous domestique? Je le suis. Ma nièce était de toutes les dames la plus affligée et c'était le moment où elle était le plus affligée.

2. *Dictée d'usage.* Habillement, habitude, hachis, hallebarde, hamac, hameçon, hanneton, harangue, harasser, harceler, harnais, des hauts-de-chausse, hebdomadaire, héliotrope, hémisphère, hémicycle, hémistiche, hémorrhagie, hémorrhoïde, hennissement, hérésie, héroïne, hétérogène, hibou, hiérarchie, historiographe, holocauste, homicide, homogène, honneur, honorer, honorable, horizon, horrible, housse, huguenot, huissier, hydrogène, hydrophobe, hygiène, hyperbole, hypothèque, hypothèse.

3. *Dictée d'homonymes.* Lycée collége, lissé adjectif. loque haillon, loch mesure marine, looch boisson. lûtes-vous de lire, l'eûtes-vous d'avoir, lut terre grasse, luth lyre. loue verbe, loup animal. un lieu et une lieue. un mal, une malle, mâle adjectif. un marc et une mare d'eau. le martyre, supplice du martyr. le mari de Marie. marchant verbe, marchand substantif. une manne panier et les dieux mânes des tombeaux. les maux causés par les mots imprudents. mais s'il met ce mets au mois de mai. mon maître va mettre un mètre de calicot.

4. *Dictée de connaissances usuelles.* La terre effectue sa révolution autour du soleil en trois cent soixante-cinq jours six heures moins

onze minutes ; telle est l'année vraie. La lune tourne autour de la terre en vingt-neuf jours douze heures, tel est le mois vrai ; mais douze mois de vingt-neuf jours douze heures ne produisent qu'une année de trois cent cinquante-quatre jours ; les mahométans ont conservé cette année. Puis on fit tous les mois de trente jours ; les Grecs ajoutèrent cinq jours complémentaires. Jules César fit tenir compte par l'astronome égyptien Sosigène des six heures, ce qui constitua l'année bissextile tous les quatre ans, et le pape Grégoire XIII au XVIe siècle tint compte des moins onze minutes. Les Russes, chrétiens grecs, ayant en haine du catholicisme conservé le calendrier Julien, sont en retard de douze jours sur notre calendrier.

5. *Dictée philodéonique.* On croit une réforme morale impossible ; sans doute il y aura toujours des corrompus, mais la majorité pourrait être formée d'honnêtes gens et par un moyen bien simple. Au lieu de dire : je ferai comme les autres et je vivrai avec mon siècle, même dans ce qu'il a de mauvais ; faites le contraire, réformez-vous. Que cette réforme individuelle commence par le père et la mère ; ils ne sont plus dans l'âge des passions et ils ont intérêt à voir leurs enfants ne pas les attrister et les déshonorer par leurs vices. Quand l'enfant sera entre un père et une mère à idées dignes et à mœurs austères, il subira l'influence de cette bonne éducation, de ce noble contact, de même qu'il devient mauvais parce qu'il est élevé entre une mère qui n'a que des idées futiles et un père qui a le cœur servile, qui joue à la bourse, et ne songe qu'à s'enrichir et à jouir par tous les moyens, même les plus répréhensibles.

L'orthographe pratique consiste : 1° à apprendre une théorie courte, ma grammaire en quatre pages et sans abstractions ; 2° à faire l'exercice des *pourquoi* qui fait tout à la fois appliquer et écrire les règles ; 3° à faire mes dictées en cinq parties qui embrassent rapidement tout le mécanisme de la langue française et sont accompagnées de moyens faciles pour écrire les mots d'usage et les homonymes ; on doit aussi faire écrire cinq fois et répéter les mots mal écrits. Cette méthode est la seule qui m'ait réussi dans ma pratique de vingt années, surtout avec les élèves attardés et pressés.

XXVIII

Dictée de principes. Ce sont de mauvais livres que vous leur aviez laissé lire à vos filles et que vous les aviez laissées lire. Cette bête, comme nous l'avons vu dans ton cours, n'est plus telle que nous l'avions vue dans la nature. Remets-moi le nombre d'exemplaires convenu. O déplorable catastrophe qui t'es jouée de moi cette après-dînée! J'irai après dîner. Les objets dont nous avons usé et que nous avons usés, qui nous ont servi et dont nous nous sommes servis. Les mets que nous avons goûtés et dont nous avons goûté. C'était ce général et ses soldats qui passaient. Un des soldats qui passaient souffrait. Ils sont convenus, nous ont convenu et se sont convenu pendant les six heures qu'ils ont vécu ensemble.

Dictée d'usage. Un étai et j'étaye. Bédeau dans la baignoire. Concède cela à la laide qui plaide. L'os le fémur, fainéant et faisceau. Aiguillonner. Enseigne et contraigne. Léthargie et laitage. Les deux ménechmes maigres. Gangrène, porcelaine. Rétrospectif, raisiné. Janissaire, soustraire, nécessaire, amer, austère, mercière. Sénat et saigna. Cesse et caisse. Niaise et diocèse. Accroc et académie. Occasion et oculiste. Eclaircissement à l'ecclésiastique. Trictrac et zodiaque. Bloc et phoque. Canif et calife. Suspect, succint. (Ces dictées étant l'application de ma nouvelle grammaire d'usage, l'on pourra se rendre raison de chaque faute que l'on fera.)

Dictée d'homonymes. Marché substantif et marcher verbe. Un mail et une maille. M'as-tu vu sur le mât. La mère du maire dans la mer. Meurs pour tes mœurs. Mante vêtement et menthe aromate. Je mis de la mie à la mi-août. Ils mirent de la myrrhe. C'est mon mois à moi. Le mont qu'ils m'ont indiqué. La moue, tu mouds, du mou de veau et du moût de vin. La mort le mors d'un cheval, mord verbe, un maure d'Afrique. Vous mîtes une mite sur le mythe.

Dictée de connaissances usuelles. Les moustaches étaient en usage chez les Francs lors de l'invasion de la Gaule; cet usage se perdit au IXe siècle et reparut avec les croisades. Presque abandonnée vers la fin du XIVe siècle, la moustache reparut sous François Ier et fut à la mode jusque sous Louis XIV; elle devint alors l'apanage de l'armée et le privilége des grenadiers. La république concéda à toute l'armée le droit de la porter; la restauration ne la permit qu'aux officiers, la révolution de juillet la rendit aux soldats. Jean de Castro, général portugais dans les Indes, se trouvant avoir besoin d'argent, coupa une de ses moustaches et envoya demander aux habitants de Goa vingt mille pistoles sur ce gage; elles furent prêtées et plus tard Jean de Castro retira ce gage avec honneur. Une touffe de poils sur la figure n'a rien de gracieux ni de propre, et ce qu'il y a de mieux en fait de moustache et de barbe c'est de ne pas en avoir.

Dictée philodéonique. L'homme de conscience et d'érudition se trouve en butte aux dépréciations et aux calomnies de tous ceux qui ne pouvant ni le comprendre ni s'élever jusqu'à lui, s'efforcent de l'abaisser jusqu'à eux. Éclairons-nous mutuellement, mais en usant d'une réciprocité de sentiments loyaux et bienveillants. Les enfants surtout ne devraient jamais se laisser aller à ces dénigrements irréfléchis, à ces petitesses de cœur et d'esprit, car l'ignorance et l'inexpérience naturelles à leur âge ne leur permettent de juger sérieusement ni les hommes ni les choses. Puis qui sait si l'un deux n'aura pas un jour des idées de dévouement et d'avenir ? Que sera-t-il en droit de dire quand il se verra assailli de tous côtés par les méchancetés de la médiocrité malhonnête, par ces tourbillons d'indifférence, d'inquiétude et de calomnies au sein desquels se flétrissent et avortent tant de germes heureux, s'abattent et se brisent tant de cœurs généreux qui auraient pu faire le bonheur de ceux-là mêmes qui les ont découragés.

XXIX

Dictée de principes. Fais le moins de fautes possible dans la dictée sur les aras dont on admirait les couleurs bleu clair, jaune d'or et nuancées. Nous avons ramassé dans ces granges tout aérées et toutes bien disposées, les orges clair semées qui nous avaient coûté cher ; ces cent francs elles nous les avaient toujours coûtés. Quels que soient les appuis-main dont se sont servis les boute-en-train auxquels tu as accordé tes blanc-seings et tes sauf-conduits, nous sommes convenus qu'ils n'auraient pas suffi si je ne concourais au résultat auquel tu concourras toi-même. Ceux que tu as aperçus tués je les avais vu tuer.

Dictée d'usage. Ambigu, amphithéâtre, antécédent, antipathique. Angoisse et engelure. Enferrer, ambitionner. Bandeau, chansonnier, stance et existence. Flanque, revanche et revenge. Irrésistiblement, diamant. Drogman, caïman. Condescendre. Effervescent, reconnaissant. Des vermisseaux, des noyaux, un sarrau. Obérer, auberge, bœuf en daube. Occulte, aucune, ébauche. Odéon, audience, émeraude, augmentation, ogive. Casserole, épaule. Onéreux, aune. Opération, auparavant. Orifice, auréole. Apothéose, clause. Compote, aréonaute, authentique. Alcôve, auvent.

Dictée d'homonymes. Nez substantif, je nais ici, et je n'ai rien. Nie verbe, nid substantif, ni conjonction, n'y formé de deux mots. Non négation, n'ont verbe et nom substantif. Noie verbe et noix substantif. Nourrice substantif et nourrisse verbe. Noyé homme, noyer arbre et il se noyait. Nui participe et nuit substantif. Or substantif et hors préposition. Oubli fâcheux et oublie sucrée. Un hôte et une hotte, haute adjectif, ôte verbe. Où adverbe de lieu, une houe et du houx. Ouï participe, ouïe substantif, oui affirmation.

Dictée de connaissances usuelles. L'Amérique porte aussi le nom de grandes Indes occidentales et les Indiens Ioways qui, sous Louis-Philippe, se montrèrent à la salle Valentino, venaient du Haut-Missouri près des monts Rocheux. Le chef de cette tribu de deux mille Indiens portait un nom qui signifiait le nuage blanc ; sa femme s'appelait le pigeon qui se rengorge et sa petite fille de deux ans Tapatami ou la sagesse. Le nouveau-né des Ioways est attaché sur le dos de sa mère qui le porte partout ainsi, soit qu'elle travaille, voyage ou monte à cheval ; ce berceau formé d'une planche avec des bandelettes tient à la portée de l'enfant des joujoux qui distraient le papoose et permettent à sa mère de moins s'occuper de lui. Le chef de guerre de la tribu s'appelle la pluie qui marche ; le grand médecin sorcier de la tribu se nomme les pieds ampoulés ; c'est un oracle que consultent les Indiens dans toutes les circonstances et à qui ils attribuent un pouvoir surnaturel.

Dictée philodéonique. L'enfant paresseux est un être dégradé qui n'a ni cœur ni raison ; c'est un être sans religion, car il se joue de la loi de Dieu qui impose le travail non-seulement comme un devoir, mais aussi comme le plus grand élément d'ordre et de bien-être. C'est un être sans piété filiale car il fait, perdre à ses parents le fruit de leurs sacrifices et leur prouve qu'il ne les aime pas en ne faisant rien pour eux et en leur causant des inquiétudes et des chagrins continuels. C'est un être sans raison, car le simple bon sens devrait lui dire que l'instruction est dans son intérêt même pour trois motifs : comme ressource d'existence, comme moyen d'éviter des froissements d'amour-propre et de trouver des plaisirs plus vifs en les comprenant ; enfin parce que là où le travail n'est pas, est l'oisiveté la mère de tous vices.

XXX

Dictée de principes. Les impressions de l'éducation sont comme les lettres qu'on grave sur l'écorce des arbres et qui croissent et se fortifient comme eux. Les chouettes ont vécu dix ou douze jours dans les volières où on les avait renfermées, mais elles ont refusé toute nourriture et ont péri d'inanition au bout de ce temps, quels qu'aient pu être les moyens auxquels ont recouru les naturalistes. C'étaient des hétairies, associations secrètes qui s'étaient formées pour affranchir les Grecs du joug musulman ; la première idée en a été attribuée au poëte Rhigas qui mourut en mil sept cent quatre vingt dix-huit. Puissé-je et pourrai-je. Abstiens-toi et s'en abstient-on. Je crois qu'il s'exposa plus que je ne voudrais qu'il s'exposât.

Dictée d'usage. Un essieu, une queue, des yeux bleus. Seuil et cercueil. Torpeur et beurre. Indéchiffrable. Enclin, vain, serein. Inhérent. Innombrable. Cylindre, atteindre, plaindre. Dérisoire, réfectoire, comptoir, arrosoir. Ragoût, hibou, bajoue, courroux, des filous et des joujoux. Une cour, un cours et de la bourre, velours. Badigeon. Emprunt. Prompt. Négociation, impulsion, inversion, démission, confession, percussion, persécution, complexion, fluxion, suspicion. Aristocratie.

Dictée d'homonymes. Un pâté et une pâtée. Un parc et une parque. Je pare le coup et je pars pour aller chercher ma part. Pari, substantif, et parie, verbe. Paon oiseau, pan d'habit et pend verbe. Palais habitation et l'autre palet. Une patte et la pâte cuite. Un Pater et une patère. Parquet, substantif, et il parquait, verbe. Pain à manger, pin arbre et il peint. Un parti, une partie et je partis. Un pavé et je pavais. Parent substantif et parant verbe. Paie-moi en paix. Paresse substantif et paraisse verbe.

Dictée de connaissances usuelles. Les Ioways croient à un dieu qu'ils appellent le Grand-Esprit, à un bon et à un mauvais principe et à une vie future. Ils se rasent toute la tête et ne laissent qu'une petite touffe qu'ils appellent scalp ; ils y attachent une magnifique crête, faite de crins de daim et de cheval et teinte en rouge ; du centre de cette crête s'élance une plume d'aigle peinte en rouge comme signe de guerre, en blanc comme signe de paix ; le front est peint en blanc, le visage en rocou, avec l'empreinte jaune d'une main. Ces peuples nomades vivent sous des wigwams ou tentes de peau de buffle coloriée. Leur vie se passe dans les jeux, la danse au tambour, la guerre, la chasse au buffle et à l'ours. Leur amusement favori est le jeu de balles ; ils se réunissent trois ou quatre cents dans une prairie, se partagent en deux camps, et pendant quinze heures consécutives, ils lancent avec des raquetttes des balles grosses comme les deux poings. Ce sont ici les hommes qui imitent dans leurs chants les cris des animaux, aigles, buffles, ours et autres aussi peu musiciens.

Dictée philodéonique. Le courage civil est le vrai courage ; il est fort au-dessus du courage militaire ; ce dernier est pour ainsi dire forcé. Quand on est sur un champ de bataille, il faut défendre sa vie, puis l'égoïsme donne une excitation au courage militaire en offrant l'appât de l'avancement et de la gloire. Le courage civil consiste au contraire à sacrifier son intérêt personnel et son avenir à sa conscience et à ses principes. L'égoïsme est le mobile du courage militaire ; le courage civil au contraire, c'est le sacrifice de l'égoïsme ; aussi, n'y a-t-il que les âmes fortement et noblement trempées qui aient ce vrai courage, et qui consentent à compromettre leur position ou à être brisées par la calomnie pour ne pas forfaire à leurs principes et à leur conscience. Seulement, trop de gens consentent au mal qui pourraient s'y refuser ; l'élève auquel son camarade conseille le mal pourrait et devrait l'en détourner et s'y refuser. Que d'idées fausses on transmet et qu'on pourrait ne pas donner ! Que de mal on fait, on tolère ou l'on excuse, et qu'on devrait flétrir et qu'on pourrait empêcher en ne s'en faisant point en quelque sorte le complice !

XXXI

Dictée de principes. Qu'était-ce que ces cheveux châtain-clair dont on avait composé une bague pour ta grand'maman ? C'étaient des Nérons et des Caligulas que ces empereurs dont nous avaient entretenus nos professeurs ; c'était des Néron et des Caligula dont nos instituteurs nous avaient parlé. Passé huit heures et huit heures passées. Quelque indolents que soient tes amis, tes parents même, je les secourrai comme en toute autre circonstance tout imprévue et toute hérissée d'écueils. Te remues-tu ? Remue-toi. Des partisans, va en gagner, quels que puissent être les quelques obstacles qu'on t'a suscités.

Dictée d'usage. Catilina en lutte contre le magistrat. Un compas, aberration, abbé, rabbin et sabbat. Cerneau, citrouille. Découvrir. Concession. Concile, exil et fossile. Académicien, Capétien. Un caprice, une ambassadrice. Efficace, précoce. Cette personne grosse est lasse. Dissonnance, danse, ganse et transe. Récompense immense. Il évince cette personne qui lui annonce du trouble dans la province. Bourse et ressource. Cet échanson menaça le maçon qui s'aperçut de la leçon.

Dictée d'homonymes. Pense à panser le cheval. Mon père le pair de France perd sa paire de gants. Un pène et une peine. Il peut un peu ce que tu peux. Police substantif et polisse de polir. Plantation substantif et plantassions verbe. Le pieu de l'homme pieux. Tu piques ta pique sur le pic. Pic substantif, pis adverbe. Pinte substantif, peinte adjectif. Pose verbe, pause repos. Une pore, un port abri et l'autre porc. Point négation et poing substantif. Poil frisé et poêle à frire. Une pomme dans la paume de la main, Une peau et un pot.

Dictée de connaissances usuelles. Le cothurne était une sorte de chaussure à semelles de liége très-hautes, dont se servaient dans l'ancienne Grèce, les acteurs tragiques, pour paraître de plus belle taille, et pour mieux approcher des héros dont ils jouaient le rôle. Cette chaussure était quadrangulaire par le bas et tenait à une espèce de bottine qui s'attachait sur la jambe à l'instar du brodequin. Ce dernier était plus léger, à semelles plus plates, et destiné aux acteurs comiques. On dit, au figuré, chausser le cothurne pour faire ou jouer des tragédies.

Dictée philodéonique. J.-B. Say, dans son traité d'économie politique, a écrit cette sage pensée : ce sont les sots qui disent que la jeunesse est faite pour qu'on s'amuse. Le jeune âge est fait pour qu'on y prenne de bonnes habitudes, qui puissent être utiles pendant le reste de la vie. C'est à cela qu'il convient de songer avant tout, d'autant plus que le bonheur n'est point incompatible avec le bon emploi de la jeunesse ; bien au contraire, les jeunes gens dont la vie est un mélange d'occupations et de plaisirs simples ont, en somme, plus de jouissances que les jeunes gens les plus dissipés. C'est la vie simple, ce sont les occupations utiles qui font goûter les moindres délassements, tandis que la vie de dissipation n'est qu'une broderie sur un fond d'ennui.

XXXII

Dictée de principes. Il faut que j'accoure à ton appel et que nous déblayions ces terrains tout difficiles. Ta marraine s'est sentie troublée en ta présence, à toi, qui ne l'apprécies pas assez. Où va-t-on ? Va-t'en. Par ce que j'entreprends, et quoi que tu dises, je n'échouerai pas. Plutôt t'y prendre plus tôt. Quant à nous, quand à huit heures et demie, nous nous sommes donné rendez-vous, nous n'avons pas pensé qu'on irait s'embarrasser dans des abstractions métaphysiques tout inextricables. Près de partir, je ne suis pas prêt à partir.

Dictée d'usage. Adhésion et addition. Dictée sur l'affabilité et la pitié. Serrurier de l'avoué. Malgré ce progrès, j'ai un regret. Un décès. Affinité, efficace, offertoire. Une nèfle, réfraction, profusion, simplifier. Pontife, incisif. Agglomération, suggestion. Litige, déluge. Opinion du Bourguignon. Réponse ambiguë. Habilèté, homogène, humilité, hexaméron, hécatombe, hectolitre, hémicycle, héliotrope, hydrogène, hyperbole, hypothèse, hippodrome, chronomètre, christianisme, philodéonie, physiologie, phosphate, amphibologie. Cénotaphe, carafe. Limitrophe étoffe. Rhubarbe, rhinocéros, Théophile, philanthrope. Orthodoxe, thermolampe, lithographe, thésauriser.

Dictée d'homonymes. Un poids, des petits pois et de la poix. Il plaçait le placet. Il pousse avec le pouce. Un pou sur mon pouls. Puce substantif, et pusse verbe. Je puis et un puits. Plutôt, se réunir plus tôt. Plaie substantif et il plaît verbe. Prix substantif, prie indicatif et pris passé défini. Près de, prêt à, et un pré fleuri qui exige un prêt. Mon plan sur ce plant germé. Plaine substantif, pleine substantif, plein adjectif, je plains verbe. Tu plies ce pli sur la plie. Il a plu un peu plus. Je piquais avec ce piquet.

Dictée de connaissances usuelles. Les dieux portèrent d'abord seuls des couronnes ; puis les rois se dirent dieux, sans se donner la peine de ressembler aux dieux, et prirent la couronne. Charlemagne, proclamé empereur, adopta la couronne fermée des anciens souverains de Rome et de l'Orient. Les cinq couronnes d'écussons varient selon les divers degrés de noblesse : la couronne de duc est toute de fleurons, à feuilles d'ache ou de persil ; la couronne de marquis est formée de fleurons et de perles mêlés alternativement ; celle de comte de perles sur un cercle d'or ; celle de vicomte est formée d'un cercle avec neuf perles entassées de trois en trois ; celle de baron est en forme de bonnet avec un collier de perles en bandes.

Dictée philodéonique. La femme qui affecte de dédaigner la science et de dire qu'elle n'a pas besoin d'instruction, ne sent-elle pas qu'elle serait moins exploitée, si elle était moins ignorante; moins délaissée si elle savait comprendre son mari et le retenir, en lui faisant aimer son intérieur, moins malheureuse en ayant une distraction et un consolateur dans ses peines et dans son isolement? On ne la verrait plus se montrer toujours le plus grand obstacle aux progrès et aux réformes; on ne la verrait plus empêcher son mari et ses enfants d'avoir des sentiments d'indépendance et de dignité; cela les compromettrait, dit-elle; traduisez, cela compromettrait ses habitudes à elle, de luxe et de coquetterie. La femme doit être autre chose qu'une poupée qui s'habille, babille et se déshabille. La femme a droit comme l'homme à la lumière et aux jouissances intellectuelles; elle doit avoir tous les droits compatibles avec la mission providentielle dans la famille; on peut être une excellente mère de famille et une femme éclairée.

XXXIII

Dictée de principes. Les personnes auxquelles vous aviez été unis ont déménagé, elles se sont plaintes des airs d'orgueil que vous vous étiez donnés à l'égard des gens que vous avez vu opprimer pendant les jours tout mauvais qu'il y a eu. Nous nous sommes assemblés et convenu, et nous avons obtenu tous les sacrifices que nous avons voulu, relativement aux travaux que vous aviez su que j'avais faits; votre sœur a plus obtenu de moi qu'elle ne l'avait pensé, malgré le peu d'affection qu'elle m'avait accordé. Des soupçons nous en avons eu comme cela arrive toujours quand on est séparé. Ces intrigants, intriguant pour cette sinécure, se sont querellés, et les désordres allèrent toujours croissant.

Dictée d'usage. Un cadi juge, un lambris, samedi, mythologie, fusil. Jagellon et ses sujets. Kiosque, kremlin, kilogramme, corail, stalle, éléphant, ellébore, chanterelle Codicile, vaudeville, tuile, torpille, camisole, corolle. Accule, tulle, fenouil, fouille. Améthyste, ammoniac. Entame, anagramme, enflamme. Anathème, parenchyme, rhume. Astronome, gomme. Artisane et paysanne. Antienne, Athènes. Trône, déraisonne, intestine, rancune.

Dictée d'homonymes. Poli adjectif, et je polis. Il a péché sous le pêcher. Un parc et une parque. Une pelle et je pèle Prévôt substantif, et il prévaut verbe. Le Pyrée temple, et le Pirée port. Tu railles ces rails. Une raie, un ré de violon. Un rez-de-chaussée, des rets filets et des rais de soleil. Cet homme raisonne, et ce violon résonne. Roc substantif, et rauque adjectif. Rend verbe, en rang et le ranz chant suisse. Une reine, un renne, et les rênes d'un Etat. Récent adjectif, et je ressens verbe.

Dictée de connaissances usuelles. Les couleurs primitives de la peinture, sont: le blanc, le jaune, le rouge, le bleu et le noir. Le blanc se fait avec la craie et la céruse; le jaune avec les ocres et la gomme gutte; le rouge avec le carmin, le cinabre et les laques; les bleus avec le bleu de Prusse, l'indigo et le cobalt; le noir avec le noir d'ivoire de liége, de charbon et de fumée. Avec ces couleurs primitives et par les mélanges, on obtient les orangés, les verts, les violets et les bruns. On broie les couleurs sous la molette et sur une table dure, en les détrempant avec une eau douce ; puis on les fait bien sécher, ou on les délaie dans de l'huile de noix, et on les conserve dans de petits morceaux de vessie de cochon soigneusement ficelés par le haut.

Dictée philodéonique. Chaque siècle n'est pas un progrès sur celui qui précède : le siècle d'Alexandre n'est pas un progrès sur celui de Périclès ; l'empire romain n'est pas un progrès sur la république romaine ; le moyen âge n'est pas un progrès sur les civilisations des républiques grecque et romaine ; en Grèce et à Rome, tous les citoyens étaient libres, et la science brillait d'un éclat étincelant. Les esclaves formaient une population exceptionnelle ; c'étaient les prisonniers de guerre qu'on occupait aux travaux domestiques, industriels et agricoles. Le moyen âge rendit tout le monde esclave ou serf, ce qui est à peu près la même chose ; il rendit chaque homme la propriété taillable et corvéable à merci d'un seigneur féodal ; il annihila l'homme, éteignit la lumière et supprima pour l'humanité les droits qui font sa vie intellectuelle et digne. Mais nier le progrès, c'est-à-dire l'amélioration possible, mais soutenir que la corruption, l'ignorance et le paupérisme du plus grand nombre sont une volonté de Dieu, c'est blasphémer. Changez les institutions et l'éducation, et vous changerez l'homme.

XXXIV

Dictée de principes. Les mines de diamants de Golconde on les a dites prétendues. Les cent portes de ce temple ont frémi sur leurs gonds. Ces Brahmines se sont dit, entre quatre yeux, des mots tout compromettants, quelles qu'aient pu être les interventions pour les en dissuader. Des prélats ont donné des gonfalons ou bannières d'église, à des séculiers, à la condition que ceux-ci défendraient les abbayes ; les chefs de quelques républiques italiennes se sont appelés gonfaloniers. Acquerrais-tu ce que j'acquérais hier. Ta filleule vainc-t-elle les répugnances auxquelles elle s'était laissée aller bien imprudemment.

Dictée d'usage. L'in-quarto, l'allégro et un zéro. Dispos, escargot, entrepôt, aussitôt. Œillet, œcuménique, œsophage. Bœuf, nœud. Appartenir, apercevoir. Attrape, nappe, grappe, échappe, Participe, grippe. Un trope, enveloppe, Quinquagésime, Quinte, quolibet, quotient, quadrilatère. Acquitter, arroser, aromatiser. Circonscrire, pléthore, aventure, j'abhorre. Œil un vœu. S'apitoyer. Jalap, cep de vigne, huppe, quasi-légitimité.

Dictée d'homonymes. Rat substantif, ras adjectif. Ris impératif, riz sucré et les rits de l'église. Un rob et une robe. Une rime et un rhythme. Roi souverain, roué coquin, et rouet machine. Je rôtis ce rôti et cette rôtie. La roue en bois roux. Rond adjectif, et je romps. Le repère tracé sur le repaire du loup. Que sales-tu de sale dans la salle. Sans préposition, s'en en deux mots, cent nombre, sang humain, sens commun, cens à payer. Sain de corps et saint devant Dieu, ceint d'une corde, cinq nombre, sein de la poitrine et seing signature. Savon, et nous savons.

Dictée de connaissances usuelles. Les crayons ont été longtemps faits de plombagine, et comme le comté de Cumberland fournit la meilleure qualité de cette matière, les Anglais ont conservé leur supériorité jusqu'à ce qu'un Français appelé Conté, eut l'idée des crayons artificiels, mélange d'argile avec du graphite réduit en poudre et calciné. Les crayons noirs employés pour le dessin se font avec du noir de fumée et deux tiers d'argile; les rouges avec de la sanguine ou fer oxydé hématite; les blancs avec de la craie et en colorant celle-ci diversement, on obtient les crayons appelés pastels.

Dictée philodéonique. La philosophie a ce grand et beau cachet, c'est qu'elle est éternelle et qu'elle survit à toutes les vicissitudes humaines; c'est elle qui, dans tous les temps et chez tous les peuples a produit presque tous les esprits d'élite; elle qui a mis en avant toutes les idées de progrès et combattu tous les abus. Quand on voit un progrès se réaliser, c'est elle qui en donne l'idée et le propage; quand on voit un abus, c'est elle qui le démasque et le combat; quand on voit une révolution libérale s'accomplir, c'est elle qui la fait. On a beau la bâillonner, la proscrire, la livrer aux supplices, elle reparaît toujours comme une idée divine, comme le rayon de la perfection possible de l'âme. La philosophie, c'est-à-dire la culture et l'indépendance de l'esprit, l'austérité et la dignité du cœur, l'amour de Dieu dans le culte du vrai, du beau et du bien pour eux-mêmes, voilà donc le but où chaque homme doit tendre; voilà le progrès possible pour l'humanité; c'est donc elle qui est appelée à devenir le centre de fusion universelle, à mesure que les hommes s'éclaireront et prendront des sentiments de dignité.

XXXV

Dictée de principes. Que conclus-tu? N'exclura-t-on personne? Quelles qu'aient pu être les angoisses que tu as éprouvées et dont tu as ressenti les contre-coups, je les ai partagées, je les partage, je les partagerai demain et je les partagerais encore plus si tu sympathisais avec toute idée tout utile. Hier je m'offris et les partageai et je les partageais encore quand s'est présentée la commission. Je crois que ton associé les partagea, et je voudrais qu'il les partageât toujours. On les partageait et on les a toujours partagées tes peines.

Dictée d'usage. Semence, cerise, cour d'assises. Essentiellement. Ossifier, le hussite. Acide. Désintéresse ma nièce. Convalescent, scission, scélératesse, ascension, fascination, susceptible, descendre, faisceau, viscère. Attiser, atlas, athéisme, acariâtre, combattre. Chaufferette, épithète, enquête. S'entremettre, disparaître. Illicite, acquitté. Redingote, culotte. Recrute, hutte. Impromptu, diffus, rebut, reflux, grue et glu, Wigh, whist.

Dictée d'homonymes. Ces gens s'aiment bien et sèment du blé. Cerf animal et serf homme. Du céleri dans la sellerie. Serin substantif, serein adjectif. Cèle cacher, scelle signer, du sel, une selle. Un seau d'eau, un saut sur la corde, les sceaux de l'Etat, sot adjectif. Cellier meuble, sellier homme. Deux serres qui me serrent et dont je me sers. Sept nombre, cet article démonstratif, c'est devant un nom singulier, s'est devant un verbe, une saie, il sait cela. La cession du territoire pendant la session des chambres. Séant substantif, céans adverbe, scène de comédie, cène de Jésus-Christ, saine adjectif, Seine rivière. Il scellait les scellés.

Dictée de connaissances usuelles. En musique les timbales et les cymbales ne sont pas le même instrument. Les timbales sont des tambours larges et bas que l'on frappe avec deux baguettes. Les cymbales sont des disques métalliques qui ont à leur centre une petite cavité garnie de courroies dans lesquelles on passe la main pour frapper l'une contre l'autre les surfaces intérieures des deux disques. Les cymbales des anciens consistaient en deux moitiés d'une petite sphère creuse de métal, pourvue d'un manche et que l'exécutant frappait du côté de la cavité.

Dictée philodéonique. L'homme est ce que le font la nature et les circonstances ; l'homme a une bonne ou une mauvaise nature ; celui qui en a une bonne fait presque toujours le bien, celui qui en a une mauvaise, presque toujours le mal. De deux sœurs et frères élevés avec les mêmes soins et dans les mêmes centres d'existence, l'un est bon, l'autre est mauvais. On parle à l'enfant au nom de Dieu, de ses parents et des devoirs les plus sacrés, il ne vous écoute pas ; la morale l'ennuie et le trouve insensible; il fait sa première communion ou accomplit tout autre usage religieux; cela ne fait rien, il ne change pas, il est après, aussi paresseux, aussi égoïste, aussi vicieux et aussi ingrat. Devenu homme c'est toujours le même être égoïste et envieux, indifférent au bien et aux idées généreuses, qui ne voit que lui, qui ne cherche qu'à jouir et à grandir par tous les moyens même les plus illicites. Pour combattre un si grand mal il ne faut rien moins que l'ensemble philodéonique, *philos* ami, *déon* devoir, des quatre conditions que nous exposerons dans la dictée suivante.

XXXVI

Dictée de principes. S'habituera-t-on aux concessions quelles qu'elles soient qu'avait recommandées feu ma marraine et auxquelles il faut que nous nous habituions. Hier je haïs, aujourd'hui je ne hais plus. Dans la chasse au courre la fanfare du hallali a retenti sur le chemin de halage quand la pauvre chevrette s'est rendue. Ces hachichs tout enivrants on les extrait et on les a extraits des préparations que tu as vu composer avec du chanvre, du beurre et du sucre. L'ivresse que causent ces philtres orientaux vous livre à une demi-folie tout extatique et toute délicieuse dans laquelle l'imagination est captivée par les illusions les plus fantastiques.

Dictée d'usage. Surexciter, exonérer. Perdrix, choix, noix. Des verrous et les cailloux. Etayer. Cygne, cylindre, cyprès. Dynastie, dyssenterie. Gymnase, gypse. Hydrofuge, hyperboréen, hippopotame. Lymphe, lynx. Myriamètre, myrte, mystère, nymphe. Pyrotechnie, pythonisse. Symphonie, synchronisme. Syndic, synonyme, synthèse, syzygie. Tympan, typographie. Amazone. Bizarre. Lézard, pain azyme, bazar, luzerne, zinc, onzième. Muezzin.

Dictée d'homonymes. Il est censé sensé. Un semis de plans semi-doubles. Cycle période, sicle monnaie. Le signe sur la tête du cygne. Un sire et une cire. Si conjonction, s'y en deux mots, scie substantif. Site substantif, cite verbe. Soit verbe, soi pronom, soie substantif. Les sons sont sortis de son instrument. Une sole, un sol fangeux et un saule arbre. Un sonnet et un soufflet, il sonnait et il soufflait. Je sors, le sort et un hareng saur. Un soc de charrue et un socque chaussure. Soufre substantif et souffre verbe. Souci substantif et soucie verbe. Souris animal et souri participe.

Dictée d'usage. Magistrat au sabbat. Civet. Batracien. Conductrice. Perspicace. Révérence. Colimaçon. Edredon. Antiquité. Courrier. Avoué. Congrès. Affirmation. Efficacité. Profitable. Un if. Arpége. Lumignon. Ciguë. Habitude, Humecter. Hexagone. Hémisphère. Hydraulique. Hyperbole. Chronique. Bibliophile. Physicien. Amphibie. Epitaphe. Une thèse sur l'orthopédie. Un compromis. Kermès. Les lupercales aux cynocéphales. Ellipse. Cette semoule se mouille. Centigramme. Exhume. Atome. Sarbacane dans une canne pour tirer sur un carré. Etrenne d'une alène. Consonne. In-folio. Tricot. Œillet Un nœud. Appréhender et s'apitoyer. Arrimer. Oreiller. Atterrissement. Epithète. Admettre et paraître. Cytise. Gynécée. Myope. Pygmée. Syllabe. Un lazzi sur le czar.

Dictée d'homonymes. Le terme du palais des Thermes. Tord verbe, un tort grave, un tore de colonne et tors adjectif. Un tribut et une tribu. La livre tournois pour un tournoi. Je me tus passé-défini, et je me tue indicatif-présent, je t'eus vu. Vante verbe, vente substantif. Veau substantif, vaut verbe, et tout va à vau l'eau. Vends impératif, vent du nord et vau à blé. Ver insecte, verre à boire, vers préposition ou poésie, vert adjectif. Vingt nombre, vin substantif, vaincs impératif, il vint passé-défini. Un vice, une vis et visse subjonctif. Un vœu et il veut. Le verseau dessiné sur le verso du livre. Je vois, une voie de bois et la voix humaine. Voir et voire. Il vernit avec du vernis.

Dictée de connaissances usuelles. Les crétins ou idiots se reconnaissent surtout au goître qui pend à leur cou. Leur regard est stupide, leur peau terreuse, leur langue épaisse se montre entre deux lèvres béantes et muettes qui n'articulent que des glapissements ; les crétins manquent de ce qu'on appelle l'instinct ou âme des animaux, et ne savent même pas porter les aliments à leur bouche. Ils donnent à penser que l'intelligence est le résultat, et dépend de l'organisation physique. On rencontre les crétins dans les vallées profondes et basses des Alpes, des Pyrénées et des monts d'Auvergne, surtout dans les terrains calcaires, et l'on a conclu que les eaux crues, séléniteuses et privées d'iode contribuaient au développement du goître, partant du crétinisme. Ne continuez plus de faire tout ce que vous pouvez pour devenir des crétins.

Dictée philodéonique. Un principe ne se scinde pas, c'est une unité ou ce n'est rien. Le principe de la liberté c'est dans la sphère morale, la philosophie, la dignité d'arriver au devoir par soi-même, le culte du vrai, du beau et du bien, avec une entière liberté d'examen. C'est dans la sphère politique, l'homme citoyen existant et se gouvernant par lui-même et par des lois égales pour tous, affranchi de toutes les institutions éléments ordinaires du despotisme, jouissant de tous ses droits sans pouvoir porter atteinte à la liberté d'autrui ; c'est dans la sphère sociale, chacun vivant par le travail, toutes les industries libres sans lois ni droits prohibitifs et sans monopole pour personne, l'Etat simple surveillant, ne faisant rien par lui-même, et n'intervenant que quand il est appelé ou quand il y a délit. On devrait soumettre tout homme qui ambitionne une fonction à cette enquête et interrogatoire publics : est-ce un homme de devoir, de principes, de travail et d'instruction ?

POISSY. — TYPOGRAPHIE ARBIEU.

ENSEIGNEMENT BUESSARD

MNÉMOTECHNIE NATURELLE.

Langue Anglaise.

La Grammaire sans abstractions et réduite à quelques formules faciles.

Tableau mnémotechnique établi sur le modèle de celui des principes de ma grammaire française; puis mettre chaque question sur un petit papier et les tirer à chaque leçon.

TABLEAU MNÉMOTECHNIQUE DE LA PRONONCIATION

VOYELLES.

A prononciation générale *é* — *A* suivi d'un R ou de L et consonne ; monosyllabes sans E ; après W — *al* et *ar* pr. eul et eur; *ant* pr. ante.

E prononciation générale *è* — sourd à la fin des mots comme en français. *i* dans les pluriels et troisièmes personnes ; à la fin des monosyllabes, des dérivés des langues anciennes, dans le son *be* et dans la pénultième des mots terminés en E muet. Jamais d'accent sur les E.

I prononciation générale *i* — *aï* dans les monosyllabes par E seul ou par E précédé d'une consonne; devant LD, ND, GH; et dans le son ISE.

O prononciation générale *o* — *ou* dans les cinq: behoves, lose, move, prove, tomb; *one* pr. ouane; *on* pr. eune.

U prononciation générale *eu* — *iou* suivi d'une consonne et d'un E muet et formant seul la syllabe — mots anciens en UM et en US les mêmes.

Y prononciation générale *aï* — *è* à la fin des substantifs, adjectifs, adverbes et dans peu de verbes — *i* au commencement des mots suivi d'une voyelle et dans quelques mots techniques.

CONSONNES.

Toutes les consonnes se prononcent à la fin des mots.

B prononciation française — muet devant T et après M; rayez-le.

C prononciation française — muet dans ECT et ICT — *ce*, *ci* suivi d'une voyelle pr. che chi — *ch* pr. tche excepté dans les dérivés des langues étrangères — *sch* pr. sque.

D prononciation française — muet dans ND — *ed* pr. DE en rendant l'E presque muet.

F prononciation française — préposition *of* pr. ove.

G prononciation française — *gi* et *ge* au commencement des morts pr. dge, dgi excepté dans GIL, GIR, GIVE et BEG BIG — *gh* au commencement H nul, à la fin GH nul — *augh*, *ough* pr. af et of — *gm* et *gn* au commencement et à la fin G nul; au milieu G se prononce — *gu* pr. gou — *ing* pr. ine.

J prononciation *dje*.

K prononciation française — nul devant N au commencement des mots.

N prononciation française — nul à la fin des mots après M — *an* pr. ANE — *en* au commencement des mots ÈNE, à la fin NE — *ence* et *ente* pr. INCE, INTE — *on* pr. EUNE.

P prononciation française — nul entre M et T et dans PS — *ph* pr. FE excepté dans SHEPH et UPHO.

QU prononciation *cou* excepté à la fin des QUER, QUOR, QUEST.

S prononciation française — pluriel et troisième personne pr. ZE — *es* final pr. se — *us* pr. EUSSE — *sh* pr. ch.

T prononciation française — *tie* et *tio* pr. CH — *th* pr. ZE en avançant légèrement le bout de la langue entre les dents; mais TH conserve sa prononciation primitive dans les dérivés des langues étrangères — *ut* pr. EUTE ; *ute* pr. IOUTE.

W prononciation *ou* — muet devant R.

DIPHTHONGUES.

ai prononciation *é* — *ain* pr. eune.

au, **aw** prononciation *a*.

ee prononciation *i* excepté dans les mots commençant par RÉÉ.

oi prononciation *oï* détachés.

oo prononciation *ou* moins dans coo qui se détache.

ou prononciation *aou* moins dans les sons OUL et OUR pr. EUL et EUR — dans *ould*, L est nul.

ow prononciation *o*, excepté dans OWN pr. AOUNE et dans COW, HOW, NOW et SOW où le w n'est pas nul.

ough prononciation *o* — of dans ENOUGH, COUGH, ROUGH, TOUGH, TROUGH.

ea prononciation *i* — *é* dans EAD, EATH, EARL, EARN,

eo prononciation *i* excepté dans les dérivés étrangers.

eu, **ew** prononciation *iou* — excepté TO SHEW pr. cho et REWARD pr. réouard.

ei prononciation française — *i* dans EIVE — détachés dans BEI et DEI — *aï* dans EY et EIGH.

ie prononciation *aï* — *i* dans les sons IEF, IEGE, IELD et IEVE.

oa prononciation *o*.

oe prononciation *o* — détachés dans COE et OEV — *œ* pr. é comme leurs racines.

ue prononciation *iou* — excepté *que* prononcé comme en français.

ui prononciation *iou* — *aï* dans gui et uy.

eau prononciation *iou*.

eous prononciation *eus*.

Voilà, dans un petit cadre facile à apprendre, la règle générale de la prononciation anglaise ; quant aux nuances et à la prononciation exacte elles ne peuvent s'acquérir qu'en vivant avec des Anglais.

Exercice de Récapitulation : petits papiers mnémotechniques portant chacun une lettre ou un son, les tirer et répondre par le tableau.

VERSIONS ET THÈMES SANS DICTIONNAIRE.

Par le vocabulaire mnémotechnique et par le guide philologique.

Mnémotechnie naturelle offrant le moyen d'apprendre et de retenir chaque mot étranger, et les formes des constructions et idiotismes,

*

procurant en quelques jours le langage usuel, et mettant à même de faire les versions et les thèmes sans dictionnaire, tout en commençant l'anglais par Shéridan. Cependant, comme dans les langues vivantes le plus pressé est de parler, voici avant de traduire Shéridan le langage usuel anglais avec ses mots, ses constructions et ses idiomes ordinaires. Le vocabulaire mnémotechnique procure non seulement le mot guide qui fait apprendre et retenir, mais encore il donne la prononciation approximative.

LE LANGAGE USUEL.

I wish you a good day or morning sir, lady, miss. Haw do you do ? The were very well the last night or evening my father, mother, brother, sister, son daughter, husband, wife, uncle, aunt, cousin, nephew, niece, godfather, godmother, stepfather, a man, a woman, a child, a vidow, the young, old boy batchelor, my relations. Haw old is he? He is forty years old. Iam surprised of it.

VERSION.

Le vocabulaire mnémotechnique des mots guides.

Souhaiter du succès au wisht — wish.
Bonne goutte — good.
Le jour passé sous un dais — day.
Ce matin il mord Nine — morning.
Ou de l'or — or.
Le monsieur de ma sœur — sir.

Madame l'aidait — lady.
Mademoiselle voudrait que je le misse — miss.
Comment et en dehors d'août — haw, out,
Faire dodo à la Mecque — do, make.
Vraiment je verrai — very.
Bien comme toi ou elle — well.
Le dernier est leste — last.
La nuit bénite — night.
La soirée d'Éveline — evening.
Mon père le grand faiseur — father.
La mère de Mozart — mother.
Mon frère le brosseur — brother.
Ma sœur veut insister — sister.
Fils, soleil et bientôt l'heure sonne — son, sun, soon.
Une fille d'auteur près de cette gueule — daughter, girl.
Mon époux ose bander cet arc — husband.
Mon épouse voit Iphigénie — wife.
Ma tante le hante — aunt.
Le Dieu de la pagode — god.
Parrain Dieu père — godfather.
Marraine Dieu mère. — godmother.
Mon beau-père va dans la steppe — stepfather. Step devant les parents représente l'adjectif beau, et seul signifie aller ou un pas.
Un homme qui en émane — a man.
Femme ou mânes — woman.
L'enfant de Rothschild — child.
Cette veuve vit d'eau — vidow.

La jeune des nuits d'Young — young.
Le vieux d'Oldembourg — old.
Ce garçon boit comme un bachelier — boy, batchelor.
Mes parents ont des relations — relations.
Quarante forté dans cette musique — forty.
L'année de sa forte ire — year.
Oncle, cousin, neveu, nièce, surpris — pas de mots guides, mots semblables : uncle, cousin, nephew, niece, surprised.

Le guide philologique de construction.

Construction anglaise. Je souhaite vous un bon jour ou matin. Comment est-ce que vous faites? Ils étaient très-bien la dernière nuit ou soir mes père, mère etc. Combien vieux est-il? Il est quarante ans vieux. Je suis surpris de cela.

Exercice des terminaisons. Comme pour la langue latine.

Observations philologiques. La préposition *à* supprimée en anglais avec le pronom vous comme parfois en français, mais le pronom régime après le verbe au lieu de l'être avant comme en français ; l'adjectif avant le substantif ; un au lieu de le ; ordinairement comme en français on supprime je vous souhaite ; do souvent simple signe de l'interrogation et placé avant le verbe comme la locution française interrogative est-ce que ? la locution française se porter rendue par être ou faire ; au lieu de, quel âge a-t-il, combien vieux est-il? et il est quarante ans vieux; année avant l'adjectif et sans la préposition de; en pour de cela et après le verbe comme régime.

THÈME.

Immédiat après la version.

Je vous souhaite le bonjour, monsieur, madame, mademoiselle, comment vous portez-vous? Ils se portaient très bien hier soir mes père mère, frère, sœur, fils, fille, époux, épouse, oncle, tante, cousin, neveu, nièce, parrain, marraine, beau frère, un homme, une femme, le jeune, vieux garçon. Quel âge a-t-il? il a quarante ans. J'en suis surpris.

Le guide philologique avec ses trois parties : la construction anglaise, l'exercice des terminaisons et les observations philologiques.

Le vocabulaire mnémotechnique en reprenant chaque mot français de la construction anglaise et en terminant par la récitation de la phrase anglaise.

Give me, send me, pray, if you please, some soop, broth, rice pepper, salt, oil, vinegar, mustard and spices — ask for, new bread, mutton, calf, pork, roastbeef, boilded meat, without bone, chik, turkey, fowl, egg, fresh flesh and the same butter — the meat is too much done ; I love or like fish better — come a little bit more — I must sell many artichokes, cabbage, colly flower, carrot, turnip, pease, bean, haricot, potatoe, sallad — every body purchase always that beer, cider, water, wine bad less, liquor, brendy — they say there is half a pound of cherries, gooseberry, shawberry, pear, apple, peache, apricot, fig, plum, grape, orange, limon, almond, filbert, nut, chesnut, large chesnut, cake, cheese and comfits — where are you going to breakfast, dine, supper, take your meal, drink your coffee tea chocolate with some milk — that sugar is good for nothing at all. Iam never hungry, dry — methinks I have eat nothing since three days.

VERSION.

Le vocabulaire mnémotechnique des mots guides.

Donner une ogive — give. Prononcez guive d'après l'indication donnée au G.

Apporter les objets qu'on scinde — send.

Prier de rester près — pray.

Quelque somme pour mon aîné — some, any.

Du bouillon sur ma brosse — broth.

Le poivre du pipeur — pepper.

Du sel de Rive-Salte — salt.

L'huile du pays de la langue d'oil — oil.

Demander un masque pour le bègue — ask, beg.

Pour et devant le fort — for, fore.

Mon nouveau biniou — new.

Du pain de la rue de Breda — bread.
Le veau du calfat dans la ville — calf et veal.
Sans rien dire, oui saute — without.
Du bouilli, viande bouillie — boilded meat.
Les os de ma bonne — bone.
Chair percée d'une flèche — flesh.
Le même que je sème — same.
Le poulet vaut mieux que la chique — chick.
Le dindon turc — turkey.
La volaille que ne mange pas la foule — fowl.
Le beurre me fait buter — butter.
Œuf aigres — egg.
Cette viande a des mites — meat.
Trop de tout — too.
Beaucoup de moches — much.
Je l'aime et semblable au laïc ou au serpent qui se love — like, love.
Ce poisson je m'en fiche — fish.
Mieux que cet embêteur — better.
Venir c'est tout comme — to come.
La petite lit-elle — little.
Le morceau que je débite — bit.
Plus mort que moi — more.
Vendre du sel et du buis — sell, buy.
Plusieurs menées — many.
Un chou dans mon cabas — cabbage.
Chou-fleur collée flenr — colly flower.
Pomme de terre ou patate — potatoe.
Les navets de celle qui tord mes nippes — turnip.
Les pois de Pise — pease.

Les fèves qu'il mange dans sa débine — bean.
Chaque ivraie — every.
Le corps ou monde des baudets — body.
Acheter de l'étoffe pour chaises — purchase.
Toujours à louer — always.
L'eau du ouateur — water.
Mauvais vin de Bade — bad.
Moins ce qu'on laisse — less.
De l'eau de vie de Brindes— brendy.
Dire à un tel ce que tu sais — tell, say.
Une livre de plumes des poules qui pondent — pound.
Cerise chérie — cherry.
Les fruits à baie du Berry — berry.
Groseille et fraise — gooseberry et strawberry ; gooseberry commence par un *g* comme groseille.
La poire est pire — peare.
Cette pomme ainsi s'appelle — apple.
Ma prune parmi ces plumes — plum.
Raisin en grappes — grape.
Citron tombé dans le limon — limon.
Ici ils errent — there.
La moitié pour Halphen — half.
Amande allemande — almond.
Les avelines de Philibert — filbert.
Les noix que vous n'eûtes pas — nut.
Châtaigne espèce de noix et marron large châtaigne — chesnut, large chesnut.
Les gâteaux de madame Kecke — cake.

ENSEIGNEMENT BUESSARD

GRAMMAIRE FRANCO-ANGLAISE

RAPIDE A APPRENDRE ET FACILITÉE PAR UNE PHILOLOGIE COMPARÉE.

Une méthode ne se juge que par ses résultats et par la compa-aison. Je fais appel aux professeurs consciencieux et les prie de aire sur deux élèves, dans des conditions à peu près égales, les rois épreuves suivantes comme grammaire, comme mots et comme ocutions. 1° Comme grammaire, faire apprendre à l'un la gram-naire qu'on voudra, à l'autre la mienne et constater lequel des eux aura appris le plus rapidement la grammaire usuelle, les erbes irréguliers, et saura le mieux la philologie comparée du node de construction des phrases dans les deux langues. 2° Comme nots, prendre cent mots parmi ceux de mes études publiées et oumis à mon moyen homophone et constater lequel des deux élè-es répondra avec le moins de confusion quand on lui demandera : omment dit-on tel mot en anglais? 3° Comme locutions, consta-er lequel des deux élèves, par exemple, saura le mieux calculer n anglais. Je me mets à la disposition des professseurs et des fa-nilles qui voudront faire une épreuve loyale de ma méthode d'an-lais ou de chacun des autres cours de mon enseignement.

L'ARTICLE.

Français, article variable.

Anglais, article *the* invariable. *A*, un; *an* devant une voyelle.)u, de la, des directs; quelque, *some*, *any*. Du, de la, des indirects, énitif, *of the*. Au aux, datif, *to the*.

Français, l'article répété devant chaque substantif.

Anglais, l'article au premier seul.

Français, toujours l'article devant les substantifs, excepté de-ant les noms propres de personnes ou de villes.

Anglais, les pays, les sciences, les arts, les métaux, les subs-ances et les passions, pris dans un sens général et indéterminé ans article.

Français, cent et mille sans article.

Anglais, avec l'article *a, a hundred, a thousand.*

Français, article devant tel et demi, un tel homme, une demi-livre.

Anglais, article *a* après tel et demi. *Such a man, half a pound.*

LE SUBSTANTIF.

Français, nombre et genre, et seulement deux genres.

Anglais, nombre, genre et cas, et trois genres : masculin, mâles; féminin, femelles, et neutre choses inanimées.

Français, pas de déclinaison avec des cas.

Anglais, une déclinaison avec six cas. Nominatif *the*, vocatif *ô!* génitif *of*, de; datif *to*, à; accusatif *the*; ablatif *from*, de; génitif aussi avec *s* apostrophe. Le poëme de Milton, *Milton's poem*.

Français, pluriel *s*, eux et aux, *x*.

Anglais, pluriel *s*; *es* ajouté aux substantifs terminés par *ch*, *st*, *s* et *x*. Singulier en *f* ou *fe*, au pluriel l'*f* changé en *v* : *life*, la vie; *lives*. Singulier *y*, pluriel *ies*.

Pluriels irréguliers : homme, *man*, *men*; femme, *woman*, *women*; enfant, *child*, *children*; dent, *tooth*, *teeth*; oie, *goose*, *geese*; pied, *foot*, *feet*; bœuf, *ox*, *oxen*; souris, *mouse*, *mice*; pou, *louse*, *lice*; dé à jouer, *die*, *dice*; sou, *penny*, *pence*.

L'ADJECTIF.

Français, accord en genre et en nombre avec le substantif.

Anglais, pas d'accord, invariable.

Français, le plus souvent avant le substantif, excepté quand il est long.

Anglais, toujours avant le substantif.

Français, comparatif, *plus*, excepté *meilleur* et *pire*; superlatif *le plus*, *fort*, *très*; *moins*, *le moins*.

Anglais, comparatif, terminaison en *er*, ou *more*, plus, pour les adjectifs de plus de deux syllabes; superlatif, terminaison en *est* ou *most*, le plus; *very*, très; moins, *less*; le moins, *the least*.

Pour les nombres, voir mon étude spéciale.

LE PRONOM.

Je, moi; *I* au nominatif, *me* à tous les autres cas.

Tu, toi; *thou* au nominatif, *thee* à tous les autres cas.

Il, elle, cela; *he*, *she*, *it*, *him* pour tous les autres cas de la déclinaison du masculin *he*; *her* pour tous les autres cas du féminin *she*; *it* à tous les cas du neutre.

Nous ; *we* au nominatif et *us* à tous les autres cas.

Vous ; *you* à tous les cas.

Ils, elles ; *they* au nominatif, *them* à tous les autres cas.

Qui *who*, accusatif *whom*. L'un des deux pour le datif et l'ablatif, génitif *of whom* ou *whose*. Ce pronom ne s'emploie que pour les personnes.

What, que, quoi, ce qui ; invariable.

Which, qui, que, ce que, lequel ; invariable.

Ce, cet, *this* ; cela, *that*,

Ces, ceux-ci, celles-ci, *these*.

Ceux-là, celles-là, *those*.

Mon, ton, notre, votre, leur ; *my*, *thy*, *our*, *your*, *their*.

Le, les miens ; le, les tiens ; le, les nôtres ; le, les vôtres ; le, les leurs. *Mine*, *thine*, *ours*, *yours*, *theirs*.

Son, sa, ses, s'exprime par *his* quand c'est un homme qui possède, par *her* quand c'est une femme ; le sien, les siens par *hers* pour les choses qui appartiennent à une femme.

Les pronoms indéfinis sont invariables en anglais : Tout, *all* ; quelque, *any*, *some* ; nul, *none* ; chaque, *every* ; on, *one* ; tous deux, *both* ; l'un et l'autre, *one another* ; l'un ou l'autre, *either* ; ni l'un ni l'autre, *neither* ; quelqu'un, *some body* ; personne, *nobody* ; tout le monde, *every body* ; quiconque, *whoever* ; quelle que, *whatever*.

LE VERBE.

La langue anglaise est monotone, traînante et pauvre dans sa partie principale, dans le verbe : elle n'a qu'un seul terme pour exprimer plusieurs manières d'être ; elle n'a pas ces terminaisons variées et expressives qui indiquent les différents temps et les différentes personnes ; elle manque de plusieurs temps essentiels, et elle se traîne avec des particules pour un temps de verbe que les autres langues caractérisent d'un seul mot.

Les verbes anglais n'ont ni le passé défini ni l'antérieur, ni aucun des temps du subjonctif ; ils ne varient pas dans leurs terminaisons ; c'est toujours l'infinitif, excepté à la troisième personne du singulier qui prend un s, et à la deuxième persoune du singulier ; mais celle-ci est une personne nulle en anglais, parce qu'on ne se tutoie pas dans cette langue ; on parle à ses parents comme à des étrangers, et des Français ont le mauvais esprit de singer la froideur anglaise. Il ne manquerait plus qu'ils prissent l'absurdité de la prononciation anglaise qui n'a aucun rapport avec le langage écrit et dont chaque voyelle simple ou double a plusieurs sons différents. La langue française commet assez de péchés par elle-même sans aller se charger de ceux des autres.

MÉCANISME DE LA CONJUGAISON ANGLAISE.

INDICATIF.

I, infinitif.
Thou, st.
He ou *she*, *S.*
We, *You*, *They*, } infinitif.

IMPARFAIT et PASSÉ DÉFINI.

I ed.
Thou edst.

PASSÉS COMPOSÉS.

Comme en français : auxiliaire et participe.

FUTUR.

I shall ou *will* et infinitif.

CONDITIONNEL

I should ou *would* et infinitif.

IMPÉRATIF.

L'infinitif sans pronom; et *ons* par *let us*, laissez-nous, et l'infinitif.

Pas de SUBJONCTIF.

INFINITIF.

To.

PARTICIPE PRÉSENT

Ing.

PARTICIPE PASSÉ.

Ed, en, ate.

Deux auxiliaires comme en français.

INDICATIF.

I have, j'ai ; — *I am*, je suis.
Thou hast ; — *thou art.*
He has ; — *he is.*
We, *You*, *They*, } *have*, — *are.*

IMPARFAIT et PASSÉ DÉFINI.

I had, j'avais; — *I was*, j'étais.
Thou had'st, — *Thou wast*.
He, had, — *was*.
We, *You*, *They*, } *had*, — *were*.

PASSÉS COMPOSÉS.

I have had, j'ai eu; — *I have been*, j'ai été.
I had had, j'avais eu; — *I had been*, j'avais été.

FUTUR.

I will ou *shall have*, j'aurai; *be*, je serai.
Thou wilt ou *shalt have*, tu auras; *be*, tu seras.

CONDITIONNEL.

I would ou *should have*, j'aurais; *be*, je serais.
Thou woulds't ou *should'st have*, tu aurais; *be*, tu serais.

IMPÉRATIF.

Have, *be*, aie, ayez, sois, soyez.
Let us have ou *be*, ayons, soyons.

INFINITIF.

To have, *to be*; avoir, être.

PARTICIPE PRÉSENT.

Having, *being*; ayant, étant.

PARTICIPE PASSÉ.

Had, *been*; eu, été.

VERBES NÉGATIFS.

Français. Deux négations *ne* et *pas* séparées par le verbe ou l'auxiliaire : *Il n'a pas, je n'avais pas, je n'ai pas eu, je n'aurai pas*.

Anglais. *Do* suivi de *not*; troisième *does not*, *did* au passé; mais suppression de la particule *do* et la négation *not* après l'auxiliaire ou le signe verbal. *He does not have, I did not have, I have not had, I shall not have*.

VERBES INTERROGATIFS.

Français. Pronom après le verbe ou forme affirmative précédée de : *Est-ce que*. *Parlez-vous? Avez-vous parlé? Parlerez-vous?*

Anglais. Le signe interrogatif *do*, est-ce que, suivi de la forme affirmative, excepté avec un auxiliaire ou un signe verbal, pronom après. *Do you speak? Have you spoke? shall you speak?*

VERBES PASSIFS.

Le verbe *être* et le participe dans les deux langues.

VERBES PRONOMINAUX.

Français. Je me, tu te, il se, nous nous, vous vous, ils se. Temps composés avec *être. Je me suis chauffé.*

Anglais. Le verbe actif suivi des pronoms *myself, thyself, him* ou *herself, ourselves, yourselves, themselves.* Je me chauffe, je chauffe moi-même, *I warm myself.* Temps composés avec *avoir.* J'ai chauffé moi-même, *I have warmed myself.*

VERBES RÉCIPROQUES.

Ces verbes ne se conjuguent nécessairement qu'au pluriel. Nous nous entr'aimons, *we love one another* (l'un l'autre).

VERBES. UNIPERSONNELS.

It, il et le verbe avec un *s*, puisque c'est le signe de la troisième personne en anglais. Il pleut, *it rains*; c'est *it is*; il y a, là est *there is.*

Les verbes anglais se conjuguent souvent avec *être* et le participe présent. Je vais, *I am going*, je suis allant.

VERBES EXCEPTIONNELS.

Il faut que. Mettez un pronom personnel devant *must* et l'infinitif après. Il faut que j'aie, je faut avoir, *I must have.* L'anglais n'ayant pas de subjonctif, la conjonction *que* ne s'exprime pas le plus souvent en anglais.

Ier Je puis, *I can* Ce verbe en anglais n'a pas d'infinitif et n'a que deux terminaisons, *can, canst*; *can* pour le présent et le futur: *could, could'st*; *could* pour tous les passés.

IIe Je puis, *I may*, passé *might*; même règle que pour *I can thou may'st, thou might'st.*

Je dois ou plutôt je devrais : *I ought, thou ought'st,* pas d'autres terminaisons et le verbe qui suit à l'infinitif, mais avec la particule *to* : Nous devrions avoir fait cela, *we ought to have done that.*

Je veux, *I will*, présent et futur; *I would*, passés et conditionnel.

J'ai faim, soif, froid, chaud. Tournez en anglais par le verbe *être* et l'adjectif : *I am hungry, dry, cold, warm,* je suis affamé, altéré, etc.

J'EN AI. Le pronom *en*, régime direct, signifiant quelques-uns, *some, any*; *I have some*. Régime indirect signifiant de cela, *of it*.

IL Y A, *there is* et au pluriel *there were*. Là est, là sont.

ON DIT. Le pronom *on*, *one* avec le singulier, ou bien tournez par *they ils*. *One says, they say*.

PRINCIPAUX VERBES IRRÉGULIERS

appris facilement par la méthode de classification.

Ire *Catégorie, à participes irréguliers.*

Participe le même que l'infinitif. *Cost*, coûter; *hurt*, blesser, permettre et placer, *let* et *set*; mettre et fermer, *put* et *shut*; lire, *read*; suer, *sweat*.

Participes en *ept*, verbes en *eep*; *sleep*, dormir, *slept*; *weep*, pleurer, *wept*.

Participes en *ound*, verbes en *ind*; *find*, trouver, *found*; *grind*, moudre, *ground*.

Participes en *aid*, verbes en *ay*; *lay*, poser, *laid*; *pay*, payer, *paid*; *say*, dire, *said*.

Participes changeant *d* en *t*; verbes en *end* et *ild*; *lend*, prêter, *lent*; *send*, envoyer, *sent*; *spend*, dépenser, *spent*; *build*, bâtir, *built*.

Participes en *aught* et *ought*, verbes en *eech* ou *each*, *ight*, *ing* ou *ink*, *uy*. *Beseech*, supplier, *besought*; *teach*, enseigner, *taught*; *fight*, combattre, *fought*; *bring*, apporter, *brought*; *think*, penser, *thought*; *buy*, acheter, *bought*.

Participe en *old*, verbes en *ell*. *Sell*, vendre, *sold*; *tell*, dire, *told*,

Les deux participes irréguliers en *ed* : *feed*, nourrir, *fed*; *fly*, voler, *fled*.

Les six autres à participes irréguliers : Avoir, *have*, *had*; brûler, *burn*, *burnt*; éveiller, *awake*, *awoke*; laisser, *leave*, *left*; perdre, *lose*, *lost*; faire, *make*, *made*.

IIe *Catégorie, à imparfait et participe différents.*

Participes en *awn* et *own*, infinitifs en *aw* et *ow*; imparfait *ew*.

Tirer, — *to draw, drew, drawn*.

Devenir, — *grow, grew, grown*.

Connaître. — *know, knew. known*.

Souffler, — *blow, blew, blow'd*.

Participes, les mêmes que l'infinitif.

Manger, — *eat* aux trois temps. Venir, — *come, came, come*.

Participes en *one*, infinitif en *o*.

Faire, — *to do, did, done*.

Aller, — *to go, went, gone*.

Participe en *orn*, infinitif en *ear*.
Porter, — *bear, bore, borne.*
wear, wore, worn.
Deux participes en *un*.
Commencer, — *begin, b'gan, begun.*
Courir, — *run, ran, run.*
Participes en *een*, infinitif en *e* (i).
Être, — *be, was, been.*
Voir, — *see, saw, seen.*
Participes en *en*, infinitif en *eak, ake, ise, ite, ive, use*, et *fall* e *forget.*
Rompre, — *break, broke, broken.*
Parler, — *speak, spoke, spoken.*
Abandonner, — *forsake, forsook, forsaken.*
Prendre, — *take, took, taken.*
Se lever, — *rise, rose, risen.*
Geler, — *freeze, froze, frozen.*
Ecrire, — *write, wrote, writen.*
Donner, — *give, gave, given.*
Choisir, — *Chuse, chose, chosen.*
Les trois autres à participes et imparfaits differents.
Oser, — *dare, durst, dared*
Mourir, — *die, died, dead.*
Boire, — *drink, drank, drunk.*

L'ADVERBE.

Adverbes de manière français *ment*, anglais *ly* ajouté à l'adjectif

Ever toujours et *never* jamais, se placent entre l'auxiliaire et l verbe principal : Elle a toujours été mon amie, *she has ever bee my friend.*

Ago, de cela, est un terme saxon qui exprime le passé. *Som time ago*, quelque temps de cela.

Enough, assez, se place à la fin de la proposition : La chanso était assez jolie, *the song was well enough.*

Again, de nouveau, remplace la particule *re*, mais se plac après le verbe, Refaire, *to do again* ; revenir, *to come again.*

As se répète deux fois dans les comparaisons d'égalité : Auss grand homme qu'Auguste, *as great a man as Augustus.*

So ne se met qu'après une négation, avec un comparatif de dé faut : Les richesses ne sont pas si estimables que la vertu, *riche are not so estimable as virtue.*

A great ou *good deal*, beaucoup de, veulent la préposition *of*. *A great* ou *good many*, beaucoup de, ne veulent pas la préposition *A great deal of wine*; *a great many apples.*

LA PRÉPOSITION.

At exprime l'état, *to* le mouvement. Je suis à l'église, je vais à l'église; *I am at church, I go to church.*

From exprime un mouvement avec séparation et est le signe de l'ablatif; *of* est le signe du génitif. Il ne faut pas confondre *of* par un seul *f* avec *off* (loin de) par deux *ff.*

To, devant un infinitif, répond aux trois prépositions *à, de, pour*; il ne faut donc pas chercher à exprimer ces prépositions.

Off et *away,* joints à un verbe, expriment l'éloignement.

With, avec, s'emploie souvent pour *de,* quand on peut changer *de* par *avec,* surtout dans ces locutions : *fait de.*

Ne confondez pas *again,* de nouveau, avec la préposition *against,* contre.

LA CONJONCTION.

La conjonction *que* rarement exprimée, l'anglais n'ayant pas de subjonctif.

Le premier ni, *neither*; les autres *nor.*

Le premier soit, *either,* le second *or*; soit que, *whether,* puis *or.* Qu'une chose, seulement une chose, *but* : Cela ne dure qu'un moment, *that lasts but a moment.*

L'EXCLAMATION.

A : oh dans les deux langues. Hélas ! *alas.*

SYNTAXE FRANCO-ANGLAISE

par la méthode de philologie comparée.

Construction des phrases à temps simples et composés

Affirmative avec deux substantifs régimes.

1 Le sujet; 2 le verbe; 3 le régime direct; 4 le régime indirect dans les deux langues.

Mon père donne un objet à cet homme.

My father gives an object to this man.

Quand il y a un adverbe, l'Anglais le place ordinairement à la fin de la phrase.

Affirmative à temps simples ou composés et avec un pronom et substantif régimes.

Français. Pronom avant le verbe.

Anglais. Pronom après le verbe et sans préposition, ou après le régime direct et avec préposition.

Mon père lui donne ou lui a donné un objet.
My father gives him or has given him an object.
My father gives or has given an object to him

Affirmative avec deux pronoms.

Français. Les deux pronoms avant le verbe et le pronom régime direct le premier.

Anglais. Les deux pronoms après le verbe et l'indirect le dernier.

Mon père le lui a donné.
My father has given that to him.

Négative à temps simples et avec deux substantifs régimes.

Français. Double négation *ne* et *pas* séparés par le verbe.

Anglais. Signe négatif *do not* avant le verbe.

Mon père ne donne pas un objet à cet homme.
My father does not give an object to this man.

Négative à temps composés avec deux substantifs régimes.

Français. Ne et *pas* séparés par l'auxiliaire, puis le participe.

Anglais. Une seule négation après l'auxiliaire ou le signe verbal.

Mon père n'a pas donné et ne donnera pas un objet à cet homme.
My father has not given and shall not give an object to this man.

Négative avec pronoms.

Français. Même construction et même place des pronoms que dans l'affirmative; pronoms après *ne.*

Anglais. Même construction que dans l'affirmative.

Mon père ne lui donne pas un objet, ne le lui a pas donné.
My father does not give an object to him, has not given it to him.

Impérative affirmative avec un pronom et un substantif.

Français. Pronom après le verbe et avant le substantif.

Anglais. Même construction ou pronom après le substantif régime direct.

Donne-moi un objet.
Give me an object ou *give an object to me.*

Impérative affirmative avec deux pronoms.

Dans les deux langues, les deux pronoms après le verbe.

Donne-le moi.
Give it to me.

Impérative négative avec pronoms.

Français. Pronoms avant verbe et *ne* premier mot de la phrase Pronom régime direct le premier, excepté *me, nous, vous,* parce que ces trois sont pris tantôt directement, tantôt indirectement.

Anglais. Do not et infinitif; les deux pronoms, même règle que ·écédemment

Ne lui donne pas un objet, ne le lui donne pas.
Do not give him an object, do not give it to him.
Ne me le donne pas; ne nous le dis pas.
Do not give it to me, do not tell it to us.

Interrogative affirmative.

Français. Pronom après le verbe ou après l'auxiliaire et cons-uctions précédentes, ou *est-ce que* sans forme interrogative.

Anglais. Signe interrogatif *do* devant temps simples; pronom)rès l'auxiliaire ou le signe verbal.

Parlez-vous à cet homme? lui avez-vous parlé?
Do you speak to this man? have you spoken to him?
Lui parlerez-vous?
Will you speak to him?

Interrogative négative.

Français. Sujet et verbe à forme interrogative, ou *est-ce que*, ıivi du sujet et du verbe, sans forme interrogative.

Anglais. Phrase commencée par le signe interrogatif *do not.*

Ton père ne me connaît-il pas? ou est-ce que ton père ne me ɔnnaît pas?
Does not thy father know me.

Interrogative avec qui, que, quel.

Français et *anglais.* Phrase commencée par ces pronoms.

Qui est là? quel est votre système? lequel préférez-vous?
Who is there? what is your system? which do you prefer?

Relative sans interrogation.

Français et *anglais.* 1 Le sujet du second verbe ou verbe prin-ipal; 2 le pronom sujet ou régime du verbe incident; 3 la pro-ɔsition incidente; 4 le verbe principal et ses régimes.

L'homme que j'aime m'estime.
The man whom I love esteems me.

Relative avec interrogation.

Français. 1 Est-ce que; 2 le sujet de la proposition principale, 3 la phrase incidente; 4 la proposition principale avec les deux ıégations.

Anglais. Does not, mais pas de négation au verbe principal.

Est-ce que l'homme que j'aime ne m'estime pas?
Does not the man whom I love esteem me?

Affirmative avec en *et* y, *sans autre pronom.*

Français. En ou *y* avant le verbe ou l'auxiliaire.

Anglais. En ou *y* après le verbe. *Y* signifiant là, *there* ; *en* signifiant quelques-uns, *some* ; signifiant de cela, *of it*, ou d'eux, *of them.*

J'y vais.	Je m'en procure.	Je m'en prive.
I am going there.	*I get some.*	*I deprive myself of it* ou *of them.*

Affirmative avec en *et* y *et avec un autre pronom.*

Français. En ou *y* après l'autre pronom et avant le verbe excepté à l'impératif.

Anglais. Après le verbe, *en* régime direct, le premier ; régime indirect, le second ; *y* le second.

Je lui en porte.	Je lui en ai porté.	Porte-lui-en.
I carry some to him.	*I have carried some to him.*	*Carry some to him.*

Vas-y.
Go there.

Je les y replacerai.	Je les y ai replacés.
I will replace them there.	*I have replaced them there.*

Négative avec en *et* y, *sans pronom.*

Français. En ou *y* unis à *ne.*

Anglais. Do not et même règle pour *en* et *y* que dans l'affirmative.

Je n'en veux pas.	Je n'y vois rien.
I do not wish for any.	*I see nothing there.*
N'en fais rien.	N'y va pas.
Do not do any thing of it.	*Do not go there.*

Négative avec en *et* y *et un pronom.*

Français. En ou *y* unis au pronom et mis après *ne.*

Anglais. Règles précédentes.

Je ne m'en irai pas.	Je ne m'en suis pas occupé.
I will not go away from here.	*I have not occupied myself of it.*
Nous n'y voyons rien.	Tu ne m'y verras plus.
We sea nothing there.	*You will see me there no more.*

EXERCICE DE RECAPITULATION

Sur chaque petit papier, une question, et les tirer.

ENSEIGNEMENT BUESSARD

LANGUE ANGLAISE

Pour parler et écrire une langue il faut trois choses : acquérir n grand nombre de mots et ne pas les confondre; connaître les ›cutions, les manières de s'exprimer de la langue étrangère qu'on pprend, et leurs différences avec celles de la langue maternelle ıns laquelle on pense; enfin, connaître les principes d'orthoraphe et de syntaxe de cette langue étrangère.

Ma méthode repose donc sur les six éléments et exercices suiınts : 1° un tableau des règles de la prononciation; 2° une Mnéıotechnie du langage usuel facilitant l'acquisition rapide et sans ›nfusion des mots et locutions usuelles; 3° une grammaire en ıelques pages qui permet d'apprendre et de repasser rapidement s principes; 4° des traductions de fables et de dialogues, de franıis en anglais, avec l'exercice philologique des corrections et notes rises et conservées des expressions et locutions manquées, puis :s fables apprises par cœur; 5° des lectures et promenades inructives et amusantes avec mon Histoire des arts et ma Littéraıre, compte-rendu et conversation; 6° l'orthographe apprise par ne grammaire à théorie rapide et mnémotechnique, par des dictées : par l'exercice des pourquoi des fautes des dictées et des traıctions.

MNÉMOTECHNIE DU LANGAGE USUEL

MOTS APPRIS PAR LES HOMOGÈNES ET LES HOMOPHONES LOCUTIONS APPRISES PAR L'EXERCICE PHILOLOGIQUE

TABLEAU DES PRINCIPAUX HOMOGÈNES

able — le même.
act, ect, inct — les mêmes.
aire, oire, adj. — *ary, ory.*
al — le même.
aphe, *ophe* — aph, *oph* — phie, *phy* — bre, *ber.*
ant, subst.; le même, adj. verb. — *ing.*
ent — le même.
ment, subst.; le même, adverbe — *ly.*
ance, ence. — ordinairement les mêmes, parfois en *cy.*
arme — *arm.*
arque — *ark*
at — *ate.*
ase, èse, subst. — *asis, esis.*
el — *al,*
endre, verbe — *end.*
ème, subst. — *em.*
erbe — *erb.*
eur — *er* ou *or.*
eux, adj. — *ous.*
cès et grès — *cess, gress.*
arer, èrer, irer, orer, urer — *re, er* ou *ate.*
fier, verbe — *fy.*
quer, verbe — *cate.*
té — *ly.*
dés, négation — *dis.*
ie, subs. fém. — *y.*
ible — le même.
ice, subst. — le même, adj. — *ess* ou *ix.*
ide — *id.*
ien — *ian.*
il et ile — les mêmes.
if, adj. — *ive.*
lir, nir, issement — *lish, nish, ishment.*
ique, subst. — *ic,* adj. *ical.*
iser, verbe — *ize.*
isme, iste — *ism, ist.*
tion — le même.
sion — le même, et verbes, *ess.*
ode, subst. — les mêmes.
cevoir, verbe — *ceive.*
ure — le même.
uter, verbe — *ute.*
verbe souvent formé en mettant *to* devant le substantif.
arbres français *ier* — anglais *tree,* précédé du fruit.
Professions : français *ier, eur* — anglais *seller* vendeur, *maker* fabricant, *man* homme précédé de l'objet.
adjectifs en *full* abondance — en *less* moins ou précédé de *un* (in).

Les mots semblables et analogues en plus de ceux compris dans ces sons, complètent la famille des homogènes et seront appris dans chaque étude spéciale.

ÉTUDE DES NOMBRES

ET DES TERMES ET LOCUTIONS DU CALCUL

NOMBRES CARDINAUX — CARDINAL NUMBERS

En français, adjectif le plus souvent après le substantif et accordé avec lui — aux pluriel de al — genre des nombres masculins.
En anglais, adjectif avant le substantif et invariable.

NOMBRES TROUVÉS PAR LES HOMOPHONES ET CONFUSION EMPÊCHÉE

Un homme de la douane.......	*one.*
Deux en tout.................	*two.*
Trois séries.................	*three.*
Quatre fours.................	*four.*
Cinq fèves...................	*five.*
Six, le même.................	*six.*
Sept dans les Cévennes.......	*seven.*
Huit que vous êtes...........	*eight.*
Neuf francs à Nine...........	*nine.*
Dix citoyens d'Athènes.......	*ten.*
Onze élèves..................	*eleven.*
Douze, deux et elve..........	*twelve.*
Treize, trois et dix.........	*thirteen*, mais terminaison *teen* et l'opposé du français, nombre faible avant le fort.
Quatorze.....................	*fourteen.*
Quinze.......................	*fifteen.*
Seize........................	*sixteen.*
Dix-sept } nombre fort avant le faible.	*seventeen.*
Dix-huit	*eighteen.*
Dix-neuf	*nineteen.*
Vingt........................	*twenty*, deux fois dix, termin. *ty.*
Vingt et un, nombre fort avant le faible.	*one and twenty*, nombre faible avant le fort, mais seulement avec *twenty.*
Vingt-deux, la conjonction *et* seulement avec un.	*two and twenty.*
Trente.......................	*thirty* trois dix.
Trente et un.................	*thirty one.*
Trente-deux..................	*thirty two.*

Quarante........................	*forty.*
Cinquante......................	*fifty.*
Soixante........................	*sixty.*
Soixante-dix....................	*seventy.*
Quatre-vingts..................	*eighty.*
Quatre-vingt-dix..............	*ninety.*
Cent.............................	*a hundred,* l'article *a*, un, devant cent et mille.
Cent-un / Cent-deux } sans et.........	*a hundred and one* / *a hundred and two* } avec *and.*
Mille............................	*a thousand.*
Mille, million, billion, etc., zéro.	les mêmes.

NOMBRES ORDINAUX	**ORDINAL NUMBERS**
Le premier, la première.......	*the first.*
Le *ou* la deuxième, le second, la seconde.	*the second.*
La moitié ou demi............	*the half.*
Le *ou* la troisième, le tiers	*the third.*
Le *ou* la quatrième, le quart. .	*the fourth* — ième par *th.*
Le cinquième................	*the fifth.*
Le vingtième................	*the twentieth,* ième par *ieth* à partir de vingtième.
Une fois, deux fois, trois fois...	*once, twice, three times.*
Louis quatorze, nombres cardinaux.	*Lewis the fourteenth.* Louis le quatorzième, nombres ordinaux et l'article.
Le sept juin, nombres cardinaux.	*the seventh of june,* le septième de juin nombres ordinaux et la préposition de, *of.*

ÉTUDE DES MOTS DU CALCUL

Une ARITHMÉTIQUE et un arithméticien ou mathématicien. Son *ique* par *que* féminin. Son *ien* masculin. Anglais, substantifs par *ic*, son cien par *cian. Arithmetic, arithmetician, mathematician.*

Un CHIFFRE et un NOMBRE. Anglais analogues, *cipher and number.* Le mot anglais *figure* est mauvais pour exprimer un chiffre; dans les sciences chaque terme doit être technique et exact.

Un CALCUL, calculer et calculateur. En anglais pas de mots correspondants ; il faut tourner par une opération, par compter et par mathématicien ; cependant on dit *to calculate.*

Un COMPTE et compter. Anglais, analogues *account* et *to count,* se bornant à mettre le signe de l'infinitif *to* pour transformer un substantif en verbe.

Une OPÉRATION et opérer. Mots en *tion* féminins. Anglais, le même et l'analogue, *opération, to operate.* (Pour le genre des sons, voir dans ma *Grammaire française* le tableau en [illegible] pages des genres des sons.)

Une RÈGLE. Homophone, la règle du faubourg du Roule. Anglais *Rule.*

NUMÉRATION, addition, soustraction, multiplication et division, et verbes de ces substantifs, additionner, soustraire, multiplier, diviser. Anglais, substantifs les mêmes, verbes analogues *to additionate, substract, multiply, divise.*

Un RÉSULTAT, total ou somme, reste, produit, quotient, masculins, excepté somme. Anglais, analogues *result, summ or total, remainder, product, quotient.*

Un FACTEUR, une ERREUR et une PREUVE. Anglais, analogues, souvent le son *eur* par *or, factor, error, proof.*

Un SYSTÈME et PROBLÈME. Anglais, les mêmes moins l'*e* muet final *system, problem.*

Une FRACTION et une UNITÉ. Sons *tion* et *té* féminins. Anglais, *tion* le même, *té* par *ty* ; *fraction, unity.* Le pluriel français *tés,* l'anglais *ties.*

Une CROIX. Homophone. Une croix sur cette crosse. Anglais, *cross.*

Un POINT. Homophone. Un point sur ma dot. Anglais, *dot.*

Une VIRGULE. Homophone. Une virgule comme à ces deux mots. Anglais, *comma.*

EGAL, égaler, également, égalité, égaliser. Anglais, *equal, to equal* ; *to,* signe de l'infinitif ; *equally,* ment, adverbe, par *ly* ; *equality, té* par *ty* ; *to equalise* ; mais, en arithmétique, l'anglais emploie plutôt l'adjectif *equivalent.*

Une COLONNE, une LIGNE, un INTÉRÊT, anglais, analogues *column, line, interest.* Pas d'accent en anglais et tous les *e* prononcés, pas d'*e* muet.

Un TAUX. Homophone. Le taux auquel on vend la râte. Anglais, *rate*.

PETIT est ce mal. Anglais, *small*. Comparatifs français par *plus*, superlatifs par *le plus* ou *très*. Anglais, comparatif *er*, superlatif *est* : plus petit, *smaller*; le plus petit, *smallest*.

GRANDE ou large aigrette. Anglais, *large, great*.

FAIRE dodo à la Mecque, *to do, make*. Un fait, une action, *a fact, an action*.

POUVOIR se procurer une canne en mai, *can, may*. Substantif, puissance, *power*; adjectif, puissant, puissante, *powerful*, plein de pouvoir.

SAVOIR ou connaître la musique comme mademoiselle Nau. *To know*, seul mot en anglais. La science ou la connaissance. Son *ance*, féminin. Anglais, *science and knowledge*, un savant, *learned-man*.

Une SOLUTION et résoudre. *Solution and to resolve*.

COMMETTRE et RECTIFIER, analogues. Verbes en *fier* par *fy* en anglais. *To commit, to rectify*.

PRENDRE dans la bibliothèque. *Take*.

Une PLACE, placer, poser ou mettre. Anglais, *a place, to place or to put*.

DONNER une ogive. *To give*, prononcez *guive*.

Un ÉLÈVE est un pupille. *Pupil*.

Un MAITRE, une maîtresse. *Master, mistress*.

ENSEIGNER et enseignement sur un fétiche. *To teache, teaching*.

APPRENDRE l'hydre de Lerne. *To Learn*.

Une ÉTUDE, étudier, un étudiant, studieux, une leçon. *Study to study, a student, studious, a lesson*.

RECEVOIR, un reçu. *To receive, a receipt*.

BILLET, SIGNE, DÉCIMAL, ZÉRO, PARTIE. *Bill, sign, decimal, zero, part*.

APPELER quelqu'un sur la cale. *To call*.

OUBLIER d'être fort gai. *To forget*.

BONNE goutte. *Good*.

MAUVAIS comme le duc de Bade. *Bad*.

Profession, professer, professeur. *Profession, to profess, professor.*

Lire, un lecteur, une lectrice, une lecture. Homophone lire un traité sur les rides. *To read, a reader, a female reader, a reading.*

Ecrire une écriture, un écrivain. Ecrire sur les rites. *To write, a writing, writer.*

Réussite ou succès, réussir. Anglais, un seul mot, *success, to succeed.*

LOCUTIONS

AVEC L'EXERCICE PHILOLOGIQUE

Le maître enseigne et l'élève apprend.

The master teaches and the pupil learns.

Je sais calculer ou compter.

Je suis capable ou je puis.

I am able or I can to calculate or to count.

Faire et refaire un calcul ou une opération.

Travailler et travailler de nouveau une opération (pas de mot anglais pour calcul).

To work and to work again or over an operation.

Résoudre un problème et la solution d'un problème.

To resolve a problem and the solution of a problem.

Arrêter ou régler un compte.

Fermer ou établir.

To close or settle an account.

Commettre une erreur ou se tromper.

To commit an error or to make a mistake (mais, en anglais, pas de verbe *se tromper*).

Rectifier une erreur.

To rectify an error.

Une opération n'est pas juste, n'est pas réussie, est manquée, est fausse.

Une opération n'est pas droite ou correcte, est fausse (mais pas de mots anglais correspondant aux autres locutions françaises).

An operation is not right, correct, is false.

Etre fort ou faible EN calcul ou SUR le calcul, mais SUR l'addition et les autres règles.

To be clever or deficient in (en) *ciphering, in addition or in the other rules.*

Prendre le chiffre de droite ou de gauche.

To take the cipher of the right or of the left (de la).

Poser ou mettre un chiffre à droite ou à gauche.

To put or to place a cipher to the right or to the left (à la).

Faire la preuve d'une opération.

To make the proof of an operation.

Donner et comprendre une explication. Expliquer.

To give and understand an explanation. To explain.

Le maître donne et l'élève étudie et apprend une leçon.

The master gives and the pupil studies and learns a lesson (l'*s*, en anglais, signe de la troisième personne, le *t* en français).

Toucher ou recevoir les intérêts d'une somme à tant pour cent l'an.

To receive (seul terme) *the interests on* (sur) *a sum at the rate* (au taux) *of so much per cent.*

L'escompte d'un billet ou lettre de change. Escompter.

The discount on (sur) *a bill or bill of exchange. To discount.*

La numération a pour objet d'enseigner à lire et à écrire les nombres.

L'objet de la numération est enseigner comment lire et écrire les nombres.

The object of the numeration is to teach how to read and write numbers.

Un zéro à la droite d'un nombre le rend dix fois plus fort.

A zero placed (placé) *to the right of a number* (fait lui dix fois plus, adjectif non exprimé) *makes it ten times more.*

Les zéros à la droite des décimales n'en changent pas la valeur.

Zeros placed to the right of decimals (cela ne change pas leur valeur) *it does not change their value* (l'article ordinairement supprimé devant les termes scientifiques).

Le système décimal est établi sur les divisions régulières de dix en dix.

The decimal system is established on the regular divisions of unity from ten to (à) *ten.*

Une fraction est une partie de l'unité.

A fraction is a part of the unity.

La virgule est le signe des décimales et se place à la droite de unité.

The comma is a sign for (pour) *decimals and is placed* (est lacé) *to the right of the unity.* En français, la forme pronominale e place, se nomme; en anglais, la forme passive est placé, est ommé.)

Dans chaque colonne il y a trois chiffres, unité, dizaine et cen-aine.

In every column there are (là sont) *three ciphers, unity, tens, nd hundreds.*

Le chiffre de gauche est dix fois moins fort que celui de droite.

The cipher placed to the left, is ten times less (sans l'adjectif) *than he one to the right.*

Une unité égale deux demies ou moitiés, trois tiers, quatre quarts.

An unity is equivalent to (est équivalente à) *two halves* (un seul not en anglais) *three thirds, four fourth.*

Cinq cinquièmes sont égaux à une unité.

Five fifths are equivalent to an unity.

L'addition est une opération par laquelle on réunit plusieurs quantités de même espèce.

Addition is an operation by which one reunites many quantities of the same species.

Le résulat d'une addition se nomme ou s'appelle somme ou total.

The result of an addition is called (est appelé) *sum or total.*

Le signe de l'addition est une croix droite et elle veut dire plus.

The sign of addition is a straight cross and it means more.

La preuve de l'addition se fait en recomptant de bas en haut.

The proof of addition is made (est faite) *by* (par) *counting* (*re-again* ou *over*) *from the bottom to the top* (de le bas à le haut).

7 et 8 font 15 ; je pose 5 et retiens 1.

7 *and* 8 *are* (sont) 15; *I let down* (je pose en bas) 5 *and I carry* (et je porte) 1.

Ce chiffre est trop fort ou trop faible.

This cipher is too high (élevé) *or too low* (bas).

La soustraction est une opération par laquelle on retranche un nombre d'un autre.

Substraction is an operation by which one number is taken from another (est pris d'un autre).

Le résultat d'une soustraction a trois noms : reste, excès ou différence.

The result of a substraction has three names : remainder, excess or difference.

Le signe de la soustraction est un seul trait d'union et il veut dire moins.

The sign of a (d'une) *substraction is a simple dash and it means less.*

La preuve de la soustraction se fait en additionnant le reste et le plus petit nombre, et l'on doit retrouver le plus grand.

The proof of the substraction is made by (par) *adding the remainder and the smallest number and they must find* (ils faut trouver) *the largest.*

Dans les opérations décimales, il faut faire attention de ne pas oublier la virgule au résultat.

In the decimal operations they must pay (ils faut payer) *attention not to forget the comma to the result.*

9 ôté de 16, il reste 7; ou 9 de 16, reste 7.

Nine from sixteen remains 7 (Seulement une locution en anglais.)

La multiplication est une opération par laquelle on répète un nombre autant de fois qu'il y a d'unités dans un autre.

Multiplication is an operation by which they (ils pour on) *repeat a number as many times as there are unities in another* (autant de, que deux fois *as*).

Les deux facteurs se nomment multiplicande et multiplicateur, et le résultat s'appelle produit.

The two factors are called multiplicand and multiplicator and the result is called produce.

Le signe de la multiplication est une croix oblique.

The sign of a multiplication is an oblique cross.

Le produit d'un nombre par 2, 3, 4, 5 se nomme double, triple, quadruple, quintuple.

The produce of a number by 2, 3, 4, 5 *is called* (comme en français).

La preuve de la multiplication se fait ou en changeant l'ordre des facteurs ou par 9.

The proofof the multiplication is made either by changing (par changeant) *the order of the factors or by* 9.

8 fois 9, 72; huit fois neuf, soixante-douze.

8 *times* 9, 72, *eight times nine, seventy two.*

La division est une opération par laquelle on cherche combien de fois un nombre est contenu dans un autre.

The division is an operation by wich one finds how many times a number is contained in an other.

Les deux facteurs d'une division se nomment dividende et diviseur, et le résultat s'appelle quotient.

The two factors of a division are called dividend and divisor the result is called quotient.

Le signe de la division est deux points.

The sign of division is two dots.

La division par un chiffre se fait sur une ligne, en prenant la moitié, le tiers, le quart.

The division by one cipher is made on one line, taking (sans la préposition en) *the half, the third, the fourth.*

La division, par dix, cent, mille, se fait à l'aide de la virgule déplacée d'une, deux ou trois places à gauche.

The division by ten, hundred, thousand, is made by the help (par au lieu de à) *of a comma displaced from one, two, or three places to the left. From* , préposition *de* exprimant le mouvement.

La preuve de la division se fait ou par 9 ou par la multiplication.

The proof of the division is made either (soit) *by 9 or by the multiplication.*

En 62 combien de fois 9 ? 6 fois pour 54, et il reste 8.

In 62 how many times 9? 6 times for 54 and remains 8.

Les problèmes par l'unité se résolvent en ayant soin de prendre pour dividende le genre d'unités cherchées au quotient.

The problems by unity are resolved by having care to take for the dividend the kind of unities of quotient (du quotient).

Pour connaître l'intérêt d'une somme à tant pour cent, séparez deux chiffres par une virgule et multipliez par le taux de l'intérêt.

To Know (la particule *to* remplace les prépositions) *the interest of a sum at the rate of so much per cent, separate two ciphers by a comma and multiply by the rate of the interest.*

Que faites-vous ? faites attention. C'est mal ou mauvais ; c'est bien ou bon ; c'est plus mal, c'est mieux.

What are you doing, qu'êtes vous faisant ? (L'anglais emploie volontiers le verbe être avec le participe présent.) *Pay attention, it is wrong or bad, it is well or good, it is worse it is better.*

Vous chercheriez en vain ce genre d'exercices dans aucune méthode ou dans aucun vocabulaire ; aussi les élèves qui croient savoir l'anglais sont-ils tout étonnés de ne pas connaître plusieurs des mots et la plupart des locutions propres à chaque partie du langage usuel; essayez par exemple de faire calculer en anglais un de ces élèves. Ma méthode offre dans trente grandes études les mots et locutions du langage usuel, facilités et classés de manière à ce qu'on sache de quel exercice on doit se servir dans telle circonstance donnée.

LA FAMILLE

ÉTUDE DES MOTS

Mes parents ont des relations. Anglais, *relations*. Famille, analogue, *family*. Mon père le grand faiseur, *father*. Adj. paternel, *paternal* ou *ly* ajouté à *father, fatherly*.

La mère de Mozard, *mother*. Adj. maternel, *maternal* ou *motherly*.

Le fils de celui qui sonne, *son*. La fille qu'il faut doter, *daughter*, adj. filial dans les deux langues.

L'enfant de Rotschild. *Child*, pluriel *children*. Enfant adoptif, *adoptive child*. Français *if* masc.; anglais *ive*. Adj. après en français, avant en anglais. Subst. enfance, *infancy*. Enfantin *childish*.

Le grand père ou l'aïeul, la grand'mère, le bisaïeul, la bisaïeule. Le petit fils, la petite fille, les aïeux, les descendants.

The grand father, grand mother. The great grand father (le grand grand) *the great grand mother. The grand son* (grand au lieu de petit) *the grand daughter*. Les aïeux avant le père, *the fore fathers, the descendants* ou *offspring*.

Le frère du brosseur, *brother*, adj. fraternel, *fraternal* ou *brotherly*.

Ma sœur veut insister, *sister*, aîné, aînée, *the eldest*, le plus vieux, cadet, cadette, *younger*, plus jeune.

Oncle analogue, *uncle*. La tante que tu hantes, *aunt*. Inutile de dire que dans la famille le genre des mots se rapporte au sexe.

Neveu, nièce, analogues, *nephew, niece*.

Un cousin, une cousine, cousin germain, *a cousin, a female cousin, a german cousin*.

Les fiancés, *the betrothed*. La mariée qui tient une bride, *the bride*. Le marié, *bridegroom*. Le mari ou l'époux dans cette bande, *husband*. La femme ou l'épouse dont tu vois l'if, *wife*, adj. conjugal dans les deux langues,

Le beau-père et la belle-mère, le père en droit, *the father in law, the mother in law*. Le beau-fils ou gendre, la belle-fille ou bru, *the son in law, the daughter in law.*

Un parrain, une marraine, un filleul, une filleule. En anglais, le mot Dieu avant père et mère, fils et fille, *a god father, a god mother, a god son, a god daughter.*

Un nourrisson, un père nourricier, un frère de lait, une sœur de lait, une nourrice, nourrir, nourriture, un jumeau, une jumelle.

En anglais, nourri devant les substantifs, *a foster child, a foster father, a foster-brother, a foster-sister, a nurse, to nurse* ou *to feed, the food, a twin.*

Un héritier qui erre, une héritière, *an heir, an heiress.* Hériter de *to inherit.*

Alliance, mariage, fiançailles et noces — *alliance, marriage, betrothing and wedding.*

Une veuve qui vit d'eau, *widow*. Un veuf, *widower.*

Un tuteur, gardien, une tutrice, la tutelle d'un ou d'une pupille — *a guardian, the guardianship of a ward or pupil.*

Le prénom ou nom de baptême, le nom de famille et le surnom — *the christian name, the family name and the surname.* Homophone, le seul nom que je n'aime.

Profession, professeur, professer, gouverneur, gouvernante, précepteur — *profession, professor, to profess, governor, governess, preceptor.*

Intendant — *steward.*

Le bouquet d'une noce gaie — *nosegay.*

Le genre humain est un mannequin — *mankind.*

Un homme qui vit de manne, *man*, Une femme, *woman.* Un cocher, un valet de pied. En anglais, plusieurs professions s'établissent en mettant l'objet de la profession avant le mot *man, coachman, footman.*

Une servante, une laitière. L'objet et le mot *woman* ou *maid*, fille — *a house-maid, a milk-woman.*

Un valet de chambre, une femme de chambre — *a valet de chambre, a chamber maid.*

Un chasseur et un groom les mêmes, un laquais — *lackey.*

Le cuisinier du capitaine *Cook*, une cuisinière, *a cook-maid.* Une cuisine, *cookery.*

Un garçon qui boit, *boy*. Une fille qui n'est pas bégueule et qui m'aide — *girl* et *maid.*

Le monsieur de ma sœur — *sir*. Madame l'aidait — *lady*.

La demoiselle qu'on voudrait que je misse — *miss*.

Un palefrenier ou garçon d'écurie, un portier ou concierge. Anglais, un seul mot — *a stable boy, a porter*.

Jeune était alors le poëte *Young*. La jeunesse *youth*.

La vieillesse, vieux, vieille, vieillard, vieillir — *old age, old; old man, to grow* (devenir) *old*.

Naître, la naissance, né sur une borne — *born*. Naître, être né — *to be born, the birth*.

Montrer un fer chaud — *to show*.

Sonner au moment strict — *to strike*.

Manquer de ce qu'il faut pour ce qui se fêle à la vente — *to fail* ou *to want*.

Désirer ou souhaiter, un désir ou un souhait pour votre succès au wisht — *to wish*.

Envoyer des objets qu'on scinde — *to send*. Un envoi — *Sending*.

La maison de cet homme — *home* ou *house*.

Au berceau l'on est crédule — *cradle*.

Le corps du baudet — *body*.

Quelqu'un — *somebody*.

Vivre et quitter le pays des olives — *to live and to leave*.

Ce matin il mord Nine et ce soir Eveline — *Morning, Evening*.

Le deuil — *mourning* avec un *u*.

Le garçon d'honneur et la fille d'honneur (ces deux locutions n'ont pas d'équivalent en anglais).

L'épithalame ou chant de noces — *epithalam or wedding song*.

Chanter comme un singe — *to sing*.

La mort n'a pas d'*s*, *the death* — et le mort ou défunt, *and the dead* — les funérailles, le convoi l'enterrement, le service funèbre, *funeral* pour les quatre mots — le catafalque, *catafalk*.

La bière ou cercueil, espèce de coffre — *the coffin*.

La tombe ou fosse — *the tomb*.

Le corbillard qui a pour armoirie une herse — *hearse*.

Un orphelin, une orpheline — *an orphan, a female orphan*.

Suivre avec un fallot — *to follow*.

Dévouement, dévoué, se dévouer à la dévote, avec dévouement. — *devotedness, devoted, to devote, with devotedness*.

Porter un carré pour mieux ouïr — *to carry and to wear*.

Obéissance, obéissant, obéir, avec obéissance — *obedience, obe-ient, to obey, with obedience.*

Respect, respectueux, respectable, respecter, respectueusement -*respect, respectful, respectable, to respect, respectfully.*

Un géant, une géante — *a giant, a giantess.*

Le nain Edouard, une naine — *the dwarf a female dwarf.*

Un borgne et un aveugle — *one eye man and a blind.*

Un bossu — *a humpbacked.*

Un sourd-muet — *a deaf-dumb.*

Je te crois, bel Yves — *to believe.*

Penser au zinc — *to think.*

Aller tout de go — *to go,* et venir tout comme — *to come.*

Tard vous l'êtes — *late*; et le passé s'est écoulé trop leste — *ist.*

Eveiller l'évêque, se réveiller, le réveil — *to awake, awaking.*

Dormir et sommeil *to sleep* et *the sleep.*

Se lever rouge comme une cerise — *to rise,* et se coucher ou ller au lit — *to go to bed.*

La ville où il tonne — *town,* et la campagne de notre contrée — *ountry.*

La mer et voir une scie — *the sea and to see.*

LOCUTIONS

Bonjour, bonsoir, adieu.

Good morning, good night, farewell. Bonne nuit au lieu de bon-oir.

Comment vous portez-vous? comment allez-vous? comment va a santé? comment cela va-t-il? comment êtes-vous? comment va votre frère?

How do you do? comment est-ce que vous faites? *How does your brother do?* La particule *do* de l'interrogation, *does* à la troi-sième personne, et les deux *do* séparés par le pronom ou le nom; en français aller, en anglais être. *How is your health? How are you?*

Fort bien, Dieu merci.

Wery well, thank God (remercie Dieu).

Je vous suis obligé, je m'en réjouis.

I am obliged to you, I rejoice at it, les pronoms en anglais avec les prépositions et après les verbes (je réjouis à cela).

Où est-il ? A la campagne, en ville, chez lui. Il est sorti.

Where is he? in the country (dans la). *In town, at home* (à la maison). *He is gone out* (il est allé dehors).

Elle se portait mal hier matin.

She was ill yesterday morning.

J'ai été un peu indisposé la nuit passée ou dernière.

I was a little indisposed last night (en anglais une seule forme de passé composé et dernier pas de traduction littérale).

Vraiment, j'en suis très-fâché.

Really, I am very sorry of it (en, de cela).

Vous êtes bien pressé.

You are in great haste (en grande hâte).

Faites mes amitiés à mademoiselle votre sœur.

Remember me kindly to your sister (rappelez-moi affectueusement à votre sœur).

Je n'y manquerai pas. Je vous remercie de votre visite.

I will not fail. I thank you for your visit. Dans les négations le signe du futur entre le pronom et la particule négative (Je vous remercie pour), le pronom régime après le verbe.

Il faut que je m'en retourne chez moi.

I must return home (moi faut retourner maison). La conjonction *que* rarement exprimée en anglais.

Je vous souhaite le bonjour.

I wish you a good morning (je souhaite vous un).

Elle se portait bien la dernière fois que je l'ai vue.

She was well the last time I saw her. (*Que* supprimé et une seule forme du passé.)

Je me couche très-tard, de bonne heure.

I go to bed very late, betimes.

Vous souviendrez-vous de m'éveiller? N'y manquez pas.

Will you remember to awake me? Do not fail.

Il faut que je me lève à la pointe du jour.

I must rise by break of day par aube du jour.

Etes-vous encore au lit? Eveillez-vous, debout, levez-vous.

Are you in bed still? Awake, up, rise. (Etes-vous dans lit encore ?)

Je vais me lever, je me lève.

I am going to rise, I am rising. (*Je suis*, avec le participe pré-nt, forme très-usitée, mais qui n'exclut pas l'autre.)

La vie a quatre âges : l'enfance, la jeunesse, l'âge mûr et la cillesse.

Life has four ages : infancy, youth, manhood and old age (le vieil ;e).

Cet enfant est né en mil huit cent cinquante.

This child was born in one thousand eight hundred and fifty dans ı mille huit cent et cinquante.

Quelle heure est-il à votre montre ? Je pense qu'il n'est pas en-re trois heures et demie.

What o'clock is it by (par) *your wacht ? I think it is not yet half ı hour past three* (demi une heure passé trois).

L'horloge sonne quatre heures.

The clock strik four (pas le mot heure, et *clock* sans *o*, c'est ıorloge).

Tout au plus s'il est quatre heures moins le quart.

At most, it is but three quarters past three (il n'est que, par il est ulement trois quarts passé trois).

Quel âge a-t-il ? Il a dix ans ou il est âgé de dix ans.

How old is he ? (combien vieux est-il ?) *He is ten years old* ou *is ten* (il est dix ans vieux ou seulement il est dix).

Cet enfant au berceau est-ce votre nouveau-né et votre pre-ier né ?

Is this infant in cradle, your new born and your first born ?

Qui a confectionné la layette?

Who made (a fait) *the baby-linen* (le linge du bébé) ?

Un enfant est baptisé ou reçoit le baptême.

A child is baptised or christened (christianisé).

Le prêtre baptise l'enfant, ou administre le sacrement du bap-me.

The priest baptises the child or administers the sacrament of ıptism.

Le parrain et la marraine tiennent leur filleul sur les fonts bap-smaux.

The godfather and godmother hold their godson at the font or ıptistery (aux fonts ou au baptistère).

Un enfant est en nourrice et l'on met un enfant en nourrice.

A child is to be nursed (à être nourri) *they send a child to urse* ; ils envoient un enfant à nourrir.

Une mère allaite ou nourrit son enfant.

A mother nurses her child. En anglais une seule expression, *her* féminin, se rapportant à mère.

Elle l'élève elle-même ou le met en pension.

She educateds or brings it up herself or send it to school.

Le pronom neutre *it* parce qu'on ne dit pas le sexe de l'enfant.

On dit d'un enfant qu'il est bien ou mal élevé.

They say of a child that it is wellor ill bred.

Etre dévoué *à*, se dévouer, avoir du dévouement *pour* ses parents.

To be devoted to (être dévoué *à*, seule locution anglaise).

Obéir *à* ses parents.

To obey ones parents (sans préposition).

Être reconnaissant *envers* ses parents, avoir de la reconnaissance *pour.*

To be grateful to (à) *ones parents; to have gratitude towards.*

Manquer *à* ses devoirs, manquer de respect ou d'égards *pour* ou *envers* ses parents.

To fail in (en) *ones duty; to want in* (en) *respect* (pas de mot anglais pour égards) *to* (à) *ones relations or parents.*

Les prépositions régies par les verbes sont une des grandes difficultés des langues, et l'on voit que ces exercices ont aussi pour but de fixer à cet égard, ainsi que des manières multiples ou seules de rendre la même idée dans les deux langues.

L'éducation est morale et l'instruction intellectuelle.

Education is moral and instruction is intellectual (les mots en *el* en français, *al* en anglais.)

La vie de la famille s'appelle aussi vie privée ou domestique; la vie publique c'est la profession.

The family life is called also privy or domestic life ; the public life is the profession.

Le juge de paix a réuni le conseil de famille.

The judge of peace has assembled the family council.

Dans les noms composés avec préposition en français, l'anglais place le second mot le premier et sans préposition.

On vit *sous* le toit paternel, maternel.

One lives under the paternal, maternal roof.

On s'absente ou s'éloigne *du.*

One leaves (quitte) *or one goes far from* (va loin de).

On vit dans sa famille; on quitte sa famille, on se sépare de sa nille; mais on y revient.

One lives with (avec) *ones family; one leaves* (ea) *ones family;* ɜ *parts with* (d'avec) *ones family, but one comes back* (vient en ·ière) *to* (à) *ones family.*

Je sais ou connais votre nom de famille; mais quel est votre m de baptême ou prénom, et n'avez-vous pas aussi un surnom?

I know (seule expression anglaise) *your family name, but what your christian name, and have you not got also a surname?*

Donner un dîner, une soirée *de* famille.

To give a family dinner, a family evening party (partie du soir).

Dîner *en* famille et passer la soirée en famille.

To take a family dinner (prendre un dîner de famille) *and spend* épenser) *the evening with* (avec) *ones family.*

Epouser ou prendre pour mari ou femme telle personne, se ma-ɪr *avec* telle personne.

To marry (seule expression anglaise) *such a person. To take for* ɪusband *or for a wife such a person.* Un mari, une femme, et rticle *un* entre *tel* et le substantif.

C'est un couple bien uni.

They are (ils sont) *a very united coupled.*

On fait un mariage d'inclination, de convenance ou d'argent.

We marry by love, suitableness or cupidity.

La bague du mariage s'appelle une alliance, et la mariée porte ı voile et un bouquet de fleur d'oranger.

The ring of a marriage is called a wedding-ring and the bride ɜars *a veil and a nosegay of orange flowers.*

Montrez-moi la corbeille de noces et le trousseau de la mariée.

Show me the marriage present and the bride clothes. L'anglais ı pas de mots pour ces deux choses de mariage.

Le garçon d'honneur et la fille d'honneur tiennent à l'église le ɔile du mariage au moment de la bénédiction nuptiale.

The bride's groom and the bride's maid (le garçon et la fille de la ıariée) *hold in* (dans) *the church the wedding veil at the moment* ʳ *the nuptial benediction.*

Une apostrophe et un *s* avant un nom expriment un génitif.

On se marie à la Mairie et c'est le mariage civil et légal; puis on ɜ marie à l'Eglise et c'est le mariage religieux.

They marry at the mayoralty and it is the civil or legal marriage; ɪen *they marry in church and it is the religious marriage.*

Inviter quelqu'un *à* sa noce, à son bal de noce, à sa messe d
mariage.

To invite somebody to ones wedding, to ones wedding ball,
ones marriage mass or wedding ceremony.

J'ai reçu une invitation *pour*; j'ai assisté *à.*

I had received an invitation for; *or I was present at* (j'étais pr
sent à).

Après le dîner *il y a eu* concert, bal et souper; on a dansé ju
qu'à cinq heures du matin, jusqu'au jour.

After dinner, they had (ils eurent) *a concert, a ball and supper*
they danced until five in the morning (cinq dans le matin) *until da*
light (jusqu'au jour clair).

Ce fiancé ne s'est-il pas rencontré avec sa fiancée chez mo
beau-père.

Has not this bridegroom met his bride at my father in la
(*a-t-elle rencontré,* verbe *avoir* au lieu de la forme pronominale
Ni *s*, ni apostrophe au *bride groom* (fiancé).

Perdre sa femme ou devenir veuf.

To lose ones wife or to become a widower

On porte le deuil ou l'on est en deuil de l'un de ses parents.

One wears mourning (avec un *u*) *or one is in mourning for on*
of ones relations.

Sur la pierre on a mis ou gravé une épitaphe.

On the stone they have engraved an epitaph.

On honore la mémoire des morts en continuant leurs bons exem
ples.

We honore (nous honorons) *the memory of the dead by followin*
their good examples.

Quand on porte un corps au cimetière, les quatre coins ou cor
dons du poële ou drap funèbre sont tenus par des amis du défunt

When the carry a corpse to the cemetry, the four corners or th
strings of the pall are held by the friend of the deceased.

Les voitures qui suivent un convoi s'appellent voitures de deu
et la voiture du mort s'appelle char pour les riches et corbillar
pour les pauvres.

The carriages that follow a funeral are called mourning carria
ges and the carriage for the dead is called a hearse (un seul term
en anglais).

Les pauvres sont déposés au cimetière dans la fosse commune e
leurs corps sont brûlés avec de la chaux vive.

he poor are deposited in cemetry or churchyard in a common ınd and their bodies are burnt with lime.

n peut comprendre déjà que mes trente grands exercices dans ənre de ceux-ci sur toutes les circonstances ordinaires de la loivent procurer les principaux éléments du langage usuel.

LA TABLE

asculin : mots en *ier* et couteau, réchaud, plat, vase, verre, bol. ıinin ; mots en *ère* et *iette* et nappe, carafe, tasse et vaisselle.

OBJETS DE TABLE

ıppe et serviette, assiette et plat, assiette à soupe. En anglais, ıot *nap* et le mot *plat* expriment au contraire la serviette et iette; *A napkin and table-cloth*; *a plat anda dish*; *a soup-plat.* rond de serviette, *a napking-ring*,

ne soupière, un saladier et un sucrier sont un plat à soupe, à de et à sucre; *a soup-dish*, *a salad-dish*, *a sugar-dish.* Un ıtardier, une cafetière, une théière et un pot au lait s'expriment le mot *pot. A mustard-pot, coffee-pot, tea-pot, milk-pot.* L'hui- et le vinaigrier par *cruet burette*; *an oil-cruet, vinegar-cruet.* salière est un cellier, *salt-cellar* et une poivrière, une boîte; *ɔer-box.* Fourchette, *fork.* Cuillère, *spoon.*

omogènes. Table; couvert, *cover.* Sauce et saucier, *saucer* ou *ɔe-boat.* Tasse ou coupe, *cup.* Service. Bouteille, *botle.* Terrine,

omophones. Un verre qui me glace, *glass.* Un bouchon de la ; de Cork, *Cork.* Un tirebouchon, *corkscrew.* Le couteau de ce san naïf, *knife.* Des écuelles pour ranger, *porringer.* Assiette ɪe, *plate.* La boîte de celui qui boxe, *box.* Carafe ou flacon qui fait déchanter, *flagon or decanter.* Bocal cassé par le joug, *jug.*

SOUPES OU POTAGES ET PAIN

)u pain de la rue Bréda, *Bread.* Blanc, *white.* Bis, *brown.* Frais, ɔ, nouveau. Rassis, *stale.* Croûte, *crust.* Mie, *crum.* Un mor- ɪu ponr celui qui habite, *a bit.* Un petit pain pour celui qui eopie un rôle, *a roll*. Un mets comme un plat, *dish*. Des hors-d'œuvre *by dishes*. Du bouillon sur ma brosse, *broth*. Soupe au vermicell ou au riz, *Vermicelli-soup, rice-soup*. De la bouillie au pape, *pap*

VIANDE

Masculin, excepté oie et perdrix, et les femelles.

Viande qui a des mites, *meat*. Gras et fat, *fat*. Maigre comm Pauline, *lean*. Cette tranche est-ce lisse? *a slice*. Ragoût et fri cassée, *ragout and fricassee*; hachis, *hash meat*. Du bouilli, *boile meat*. Du rôti, *roast meat*. Les os de ma bonne, *bone*. Chair percé d'une flèche, *flesh*.

Le bœuf sur la note que je biffe, *beef*. La vache du pays de Cau *Cow*. *Roast-beef, beefsteak*; à la mode *beef*. Filet, un aloya pour le sire qui est loin, *sirloin*. Bœuf se dit aussi *ox*, pluri *oxen*, mais pas à table.

Du veau de notre ville, *veal* ou *calf*. Des côtelettes de veau, *ve cutlets*. Une tête de veau, *a calf's head*. La tête est une granc aide. Les génitifs avant les noms, un *s* avec une apostrophe. Du fr candeau, veau lardé, *larded veal*. La poitrine d'un veau de Bres *Breast*. De la cervelle, pas un brin, *brains*. Les pieds que vous fîte *feet*, singulier *foot*.

Mouton, *mutton*. Cotelette arrosée d'une chope, *chop* ou *cutl* Le gigot ou cuisse que tu me lègues, *leg*. Epaule à solder, *shoulde* Des rognons, *kidneys*. Un quartier d'agneau, *a quarter of lamb*. I brebis qu'on me chipe, *sheep*.

Porc ou cochon, *pork*. Du lard pour Roger Bacon, *Bacon*. I jambon pour le fort de Ham, *Ham*. Saucisse, *sausage*; saucissc saucisse fumée, *smoked sausage*; boudin, *pudding*; cervelas, même; andouille, saucisse aux tripes, *chitterling sausage*.

De la volaille, *poultry*. Un poulet vaut mieux qu'une chiqu *chick*; cette poule est folle, *fowl*. Cuisse, *leg*. Aile, *wing*. Carcas et gésier, *carcass and gizzard*. Le croupion qu'il faut que je romp *rump*. Un abatis avec des gibelottes, *the giblets*.

Un canard et une cane pour la table du duc, *duck, a female duc* des oies à ma guise, *geese*; une oie truffée, *a truffled goose*. Pige et pigeonneau, *young pigeon*. Une perdrix, *partridge*; un perdrea *young partridge*. Un lièvre pour ce pauvre hère, *hare*; et un lap pour M. Rabit, *Rabbit*. Un faisan, *pheasant*. Un chevreuil pour député Roebuck, *Roebuck*.

Des œufs dans une aigue, *egg*. Des œufs à la coque ou mous, *'t eggs*. Des œufs sur le plat ou frits, *fried eggs*. Des œufs à la ıce blanche (avec une) *with a white sauce*. Une omelette au lard, *omelet with bacon*.

Lait, *milk*. Crême, *cream*. Beurre fait pour rebuter, *butter*.

POISSON

Ce poisson, je m'en fiche. *fish*. Arête, os de poisson, *fish bone*. aille trouvée à Chelles, *shell*. Cette queue est telle, *tail*. L'é-ıg où les oies pondent, *pond*. La mer et voir une scie, *sea and to*. *Pond fish, sea fish, river fish*.

Homogènes : Un crabe ; une carpe, sole et sardine ; *crab, carp, le, sardine*. Un esturgeon, goujon et saumon ; *sturgeon, gudgeon ıd salmon*. Un turbot, le même. Une tanche, *tench*. Un maque-au, *mackerel*. Un hareng, *herring* ; sons *au* et *an* masculins. Un ıchois, *anchovy*. Une lamproie, *lamprey*. Une écrevisse, *cray fish*.

Homophones. Les moules et leurs muscles, *muscles*. La truite ıi trote, *trout*. La morue réglementée par le code, *cod*. Les huî-es qui portent les oies à se taire, *oyster*. Une anguille et un mal ıns une île, *eel, ill*. Du congre, *conger eel*. Le brochet dont une ·ête me pique, *pike*,

FRUITS ET ARBRES FRUITIERS

En français, l'arbre formé en ajoutant *ier* au fruit. En anglais, fruit puis le mot *tree* (arbre).

Une cerise chérie, un cerisier, *cherry, cherry-tree*. Fraise, mure, ·amboise et groseille du Berry ; fraisier, mûrier, framboisier, gro-eiller. *Strawberry, mulberry, raspberry, gooseberry*. La poire est ·ire ; *pear*. La prune sur la plume ; *plum*. La pomme de celui qui ppelle ; *apple*. L'aveline de Philibert ; *filbert*. Le citron dans le imon ; *Lemon*. *Nut* terminaison de noix, châtaigne et marron. *Walnut, chesnut and large chesnut*. Noisettes soignées avec zèle ; *ıazel*. Du raisin à grappe ; *grape*. Une vigne, *vine*. Amande, *almond*.

Homogènes : fruit, melon, olive, date, orange. Fig. *apricot, ıeach*.

BOISSONS

Boisson avec laquelle on trinque ; *drink*. Boire, *to drink*. De l'eau pour ouater ; *water*. Vin, *wine*. Bière *beer*. Cidre, *cider*. Eau-de-vie, *brandy*. Limonade, *lemonade*. Sorbet, *sherbet*. Punch. Ratafia. Noyau. orgeat. Sirop, *syrup*. Thé, *tea*. Café, *coffee*. Chocolat, *chocolate*. Liqueur, *liquor*. Genièvre, *gin*.

LOCUTIONS

Inviter quelqu'un à dîner.

To invite somebody to dinner.

Envoyer ou adresser une invitation à quelqu'un.

To send an invitation to somebody.

Être invité à déjeuner chez M... Recevoir une invitation à dîner... pour le bal de... pour une soirée.

To be invited to take breakfast (à prendre déjeuner) *at M., to receive an invitation for a dinner, for a ball, for an evening party.*

Faire un second déjeuner avant le dîner et le souper.

To take a lunch before dinner and supper.

Faites-moi le plaisir de dîner avec moi (présent), de venir dîner avec moi (futur), mais on dîne chez quelqu'un.

Do me the favor to dine with me. Do me the pleasure to come and dine with me; but one dines at somebody's house.

Servez le dîner, mettez la nappe, le couvert.

Serve the dinner, lay the table-cloth, set the table.

Le dîner est servi, nous attend.

Dinner is ready or is on the table; is waiting for us.

Manger *du* veau, de la soupe, des côtelettes; mais manger *une* côtelette de veau.

To eat some veal, some soup, some chop, but to eat a veal cutlet.

Boire du vin pur; boire un verre de vin, une tasse de thé.

To drink some pure wine; to drink a glass of wine, a cup of tea.

Prendre le thé, le café. Merci, je ne bois pas de thé.

To take tea, coffee. Thank you, I don't drink tea.

On se met à table. Asseyez-vous à cette place ou voici votre place.

One sits down to dinner. Sit down in this place. Here is your place or take this place.

Ce mets est très-bon; voulez-vous y revenir?

This dish is very good; will you take some more.

Voulez-vous prendre quelque chose de plus?

Je vous en demanderai encore un peu; mais je me réserve pour le dessert.

I will ask you for a little more; but I am reserving for dessert.

Je demanderai vous pour un peu plus; mais je suis réservant pour dessert.

ENSEIGNEMENT BUÈSSARD

Organisation et progression des cours

Les enfants d'une maison d'éducation se divisent en 4 classes : 1o ceux qui ne savent ni lire ni écrire ; 2o les jeunes enfants de 6 à 9 ans qui savent lire et écrire ; 3o les enfants de 10 à 12, attardés et pressés ; 4o les élèves avancés.

I. — COURS ENFANTIN.

Grammaire, calcul, géographie, histoire et mythologie.

Méthode pour les jeunes enfants de 6 à 9 ans, les mettant à même d'acquérir l'instruction première par des moyens à leur portée qui peuvent être appris facilement et repassés rapidement et par un système de progrès qui donne de l'émulation toute l'année.

II. — COURS USUEL ET MÉTHODE POUR LES GENS PRESSÉS.

INSTRUCTION USUELLE EN DEUX ANS.

Grammaire, calcul, tenue des livres, géographie et histoire usuelles, style.

La plupart des élèves des externats, des pensions ordinaires et des écoles gratuites, c'est-à-dire de la grande majorité des classes ne font que passer dans les maisons d'éducation et s'en vont après la première communion. Les méthodes ordinaires sont donc trop lentes et ne peuvent pas réussir avec la majorité. Il fallait une méthode pour les élèves pressés ; la mienne est établie sur trois moyens : 1° un cadre d'études formant un cours complet d'instruction usuelle et que les intelligences ordinaires peuvent parcourir en deux ans ; 2° des moyens rapides d'enseignement et sans abstractions, résumant chaque règle, chaque réponse dans une ligne ou une demi-ligne ; chaque théorie pouvant donc ainsi être apprise rapidement et repassée sans cesse ; 3o des petits papiers de récapitulation qui mettent à même de répondre sans hésitation, de repasser rapidement une étude et d'être assuré des questions qu'on sait et de celles qu'on ne sait pas.

Ire PARTIE DU COURS USUEL.

GRAMMAIRE.

D'abord la *grammaire enfantine*. Tous les jours, une leçon et une dictée formée de 2 des dictées enfantines avec les pourquoi par écrit des mots soulignés (adjectifs, verbes et autres principes). Tous les deux jours un verbe ; l'analyse grammaticale seulement de vive voix. Quand on a repassé 2 ou 3 fois cette grammaire élémentaire, et fait toutes les dictées à l'appui, on passe au cours usuel. Les élèves qui veulent faire les progrès de grammaire sans attendre qu'on apprenne en leçons le cours usuel, le peuvent en apprenant en plus de la leçon du cours enfantin, soit l'étude des verbes de la 1re et de la 2e conjugaison, soit le premier quart des homonymes et ainsi des trois autres premiers progrès des cinq études de la grammaire.

Cours usuel et étude d'ensemble par leçon, 5 questions de principes, 5 de verbes, 5 d'usage, 5 d'homonymes, 5 de syntaxe, Mes dictées en cinq parties et comme devoir, la dictée recopiée et chaque élève le pourquoi de ses fautes, le pourquoi de chaque faute de principes et le mot d'usage qui avait été mal orthographié, écrit cinq fois. Les grandes dictées de mon livre se coupent ordinairement en deux : 1o Principes, usage, homonymes, 2 connaissances usuelles et philodéoniques de morale ; ces deux dernières représentent des dictées à livre ouvert. Quand ces grandes dictées qui embrassent tout le mécanisme de la langue française sont épuisées, on les recommence. Tous les jours, de la grammaire mais en alternant ainsi : tous les 2 jours la récitation de la leçon de grammaire avec explication par le maître et dictée de trois exemples sur chaque règle qu'on répète. Tous les deux jours une dictée avec les pourquoi des fautes. Par semaine, 2 verbes et une analyse grammaticale par écrit ; ordinairement celle-ci seulement de vive voix. Une composition par semaine ; places pour les prix comptées seulement depuis Pâques afin que les élèves nouveaux puissent concourir.

CALCUL.

Numération, addition, soustraction, multiplication et division. La théorie en quatre pages et tout le calcul usuel, y compris les intérêts, rentes et associations et nouvelles mesures en 50 problèmes facilités. Comme enseignement et comme leçons des premiers mois, le cours enfantin ; mais les élèves qui veulent faire les progrès de calcul doivent les faire avec l'étendue et le complet qu'ils ont dans le cours usuel. Tous les jours du calcul et par leçon, 5 problêmes, 3 sur l'étude qu'on apprend, 2 sur les études apprises antérieurement.

GÉOGRAPHIE.

Cours enfantin, mais en donnant plus d'étendue à chaque progrès. 1. Définitions, 2 Europe, capitales et bornes, mers, îles, etc. 3. France, chefs-lieux et départements et bornes, mers, îles, etc. 4. Tour d'Asie, d'Afrique, d'Amérique et d'Océanie.

HISTOIRE ET MYTHOLOGIE.

Histoire. — Cours enfantin, mais en donnant aussi plus d'étendue à chaque progrès. Histoire ancienne élémentaire, moyen âge et moderne, chacune en deux progrès.

Mythologie emblématique. — Pour apprendre à reconnaître les statues des dieux et demi-dieux. Un seul progrès.

La condition d'un progrès c'est de tirer sans faute trente petits papiers sur tous ceux d'une étude. L'élève qui a obtenu un progrès passe au suivant sans attendre les autres élèves, et par le système de ma méthode, on n'attarde jamais les travailleurs pour les paresseux.

STYLE ET LECTURE.

Reproduction d'un récit en y ajoutant une réflexion.

Lettres usuelles à sujet donné par le maître ou au choix de chaque élève.

Lecture et récitation expressives.

Un style par semaine; sujet donné huit jours à l'avance, afin que l'élève puisse le travailler et l'on peut y joindre comme leçon la rhétorique de mon cours de style.

2e PARTIE DU COURS USUEL.

Grammaire. — Cours usuel dans les mêmes conditions; quand on est au bout d'une étude, on la recommence pour la repasser.

Couronne de récapitulation de grammaire; conditions : les quinze progrès obtenus, les dictées à livre ouvert et les pourquoi sans fautes; puis 100 questions tirées sur toutes les questions de grammaire déposées dans l'urne.

Calcul. — Intérêts, rentes associations, nouvelles mesures et calcul mental. Couronne de récapitulation du calcul usuel.

Tenue des livres à parties doubles et apprise rapidement, étant résumée en 30 articles. 5 articles par leçon et la tenue des livres alternant tous les deux jours avec le calcul.

Géographie. — Le cours usuel en huit progrès ou grandes études, cours seulement topographique, mais détaillé et l'étude des sous-préfectures sur rivières et dans l'ordre géographique.

Couronne de géographie topographique et usuelle, quand on a obtenu les huit progrès, et qu'on tire sans faute cent questions sur les mille qui composent cet ensemble.

Histoire. — Histoire de France. — Mon résumé divisé en neuf progrès. — Découvertes et inventions.

Couronne d'histoire de France.

Style et lecture. — Style en quatre parties. — Lecture et récitation expressive.

III. — COURS SUPÉRIEUR. — 1re ANNÉE.

Grammaire générale et grammaire usuelle repassée. — Arithmétique, proportions, carrés, etc., alternant tous les deux jours avec la grammaire. — Style et lecture expressive. — Cosmographie et physique usuelle. — Histoire générale ancienne. — Géographie ancienne et géographie physique, administrative, topographique, industrielle et historique de la France. — Rhétorique et littérature ancienne. — Mythologie appliquée à l'histoire et à la littérature

2 ANNÉE.

Grammaire. — Mathématiques. — Style et lecture expressive. — Chimie usuelle appliquée. — Histoire, géographie et littérature du moyen âge. — Histoire des arts.

3e ANNÉE.

Histoire, géographie et littérature modernes. — Philosophie du devoir.

Les prix d'honneur de récapitulation : 1° de grammaire usuelle et générale; 2° d'arithmétique tout entière et de tenue de livres; 3° de géographie générale; 4° d'histoire générale, arts et découvertes; 5° de rhétorique, littérature et mythologie; des sciences physiques, chimiques et naturelles.

MÉTHODE POUR NE PAS OUBLIER.

Trois moyens : 1. petits papiers mettant à même de repasser rapidement et sûrement chaque étude; 2. couronnes de récapitulation; 3. examens trimestriels de récapitulation et études repassées chaque semaine. Chaque semaine, tous les petits papiers des progrès qu'on a faits dans chaque étude, mêlés et tirés, et pour ne pas avoir tout à repasser à la fois et pour la première fois du trimestre, chaque semaine repasser une étude et en tirer les petits papiers. A l'examen trimestriel, cent questions tirées dans chaque étude, et pour récompense, un grand cachet de récapitulation trimestrielle. Dans les pensions, 3 cachets par division et par étude, 1er, 2e et 3e, selon l'ordre de mérite des élèves, et le cachet d'honneur trimestriel à l'élève qui a eu le plus de cachets de récapitulation. On oublie par toutes les méthodes, il est surtout de la nature de l'enfant d'oublier; mais par ma méthode, on repasse rapidement et sûrement et on repasse sans cesse.

FEUILLE DE PROGRÈS.

ET D'ÉMULATION TOUTE L'ANNÉE.

Mettant à même de faire des parties d'études complètes, de savoir où l'on en est de son instruction, au lieu de tout commencer sans rien compléter comme cela se passe ordinairement, système n'attardant plus les travailleurs pour les paresseux et procurant de l'émulation toute l'année. Chaque élève a sa feuille de progrès sur laquelle le professeur écrit ces mots : Progrès de... (la date et signature). L'élève convient avec ses parents d'une récompense, d'une petite somme pour chaque progrès qu'il présentera ; de plus les parents et les maîtres savent toujours ainsi où en est l'instruction de chaque enfant.

POISSY. — TYPOGRAPHIE ARBIEU.

ŒUVRES DE M. PAUL BUESSARD

Enseignement Buessard. 22 cours. **Études sociales.** 3 ouvrages. **Œuvre philodéonique.** 3 ouvrages.

Fêtes et chants philodéoniques.

12 fêtes, 37 chants, et 3 autres musiques.

60 ouvrages formant une idée unitaire, auxquels on peut souscrire ensemble ou séparément. Souscription de 30 fr. en un bon sur la poste, donnant droit aux ouvrages publiés; ou 2 fr. par volume et 2 fr. 50 par la poste.

EXPOSÉ

DE L'ENSEIGNEMENT BUESSARD

ET

DE L'ŒUVRE PHILODÉONIQUE

BUREAU DE SOUSCRIPTION

CHEZ M. PAUL BUESSARD, GRANDE RUE DE PASSY, 41

Dépôt de la rive droite

CHEZ BRÉAUTÉ, PASSAGE CHOISEUL, 28

Dépôt de la rive gauche

CHEZ LAROUSSE ET BOYER, RUE SAINT-ANDRÉ-DES-ARTS, 49

ENSEIGNEMENT BUESSARD

EXPOSÉ DE LA MÉTHODE POUR LES GENS PRESSÉS.

Le monde se compose en grande majorité d'ignorants, et l'ignorance du plus grand nombre tient beaucoup à la lenteur et à la difficulté de la méthode ordinaire, qui ne convient pas à la majorité, aux gens pressés, soit qu'ils quittent la classe encore jeunes et dès après la première communion, soit qu'ils n'aient qu'une éducation manquée et qui demande à être refaite rapidement. Les trois quarts des élèves quittent l'école sans avoir même l'instruction première et usuelle; sur une classe de trente élèves, il n'y en a que cinq ou six qui marchent, les cinq ou six qui ont une intelligence et une volonté exceptionnelles. Il en est des intelligences comme des cœurs, la majorité est médiocre, et tout moyen d'enseignement basé sur une abstraction ou sur un raisonnement soutenu ne va pas à l'enfant; pour une nature intelligente et appliquée il y en a vingt médiocres et paresseuses avec lesquelles toute méthode longue et difficile n'arrivera jamais. L'ignorance du plus grand nombre est un triste fait qui met en droit de penser que le système ordinaire d'enseignement n'est pas ce qu'il peut y avoir de mieux, et je crois avoir eu une idée utile et rendu service en créant une méthode plus facile et plus rapide qui procure l'instruction à ceux avec lesquels les méthodes routinières avaient échoué.

Par ma méthode pour les gens pressés, mon but est de mettre à même d'abord l'enfant de dix ans d'acquérir dans deux ans l'instruction usuelle : français, calcul, tenue des livres, histoire et géographie usuelles, puis l'adulte à éducation manquée de refaire en peu de temps son instruction entière ou partielle. Méthode établie sur trois moyens de mnémotechnie naturelle : 1° chaque étude resserrée dans un cadre que toute intelligence difficile et toute personne pressée puissent parcourir; 2° chaque réponse dans une formule courte formant une liaison d'idées, sans rien de factice, et rapide à apprendre et à repasser; 3° des petits papiers mnémotechniques de récapitulation mettant à même de repasser rapidement une étude et d'être sûr des questions qu'on sait et de celles qu'on ne sait pas.

J'ai rompu avec la routine parce qu'elle ne réussissait pas avec la majorité des élèves; mais ce n'est point une utopie que mes moyens d'enseignement puisque je les applique depuis 1837; ma méthode pour les gens pressés est établie sur des moyens en dehors de la routine, mais consacrés par un succès de vingt-cinq années sur plus de six mille élèves dont j'ai été le professeur dans différentes familles et institutions de Paris, et dont j'ai refait en peu de temps les éducations manquées. Une méthode ne se juge que par ses résultats et j'offre à chacun une épreuve concluante sur des élèves attardés.

GRAMMAIRE.

La grammaire se divise en sept études : 1° L'orthographe de principes; 2° l'étude des verbes; 3° l'orthographe d'usage; 4° l'étude des 600 homonymes; 5° la syntaxe usuelle; 6° la grammaire générale; 7° le français pour les étrangers.

L'ORTHOGRAPHE DE PRINCIPES.

L'orthographe de principes sans abstractions grammaticales, toutes les difficultés prises une à une et chacune résolue par un simple regard ou par un changement indicateur. Grammaire de principes en quatre pages, pouvant être ainsi apprise rapidement et repassée sans cesse.

L'exercice des pourquoi faisant sans cesse écrire et repasser les règles, et donnant un mot type pour écrire tous ceux soumis à la même règle; exercice des pourquoi remplaçant l'abstraite et stérile insignifiance et les pertes de temps de l'analyse grammaticale et logique. Cette dernière surtout est une abstraction difficile et qui n'enseigne à écrire aucun mot. L'analyse grammaticale a une certaine utilité, mais fait perdre trop de temps à des choses inutiles; l'exercice des pourquoi, au contraire, ne porte que sur les mots essentiels. J'ai conservé des devoirs d'élèves qui faisaient sans faute une analyse grammaticale, une analyse logique et un verbe, et qui avaient cinquante fautes de principes dans une dictée d'une page.

Voici quelques exemples du système des yeux :

Ce sont, se sont. Ce, devant nom, *se,* devant verbe; phrase-type du modèle des pourquoi : Ce sont ces messieurs qui se sont contrariés. Pourquoi : ce sont, par un *c,* parce qu'après ce sont, il y a messieurs, qui est un substantif; se sont, par un *s,* parce qu'après se sont, il y a contrariés, qui est un verbe.

Impératif, s moins *e* muet. Phrase-type : Écris-moi et ne crie pas. Pourquoi : écris-moi, un *s,* impératif sans *e* muet; ne crie pas, sans *s,* impératif avec *e* muet.

Voici maintenant deux exemples par les changements indicateurs : *a, sans accent,* quand par avait. Phrase-type : Il a manqué à ses devoirs. Pourquoi le premier *a* sans accent? parce qu'on peut dire : il avait manqué.

Distinguer les temps des verbes. Changer par le pluriel. Il faut que j'aie la conscience que j'ai. Pourquoi : le premier que j'aie par un *e,* parce qu'en changeant par le pluriel, on dirait que nous ayons; le second sans *e,* parce qu'en changeant par le pluriel, on dirait que nous avons. Si l'on fait des fautes, c'est qu'il est souvent difficile de distinguer si c'est l'indicatif ou le subjonctif, le passé défini ou l'imparfait, le futur ou le conditionnel; voilà un moyen facile.

Les deux tiers des difficultés de l'orthographe de principes peuvent être résolus par le système des yeux ou par un changement indicateur, et, comme on le voit, je résume chaque règle dans une ligne ou dans une demi-ligne, afin qu'on puisse l'apprendre rapidement et la retenir facilement.

Les deux genres ordinaires de participes peuvent s'écrire par le système des yeux. Quant aux difficultés exceptionnelles, le moyen d'en venir à bout, c'est de les prendre une à une, d'appeler sur chacune d'elles une attention spéciale et de donner un moyen simple de les résoudre. Une seule règle pour les deux participes ordinaires et pour les douze cas spéciaux ne vaut rien et ne m'a jamais réussi; il faut, au contraire, préciser chaque difficulté. Par exemple, le participe suivi d'un infinitif : La romance que j'ai entendu chanter par la femme que j'ai entendue chanter. Si l'élève fait les deux questions ordinaires sur la romance que j'ai entendu chanter : entendu quoi? ou qui est-ce qui est entendu? il pourra se répondre naturellement, la romance, et alors il accordera le participe entendu; il fera une faute. Moi je lui donne ce moyen :

Participe suivi d'un infinitif. Question avec le nom sur l'infinitif. Réponse : oui, j'accorde; non, je n'accorde pas. La romance chantait-elle? non, je n'accorde pas le premier participe entendu. La femme chantait-elle? oui, j'accorde le second participe entendue.

L'exercice des pourquoi habitue à se rendre compte de ce qu'on écrit; mais avec des pourquoi faciles, et cet exercice fait sans cesse écrire et appliquer les règles. Le professeur fait souligner dans chaque dictée les mots relatifs aux règles, et ce sont ceux-là seulement que l'élève porte dans la marge de sa copie, et dont il fait les pourquoi ; il peut chaque fois en faire une trentaine d'essentiels, tandis que dans l'analyse grammaticale le temps se passe et se perd à mettre que tel mot qui ne présente aucune variation, aucune difficulté, est un adverbe ou une préposition. Quand un élève est d'une certaine force, il peut se borner à faire les pourquoi seulement de ses fautes.

L'ÉTUDE DES VERBES.

Rapidement apprise à l'aide de deux moyens : 1° tous les verbes en peu de familles distinctes, en vingt-cinq, et chacune avec un verbe-type ; 2° la conjugaison rapide en sept temps et deux personnes; chaque verbe-type appris et repassé en une minute, et mettant à même de conjuguer tous ceux de sa famille.

Le tiers des verbes étant irréguliers, la formation des temps que donnent les grammaires expose à se tromper une fois sur trois. De même, ces irrégularités rendent les radicaux impossibles, excepté pour les verbes de la première conjugaison et très-peu d'autres.

Verbes en enir. Verbe-type venir : Je viens, nous venons. Je venais, nous venions. Je vins, nous vînmes. Je viendrai, nous viendrons. Que je vienne, que nous venions. Que je vinsse, que nous vinssions. Venant, venu.

Quand on sait ce verbe-type, et il est bientôt appris, on sait conjuguer tous les verbes en *enir.* Si vous vouliez conjuguer toute cette famille de verbes par les radicaux, quel serait le radical?

Verbes en ourir. Verbe-type courir : Je cours, nous courons. Je courais, nous courions. Je courus, nous courûmes. Je courrai, nous courrons. Que je coure, que nous courions. Que je courusse, que nous courussions. Courant, couru.

Verbes exceptionnels en ourir. Nourrir et pourrir, comme finir ; mourir, je meurs et que je meure, je suis mort ; les autres temps réguliers.

Dans l'exercice verbal, en récitant le verbe, on doit en dire l'orthographe, et le verbe-type suffit pour écrire tous ceux de sa famille dans tous leurs temps et dans toutes leurs personnes.

L'ORTHOGRAPHE D'USAGE.

Une grammaire d'usage procurant l'orthographe de dix mille mots, avec un guide pour les écrire et un mot-type pour aider l'application de la règle; les exceptions résumées dans une petite phrase facile à retenir. Dans l'étude de l'orthographe d'usage, n'apprendre chaque mot qu'après l'avoir écrit quinze ou vingt fois dans les dictées, c'est trop long, et presque aucun élève des externats et des écoles gratuites n'a le temps nécessaire. Mettre tout le dictionnaire en règles, c'est trop confus; il faut donc se borner aux sons généraux qui ne comportent que peu d'exceptions faciles à retenir. Mon étude en huit pages proure l'orthographe de dix mille mots présentant une difficulté. Les autres sont ans mes dictées d'usage, et après la correction de la dictée, on se met dans les oigts et dans la tête les mots qu'on avait manqués, en les écrivant cinq fois.

Voici quelques exemples pour me faire mieux comprendre :

Euil et ueil, *u* avant l'*e*, après *c* et *g*. Mot-type : le deuil de l'orgueil.

Eur sans *e*, moins l'heure du beurre dans ma demeure.

B double, seulement dans l'abbé au sabbat du rabbin, et nécessairement ans les dérivés de ces trois mots.

L'ÉTUDE DES 600 HOMONYMES.

C'est là une des plus grandes difficultés de l'orthographe, et aucun faiseur e grammaires ne semble s'être douté des deux difficultés des homonymes ; ils e sont bornés à les écrire à la suite les uns des autres, sans aucun moyen d'en aciliter l'orthographe. Ces deux difficultés sont d'abord que l'élève n'est jamais ûr du nombre de manières qu'il y a d'écrire un mot ; puis, qu'il confond l'orographe d'un homonyme avec celle d'un autre. Ma mnémotechnie des 600 hoionymes est établie sur deux facilités :

1° Une phrase résumant toutes les manières d'écrire un mot du même son, et endant sûr du nombre de manières.

2° Un mot indicateur de l'orthographe de tous les homonymes qu'on ne peut as trouver par une règle ou par un dérivé.

Mon cher, vous direz en chaire qu'on préfère de la chair saine *sans é*-pierme, à de la bonne chère, nourriture *bonne et chère*. Cette phrase, apprise ar cœur, me rend sûr qu'il y a quatre manières d'écrire cher. Les deux preiières sont logiques ; mais un des chair féminins s'écrit sans *e*. Le mot indicaeur *sans é*-piderme, appris coupé en deux, indique l'orthographe, empêche de omber dans la faute ordinaire ; la bonne chère est une autre exception, une utre difficulté, mais dont l'orthographe est indiquée par le mot indicateur : ourriture bonne et chère. Rien que cette connaissance des 600 homonymes réorme toute une vicieuse orthographe d'usage, parce que peu de phrases sont ans homonymes.

LA SYNTAXE.

La syntaxe, la correction du langage acquise par quelques formules de mnénotechnie naturelle ; toute la syntaxe usuelle en sept pages avec chaque réponse et chaque pourquoi résumés dans une ligne. La syntaxe a été appelée le haos de la grammaire, et l'on voit combien sont mal établies les grammaires qui mêlent tout, font tout apprendre à la fois, orthographe et syntaxe, et sur haque chapitre disent tout à la fois. Dans chacune de mes études, il y a trois ours progressifs : un élémentaire, un usuel et un supérieur. Je me suis efforcé le sortir la syntaxe du dédale que lui avaient fait les grammairiens, et de la nettre à la portée de toutes les mémoires et de toutes les intelligences. J'ai éservé les abstractions et les dissertations philologiques pour ma grammaire générale.

QUELQUES SUBSTANTIFS DÉNATURÉS : *Chat d'Angola*, — chat d'Angora, Asie Mineure.

Franchipane, — frangipane, pâtisserie du marquis de Frangipani.

Jeu d'eau, — jet d'eau, qui jette de l'eau.

Pied-droit, — pied-de-roi, du roi Charlemagne.

Fringale, — faimvale, faim d'une cavale.

Concordance des temps, après présent ou futur, présent du subjonctif ;

après passé ou conditionnel, imparfait du subjonctif. Il faut, il faudra que j'aille ; il fallait, il faudrait que j'allasse.

Place des deux pronoms. Direct, le premier, excepté négation avec me, te, nous, vous. Donne-le moi ; ne me le donne pas.

Je termine cette syntaxe en donnant une idée de l'analyse logique et des principaux genres de propositions, mais sans en faire un exercice et une perte de temps de chaque jour.

Ma grammaire générale et comparée a pour but d'étudier toutes les questions controversées et les illogismes de la langue française, en offrant le moyen de rendre aux mots et aux locutions irrégulières leur logique et leur uniformité de famille, sans bouleverser la langue. Cette grammaire générale se rattachant à mon cours supérieur et non à mon cours usuel, à ma méthode pour les gens pressés, je ne dois pas m'étendre ici davantage.

Ma méthode d'orthographe est corroborée par un système de dictées graduées, enchaînées et formant un ensemble qui embrasse tous les genres de difficultés de l'orthographe. Il ne suffit pas, comme le croient beaucoup d'instituteurs, de mettre n'importe quoi dans les dictées, pourvu qu'elles commencent par le substantif ; puis, qu'on en vienne à l'adjectif, au verbe, etc., plusieurs considèrent comme un système de dictées graduées un livre de dictées très-employé, un livre dont la première dictée commence par cette phrase toute hérissée de difficultés, et dont l'enfant ne peut se rendre aucun compte : C'est Dieu qui nous a donné toutes les facultés nécessaires pour apprendre les mathématiques, la grammaire, l'histoire, la géographie. Voilà où en sont encore beaucoup trop d'instituteurs. Mes dictées graduées sont composées seulement de mots que l'enfant ou l'adulte qui commence puisse écrire sans faute, et dont il puisse se rendre raison, ne le décourageant pas dès les premiers pas par le grand nombre de fautes qu'il fait. Dictées enchaînées et faisant repasser celles qui précèdent ; puis grandes dictées embrassant dans leur ensemble toutes les parties de l'orthographe, et dont chacune est formée d'une dictée de principes, d'une dictée d'usage et d'homonymes, et d'une dictée à livre ouvert, établie sur les connaissances usuelles et sur la morale.

Le français est l'étude la plus difficile et la plus longue, et bien qu'elle soit la plus nécessaire, il y a 999 français sur mille qui ne savent pas l'orthographe. Ce fait m'a semblé, comme à beaucoup de gens, la condamnation de la méthode ordinaire, et voilà pourquoi j'ai dû changer complétement le système d'enseignement de chaque partie de cette étude, prendre une à une chaque difficulté, et la soumettre à une solution nouvelle plus facile et plus rapide.

MÉTHODE DE FRANÇAIS POUR LES ÉTRANGERS.

PREMIÈRE PARTIE DU COURS.

La grammaire comparée des deux langues et première étude des verbes.

Le langage usuel en trente exercices et conversation élémentaire.

Le genre des mots appris par les sons et à l'aide de mon tableau en deux pages.

Mes principes de lecture sur la valeur et l'articulation des sons.

DEUXIÈME PARTIE.

Orthographe élémentaire, grammaire, dictées et pourquoi.

Deuxième étude des verbes.

Traduction de fables et dialogues de la langue étrangère en français, avec exercice philologique des corrections et notes prises et conservées des expressions et locutions manquées.

Fables de Lafontaine et de Florian apprises par cœur, et conversations établies sur les dialogues de ces fables.

TROISIÈME PARTIE.

Orthographe, cours usuel; ma grammaire en quatre pages. Règles, dictées, avec les pourquoi des fautes.

Étude des 600 homonymes, par mon moyen facilitant.

Syntaxe et grammaire générale.

Traductions et lettres.

Lectures et promenades instructives et amusantes, avec mon histoire des arts et ma littérature, compte rendu et conversation.

Je me suis assez étendu sur l'exposé de ma méthode de français, pour qu'il me suffise d'indiquer les trois parties et les modifications nécessaires dont je compose mon cours pour les étrangers.

ÉTUDE DES LANGUES ÉTRANGÈRES.

LANGUE ANGLAISE.

Pour parler et écrire une langue, il faut trois choses : acquérir un grand nombre de mots et ne pas les confondre; connaître les locutions, les manières de s'exprimer de la langue étrangère qu'on apprend, et leurs différences avec celles de la langue maternelle dans laquelle on pense; enfin, connaître les principes d'orthographe et de syntaxe de cette langue étrangère.

Ma méthode repose sur les six éléments et exercices suivants : 1° un tableau des règles de la prononciation; 2° une mnémotechnie du langage usuel facilitant l'acquisition rapide et sans confusion des mots et locutions usuelles; mots appris par les homogènes et homophones; locutions apprises par l'exercice philologique; 3° ma grammaire franco-anglaise en douze pages, qui permet d'apprendre et de repasser rapidement les principes, grammaire rapide et facilitée par une philologie comparée; 4° des traductions de fables et de dialogues de français en anglais, avec l'exercice philologique des corrections, et notes prises et conservées des expressions et locutions manquées, puis ces fables apprises par cœur; 5° des lectures et promenades instructives et amusantes, avec mon histoire des arts et ma littérature, compte rendu et conversation; 6° l'orthographe apprise par une grammaire à théorie rapide et mnémotechnique; par des dictées et par l'exercice des pourquoi des fautes des dictées et des traductions.

Une méthode ne se juge que par ses résultats et par la comparaison, et je prie de faire sur deux élèves, dans des conditions à peu près égales, les trois épreuves suivantes : 1° Comme grammaire, faire apprendre à l'un la grammaire qu'on voudra, à l'autre la mienne, et constater lequel des deux aura appris le plus rapidement la grammaire usuelle, les verbes irréguliers, et saura le mieux la philologie comparée du mode de construction des phrases dans les deux langues. 2° Comme mots, prendre cent mots parmi ceux de mes études publiées et soumis à mon moyen homophone, et constater lequel des deux élèves répondra avec le moins de confusion quand on lui demandera : Comment ditun tel mot en anglais ? 3o Comme locutions, constater lequel des deux élèves, par exemple, saura le mieux calculer en anglais. Je me mets à la disposition de tous ceux qui voudront faire une épreuve loyale de l'un ou de l'autre des vingt-deux cours de mon enseignement.

Dans mon étude des langues étrangères, ma méthode de latin sert de modèle pour l'étude des langues anciennes, ma méthode d'anglais pour celle des langues modernes.

ARITHMÉTIQUE.

MÉTHODE.

1o La théorie résumée en quelques formules courtes, faciles à retenir; 2o tout le calcul usuel en 50 problèmes facilités pouvant être refaits chaque mois, par conséquent bien sus ; 3o les problèmes abstraits avec de nouvelles solutions faciles, uniformes, pratiques, à la portée de toutes les intelligences ; 4o le calcul mental.

NUMÉRATION.

Fraction — parties d'unité.

Nombre fractionnaire — entiers dans fraction.

Nombre concret, cum, avec l'énoncé d'un objet.

Nombre abstrait, abs, sans l'énoncé d'un objet.

Écrire un nombre, Noms des colonnes écrits jusqu'à unités ; colonnes de trois chiffres, moins première à gauche, et zéro à gauche pour chiffre manquant ; trois zéros pour colonne manquante.

Ainsi, avant de poser les chiffres, l'enfant écrit le nom des colonnes et, par ce petit moyen si simple, il ne passe pas de colonne.

Numération romaine. I, un doigt ; V, les cinq doigts ouverts ; X, les dix doigts croisés ; L, 50, moitié d'un C, cent ; D, 500, moitié de *CIↃ*, autre expression de mille. Lettre avant moins, excepté au-dessus de cent.

Réduire sous en centimes et francs. Jouer à pair ou non. Prendre la moitié et ajouter un 0 quand le nombre des sous est pair, un 5 quand il est impair, puis deux chiffres par une virgule. 8 sous ; la moitié de 8 est de 4, et comme 8 est pair, j'ajoute un 0 : 40 centimes. 17 sous ; la moitié est 8, et comme 17 est impair, j'ajoute un 5 : 85 centimes.

COMPTES D'INTÉRÊTS ET DE RENTES SUR L'ÉTAT.

Intérêt par an. Deux chiffres par une virgule et multiplication par le taux de l'intérêt.

Intérêt par jour. Somme par les jours, trois chiffres séparés par une virgule, sixième et tout comparé à l'intérêt à 6.

Voilà le moyen uniforme de solution des intérêts par jour, et comme dans le commerce l'intérêt est ordinairement à 6, on n'a à faire qu'une multiplication et à prendre le sixième. Ce moyen est beaucoup plus rapide que la solution par l'unité.

Rentes sur l'État. Proportion, cours : taux : : capital : rente. Au moyen de cette proportion, on résout tous les genres de comptes de rentes sur l'État, soit qu'on cherche quelle est la rente d'un capital quand la rente tant est à tant, soit le capital d'une rente, soit à combien pour cent on place son argent.

Dans le calcul pratique, il faut surtout la rapidité; je me sers de la solution par l'unité quand elle n'est pas plus longue qu'un autre moyen, mais elle a souvent l'inconvénient de l'être.

NOUVELLES MESURES.

C'est une grande aberration de presque toutes les arithmétiques de se borner à enseigner les nouvelles mesures sans les rapports avec les anciennes et sans les moyens de conversion. Le système décimal a un immense avantage pour les calculs; mais, dans plusieurs usages, l'habitude a trouvé plus clair et plus commode l'ancien système; on dira bien longtemps encore : J'ai fait deux lieues et demie et non 10 kilomètres ou un myriamètre. Donnez-moi une livre ou une demi-livre de viande, et non 500 grammes de viande ou deux hecto et demi. La science elle-même a conservé le système duodécimal parce que 12 a plus de diviseurs que 10. J'enseigne donc en vingt problèmes les valeurs réciproques et les conversions.

Quant au calcul mental, il est très-utile dans la pratique et trop négligé dans l'enseignement; je lui ai consacré un exercice spécial en 50 problèmes qui résument tous les cas usuels et qui exercent l'esprit à calculer. Mon jeu philodéonique du calcul a aussi pour but de procurer par l'attrait l'habitude du calcul mental.

Le calcul usuel, pour être à la portée des intelligences difficiles et à celle des élèves qui ont peu de temps ou qui n'ont pas besoin des superfluités de la science, exige deux conditions : comme théorie, une formule courte, un procédé rapide, facile et uniforme; comme pratique, tous les problèmes usuels en un petit nombre de questions qu'on puisse refaire sans cesse, en changeant seulement les chiffres. Si vous lancez un élève ordinaire, comme sont les trois quarts, dans les problèmes complexes, dans les hautes régions de la science, il y perd même la science usuelle; pour lui donner celle-ci, il faut la resserrer dans un cadre restreint embrassant tout ce qui est utile et la faire pratiquer sans cesse et seule. Mon cours supérieur contient toutes les parties de l'arithmétique et même la géométrie utile, la géométrie appliquée au métrage et aux besoins ordinaires de l'industrie.

LA TENUE DES LIVRES A PARTIES DOUBLES EN DOUZE LEÇONS.

MÉTHODE.

Définitions, formules courtes, faciles et rapides à apprendre. — Tous les comptes usuels en trente articles. — Brouillard avec la formule de rédaction. — Journal avec deux questions-guides empêchant l'erreur et la confusion, puis un petit tableau faisant trouver les comptes de divers et le relevé facile des opérations d'une journée. — Grand livre avec un moyen empêchant les deux erreurs ordinaires. Balance naturelle et dépouillée des parties abstraites et inutiles.

DÉFINITIONS.

Billet à ordre. A telle échéance, je payerai à l'ordre de... la somme de..., valeur en...; en bas, à droite, date, signature et adresse.

Les deux billets. Billet de moi, effet à payer; billet d'un autre, effet à recevoir.

En limitant à trente tous les articles usuels, on comprend que je puisse arriver en très-peu de temps.

LES DEUX QUESTIONS-GUIDES.

Ire Question. Quel est celui des cinq grands comptes qui reçoit quelque chose? et seulement si aucun compte ne reçoit, quel est l'individu qui reçoit?

IIe Question. Quel est celui des cinq grands comptes qui donne quelque chose? et seulement si aucun compte ne donne, quel est l'individu qui donne?

Le nom du compte qui reçoit, premier mot du titre et à gauche au journal; le nom du compte qui donne, deuxième mot et à droite au titre du journal.

Au lieu de profits et pertes, dites pertes et profits et vous ne serez plus exposé à mettre au grand livre du côté et sous le mot pertes, les profits. Les comptes de divers à divers sont de la partie trouble et inutile; tenez-vous-en au compte de tel à divers et de divers à tel.

LE PETIT TABLEAU.

Faisant facilement reconnaître et établir les comptes de divers et le relevé des opérations d'une journée. Ainsi, après avoir fait passer au journal chacun des trente articles, le professeur dira à l'élève : Supposez maintenant que le même jour il y a eu les dix opérations indiquées par dix articles pris dans les trente; voyez ceux qui doivent être passés par le compte de divers. On se borne à faire le petit tableau avec seulement les titres et les sommes. D'abord on pointe les comptes qui ont déjà le mot divers pour porter chacun à part; puis on cherche dans les autres le mot qui est le plus grand nombre de fois du même côté. Quand on a relevé ce compte, on biffe sur le petit tableau les mots qu'il représente et l'on cherche dans ceux qui restent s'il y a encore des comptes de divers. Et remarquez aussi la facilité du petit tableau pour établir les comptes de divers et en reconnaître la justesse : par exemple, dans la négociation d'un billet sous escompte, je suppose que vous ayez oublié l'escompte, le petit tableau vous montrera que vous n'avez pas votre équation et, de plus, il vous indique de quel côté doit être mis au titre du journal le mot divers. Tout teneur de livres trouverait grand avantage et grande sûreté à faire mon petit tableau pour relever et passer les opérations d'un ou de plusieurs jours.

GRAND LIVRE.

Le grand livre n'offre pas de difficultés sérieuses, mais on peut commettre deux erreurs d'inattention, et je donne un petit moyen pour s'en préserver.

JOURNAL.

La grande difficulté, c'est de trouver le compte-débiteur et le compte-créancier; les deux erreurs que l'on commet, c'est de mettre à droite le mot qui doit être à gauche, puis de mettre le nom d'un individu au lieu de celui des cinq grands comptes. Je dis cinq, parce que capital est un compte à part qui ne sert qu'une fois par an pour l'inventaire.

BALANCE.

La balance n'offre qu'une difficulté, c'est le compte de balance de sortie et de balance d'entrée. J'offre le moyen simple et naturel de supprimer ce compte qui est non-seulement de la partie trouble mais absurde, puisque, pour se servir de balance de sortie, il faut tout bouleverser, faire de chaque passif un actif et de chaque actif un passif, et solder chaque compte ainsi renversé et faussé.

Mon volume de tenue de livres renferme les notions supplémentaires qui peuvent être nécessitées par des positions ou circonstances exceptionnelles ; mais j'ai établi une tenue de livres usuelle plus que suffisante pour la plupart des commerces. C'est parce qu'on perd les questions usuelles dans les difficiles et parce que plusieurs détails sont réellement trop abstraits que les parties doubles se sont attiré le surnom de parties troubles et que les neuf dixièmes des commerçants ont renoncé à l'apprendre; et c'est un grave inconvénient qu'un commerçant ne puisse ni tenir ni comprendre ses livres, que bien souvent il n'en ait même pas. Je me suis donc attaché à débarrasser la tenue des livres de tout ce qui la rendait inaccessible au plus grand nombre.

GÉOGRAPHIE.

Cette étude, comme toutes mes autres, se divise en trois cours ; le cours enfantin ou élémentaire, le cours usuel et le cours supérieur. Je donnerai plus loin une idée de l'ensemble de mon cours enfantin ; je ne parlerai ici que du cours usuel qui se rattache le mieux à ma méthode pour les gens pressés.

Je compose ce cours des définitions géographiques et cosmographiques, de l'étude topographique de la mappemonde et des cinq parties du monde, puis de la géographie topographique de la France : provinces, départements, chefs-lieux et sous-préfectures sur rivières.

DÉFINITIONS.

Avec une formule mnémotechnique résumant en peu de mots la réponse à chaque question. Ce que l'on confie à la mémoire doit être court afin qu'elle l'apprenne et le repasse facilement et rapidement. Mais étude surtout sur la carte.

Points cardinaux. Haut, nord ; bas, midi ; droite, est ; gauche, ouest.

Archipel. Groupe d'îles.

S'orienter le jour. Matin, le soleil à droite ; après midi, le soleil à gauche.

Longitude. Distance au méridien, au cercle en long.

Droite et gauche d'une rivière en se tournant vers l'embouchure.

Par ce moyen, aidé, comme toujours, d'explications verbales, je fais apprendre rapidement soixante définitions géographiques et cosmographiques.

MÉTHODE TOPOGRAPHIQUE.

Gravant forcément la carte dans l'esprit de l'élève et par une méthode à quatre moyens de mnémotechnie naturelle : 1° Forcer l'élève à n'étudier que sur la carte en ne posant que des questions et en ne donnant pas de réponses dans le livre. Si vous donnez, comme on le fait ordinairement, des leçons de géographie à apprendre par cœur, l'élève arrivera à la fin du livre sans savoir la géographie, parce qu'il aura trouvé plus commode pour sa paresse d'apprendre chaque jour quelques lignes d'un livre que d'étudier sur la carte. 2o Lui donner les positions relatives des villes et des pays par un questionnaire et par un voyage qui le forcent à chercher sur la carte ces positions relatives. 3o L'obliger et l'exercer par les petits papiers mnémotechniques à répondre instantanément et par questions isolées, comme cela a lieu dans la vie usuelle, et à prouver qu'il a la carte dans la tête. 4o Faire faire par les élèves capables une carte spéciale de la partie d'étude qu'ils apprennent et ne comprenant que les points géographiques objets de l'étude, mais nettement établis. Quant aux élèves qui ne savent pas le dessin, c'est du temps perdu; un bon atlas suffit et, pendant le temps qu'on perd à mal faire la carte d'un pays, on en apprendrait cinq ou six.

Un auteur répandu et d'une position élevée dans l'enseignement m'a pris ma méthode des questions sans les réponses, mais en oubliant de dire qu'elle était de moi et depuis 1837; de façon qu'étant moins connu que lui, on dira probablement que c'est moi qui ai pris sa méthode; et voilà comment se font la gloire et l'opinion.

Je vais faire comprendre le moyen des petits papiers par l'étude des sous-préfectures.

ÉTUDE DES CHEFS-LIEUX ET DES SOUS-PRÉFECTURES SUR RIVIÈRES.

Les classant ainsi que les rivières dans l'esprit de l'élève, en unissant chaque ville à sa rivière, en obligeant à les étudier en ordre sur la carte et en faisant redire par le tirage des petits papiers chaque département autant de fois que chacun contient d'arrondissements.

FLANDRE. — 1 DÉPARTEMENT, NORD.

Chef-lieu, Lille-sur-Deule; les deux sous-préfectures au nord sont Dunkerque et Hazebrouck; les quatre au sud : Douai-sur-Scarpe, Cambrai-sur-Escaut, Valenciennes-sur-Escaut et Avesnes-sur-Elpe.

On est habitué à dire Châlons-sur-Marne; il n'est pas plus difficile de dire Douai sur Scarpe; mais s'il y a toute une ligne et sans méthode pour chaque réponse, l'élève ne peut pas apprendre.

On met sur un petit papier le chef-lieu et chaque sous-préfecture, et quand on repasse la moitié ou la totalité des villes, en étudiant et en tirant chaque ville, on redit le chef-lieu et les sous-préfectures du département; on redit donc sept fois le département du Nord et avec une question différente et isolée, comme cela a lieu dans la vie usuelle.

L'étude des départements par bassins est mauvaise comme division et comme méthode; elle embrouille tout : elle met ensemble des départements d'une province différente; elle place dans le bassin d'un fleuve des départements qui n'ont aucun rapport avec le cours et les rives du fleuve; elle fait un bassin de petits ruisseaux qui n'en forment aucun et doivent se trouver très-étonnés d'un tel honneur inattendu. Dans ces géographies, on ne sait où chercher les départements de la Bretagne ou des autres provinces; chacun est à une page et dans un bassin différents. On ne dira plus un Breton, mais un habitant du bassin du Blavet. De même l'étude de détail des départements par villes principales en bloc est confuse et expose à deux dangers : à prendre pour sous-préfectures des villes qui n'en sont pas et à passer des sous-préfectures.

Mon cours supérieur de géographie présente sur chaque pays sept études : la géographie physique, administrative, topographique, industrielle, artistique, historique et philosophique.

HISTOIRE.

Sans aucune de ces mnémotechnies factices en dehors des habitudes ordinaires de l'étude et de la vie usuelle et qui ne s'appliquent qu'aux dates, ce qui n'est pas toute l'histoire. Mnémotechnie naturelle en quatre exercices.

Étude des dates donnant à retenir le moins de dates possible, caractérisant chaque siècle par un type en quelques mots et faisant trouver avec ce peu de jalons le siècle de tous les faits et de tous les hommes, et le synchronisme des faits des différentes nations dans chaque siècle. Pour les histoires particulières, la date principale et la liaison de ces trois idées : la date, le nom de l'homme et son grand fait, trois choses qui, apprises sans les séparer, empêchent la confusion ordinaire.

Étude des faits. Le mot cause et le mot conséquence écrits à chaque fait et donnant ainsi d'une manière naturelle et distincte la cause et la conséquence de chaque fait, deux choses que l'enfant ne trouve pas ou confond, et exercice qui développe et rectifie son intelligence.

Étude des hommes, donnant à un homme pour surnom son grand fait ou ses principaux faits, de manière que, par cette liaison d'idées, on les trouve naturellement l'un par l'autre et aussi facilement que l'un des noms d'une personne qu'on est habitué à appeler par ses deux noms, ou bien formule résumant la vie d'un homme.

Étude des mœurs en six cadres méthodiques : vie religieuse, administrative, industrielle, artistique, militaire et privée, méthode qui empêche la confusion ordinaire et ne laisse plus l'élève ne savoir même pas par quel bout prendre sa réponse.

Petits papiers rendant sûr de ce qu'on sait et de ce qu'on ne sait pas, et habituant à répondre sans hésitation et de toutes les manières dont on peut être interrogé.

La presque impossibilité pour les élèves et pour les personnes du monde de trouver le siècle d'un événement ou d'un homme, c'est que, dans toutes les histoires générales, les dates sont multipliées à l'infini, les événements entremêlés avec de longs et confus développements, sans rien de précis et de clair qui résume et fasse ressortir les synchronismes ; 42 dates et 42 petites phrases sont possibles à retenir pour toutes les mémoires.

Premier siècle de l'ère chrétienne. *Auguste.* — *Empire romain.* Siècle de onze des douze Césars.

Cette phrase indique qu'il n'y a que le peuple romain qui ait joué un grand rôle dans ce siècle, et que tous les faits et hommes qui se rattachent aux douze Césars sont du premier siècle de l'ère chrétienne.

430 av. J.-C. *Périclès.* — *Péloponèse.* Le siècle de Périclès commence par la guerre persique ; il a au milieu la guerre du Péloponèse et se termine par la retraite des dix mille qui répond à Rome à trois retraites : celle sur le mont sacré, celle des Volsques et celle des décemvirs.

Voici donc un siècle chargé d'hommes et de faits, résumé dans une phrase de quatre lignes qui indique les faits synchroniques du Ve siècle av. J.-C. Donc, si on demande quel est le siècle d'Alcibiade, de Lysandre, de Coriolan ou d'Appius, on le trouve en rattachant ces personnages aux faits auxquels ils ont pris part.

Pour les histoires particulières, par exemple, pour l'histoire de France, avec 112 dates seulement, je trouve le siècle de tous les hommes et de tous les faits principaux et l'année de chaque fait des années modernes depuis 1789.

717 Chilpéric II—Vinciac.
840 Charles le Chauve—Fontenay, féodalité.
1805 1re Campagne d'Autriche—Austerlitz.
1809 2e Campagne d'Autriche—Wagram.

Avec ce système de mnémotechnie naturelle et facile, et avec l'aide des petits papiers, on se classe nettement tout dans l'esprit. Apprenez ces trois choses sans les séparer : la date, le nom du roi et son grand fait pour surnom ; pour les années modernes, la date, le fait général et le grand fait spécial, et quand vous aurez appris 717 Chilpéric II — Vinciac ou 1805 première campagne d'Autriche — Austerlitz, si l'on vous demande sous qui Vinciac ou dans quelle campagne et en quelle année la bataille d'Austerlitz, vous répondrez sans hésitation ni confusion. Puis c'est avec l'aide des petits papiers que vous vous habituerez à répondre instantanément et de toutes les manières, qu'on soit interrogé sur un siècle, une date, un homme, un fait ou un détail de mœurs. Sur un petit papier une date, et répondre par la formule des trois liaisons d'idées ; sur un autre, un homme et en donner une idée ; sur un autre un fait et en dire la cause et la conséquence ; sur six petits papiers, vie religieuse, administrative, etc., à telle époque. De plus, dans un exercice de récapitulation, les petits papiers permettent de repasser rapidement une étude, ce qu'on ne peut pas faire avec un livre, et d'être sûr des questions qu'on sait et et de celles qu'on ne sait pas. On tire rapidement tous les petits papiers, toutes les questions d'une étude, et l'on met d'un côté ceux qu'on sait, d'un autre ceux qu'on ne sait pas, et l'on réétudie ces derniers. Au reste, qu'une des personnes si nombreuses qui n'ont jamais pu apprendre la chronologie historique de la France, ni répondre sans confusion sur les faits isolés, essaie de mon moyen. Je ne demande que des épreuves sur soi-même et sur les autres, et je suis trop heureux quand on ne nie pas la facilité et la sureté de ma méthode sans l'avoir essayée ni même examinée.

Je m'attache le plus possible à former et à développer le raisonnement des enfants ; je leur établis, leur fais apprendre et leur demande le pourquoi de chaque chose, la cause et la conséquence de chaque fait ; mais dans les études élémentaires, le raisonnement n'a que le quart à faire ; les trois quarts sont l'affaire de la mémoire : des définitions, des règles, des noms propres ou des mots à apprendre ; et cela n'est pas fâcheux, car la raison ne se développe que tard et ne vient même pas du tout à certaines gens, et la principale faculté intellectuelle de l'enfant est la mémoire. Au contraire, le cours supérieur de chacun de mes enseignements s'adresse presque exclusivement à l'intelligence, et s'attache à développer et à rectifier l'esprit, à former le cœur, à faire des hommes.

MYTHOLOGIE.

Par ma méthode d'une simple formule à liaison d'idées, je mets à même d'apprendre en deux pages, à reconnaître les quatre-vingts dieux et demi-dieux principaux de la mythologie, la chose à laquelle chacun préside et les attributs auxquels on les distingue.

Saturne—temps ; ailes, faulx et sablier.
Jupiter—ciel ; aigle et foudre.

Harpocrate—silence ; doigt sur bouche.

Hercule—massue ; tuant l'hydre aux sept têtes.

Mythologie historique, astronomique et littéraire, établie sur les applications mythologiques qui peuvent aider à comprendre les autres études, montrant les idées superstitieuses fatales, et Mythologie aussi sans aucun mot graveleux.

LITTÉRATURE.

Type littéraire de chaque siècle ; histoire litteraire ; étude des auteurs et des ouvrages. Rattachant les études les unes aux autres, les faisant apprendre les unes par les autres, j'ai voulu qu'avec mes 42 dates d'histoire générale et mes 112 d'histoire de France, on n'eut plus de dates nouvelles à apprendre. Par exemple, en littérature, pour connaître le siècle d'un littérateur, je rattache la biographie de chaque littérateur à un fait ou à un personnage historique.

HISTOIRE DES ARTS ET DES INVENTIONS.

Histoire attrayante et méthodique des arts : architecture ; peinture ; sculpture ; écriture ; musique ; agriculture et industrie ; intelligence des objets usuels et de ce que nous voyons, entendons et lisons sans cesse. Pour trouver le siècle des découvertes et des inventions, ce qui est le plus difficile dans cette étude, je rattache les inventeurs à un roi ou autre d'une date connue.

Les cartes de Gringoneur, le fou de Charles VI (1380).

L'art d'émailler, de Bernard Palissy, l'artiste de François Ier (1515).

L'aérostat de Montgolfier, qui fit ses premiers essais devant les États-Généraux de 1789.

Puis je donne l'explication de chaque invention ; et l'on voit que tous mes moyens sont de la mnémotechnie naturelle, sans rien de factice ni de changé, sans mettre, par exemple, des mots pour des chiffres, ou des chiffres pour des mots.

COURS ENFANTIN.

Pour les jeunes enfants, et aussi pour les adultes qui n'ont qu'un an pour faire ou refaire leur instruction. Grammaire enfantine avec règles et dictées graduées ne décourageant plus l'enfant dès ses premiers pas — calcul enfantin avec une théorie résumée en quelques formules courtes et avec des moyens de facilitation de la numération et des quatre règles. — Géographie enfantine donnant, en quelques pages la connaissance des principaux pays, villes, fleuves, etc. — Histoire enfantine donnant en vingt pages la connaissance des grands hommes des histoires ancienne, moyen âge et moderne, et l'intelligence des causes et conséquences des principaux faits. — Mythologie enfantine, tableau en deux pages des 80 principaux dieux et demi-dieux. En 1857 j'ai éprouvé ce cours enfantin sur 2 à 300 jeunes enfants de 6 à huit ans, et sur autant d'adultes qui n'avaient qu'un an pour l'apprendre ; un examen eut lieu en septembre à l'amphithéâtre de l'école de Médecine sur des élèves d'un simple externat ; les questions furent tirées au sort pour chaque élève, et l'assemblée constata la vérité des résultats et m'en témoigna à plusieurs reprises son étonnement et son encourageante approbation.

LA FEUILLE DE PROGRÈS.

FEUILLE D'ÉTUDES PROGRESSIVES ET D'ÉMULATION PENDANT TOUTE L'ANNÉE.

Mettant à même de faire des parties d'études complètes, de combler les lacunes de l'instruction de chaque élève, de ne jamais attarder un élève fort pour les faibles, ni d'aller trop vite pour les intelligences médiocres, pour la majorité ; enfin d'obtenir de l'émulation toute l'année. Par exemple, chaque dynastie de France forme un progrès ; l'élève qui prouve, en tirant sans faute les petits papiers, qu'il sait les mérovingiens, ne s'attarde pas à attendre les autres et passe aux carlovingiens, et à la fin de l'année ce sont les élèves qui ont eu le plus et le même nombre de progrès d'histoire, qui concourent seuls pour le prix d'histoire. Par ce moyen, les élèves forts ne peuvent pas se plaindre, comme cela a lieu dans toutes les pensions, qu'ils apprennent toujours la même chose. Chaque élève a sa feuille de progrès sur laquelle le professeur écrit ces mots : Progrès de (la date et signatnre) l'élève convient avec ses parents d'une récompeuse, d'une petite somme pour chaque progrès qu'il présentera ; de plus les parents et les maîtres savent toujours ainsi où en est l'instruction de chaque enfant et peuvent combler les lacunes, tandis que par le mode d'enseignement ordinaire, un enfant qui arrive dans une classe quand celle-ci en est à la dernière moitié d'une étude, n'en apprend jamais la première ; ou bien s'il manque par maladie ou par toute autre cause, il est bien rare qu'il remplisse les vides.

MÉTHODE POUR NE PAS OUBLIER.

Trois moyens 1° petits papiers mettant à même de repasser rapidement et sûrement chaque étude, tandis que c'est impossible quand il faut réétudier tout un livre, et l'on croit savoir une réponse quand, par le fait, on ne la sait pas, et qu'on ne l'aurait pas dite si l'on n'en avait pas vu, en repassant, les premiers mots, la première phrase dans le livre. 2° Exercices de récapitulation d'ensemble des différents progrès d'une science ; 3° Examens trimestriels de récapitulation et études repassées chaque semaine, récapitulation rendue possible par la facilité et la rapidité des petits papiers. On oublie par toutes les méthodes ; il est surtout de la nature de l'enfant d'oublier ; mais par ma méthode on repasse rapidement et sûrement et l'on repasse sans cesse.

JEUX PHILODÉONIQUES.

Ces dix jeux procurent mille connaissances en faisant de la science un jeu. et quoique jeux d'instruction, plus amusants et plus drôles que les jeux insignifiants ordinaires.

Chaque jeu est composé de cent cartes sur chacune desquelles est écrite une question énigmatique, instructive et amusante ; on donne une carte à tirer ; la personne qui se trompe ou ne répond pas, dépose un centime, un jeton ou un gage ; si la personne suivante ne répond pas non plus, elle dépose égalenent un centime ou un jeton, et c'est la personne qui répond la première et à son tour qui gagne et ramasse les centimes ou les jetons de celles qui n'ont pas répondu.

Le jeu de la mythologie, c'est le jeu si j'étais petit papier? si j'étais Actéon que feriez-vous de moi? répondre par la métamorphose. Ou bien on compose une tombola d'objets donnant lieu à une énigme scientifique à deviner, et celui qui répond gagne l'objet. Une *montre* qui va comme les affaires du temps de cet empereur qui portait un nom facile et qui ne l'était pas du tout. Il faut deviner l'empereur Commode.

Dans mes simples résumés pour les enfants, je ne me livre à aucune discussion philosophique ni ne traite aucune question sociale ; j'ai fait pour les gens du monde qui veulent s'éclairer et prendre des convictions raisonnées, de grands ouvrages : mon histoire universelle de l'humanité. ma littérature universelle de l'esprit humain, mon code des devoirs et des principes, mon organisation et mon poëme philodéonique. Mais je dis la vérité sur tout fait, sur tout homme et sur toute chose ; ma conscience se refuse à fausser les esprits dans l'intérêt de tel ou tel. Je mets en relief tout ce qui peut donner des sentiments de dignité et je flétris tout ce qui peut porter à l'abjection des caractères ; la morale c'est non de taire le mal, mais de le dire pour le flétrir et pour en donner l'indignation. Je puis me tromper, mais il me semble qu'un système d'éducation par l'indifférence des principes dignes, par les compositions de conscience et par le faux, produirait une jeunesse sans principes dignes ni sentiments dévoués, ni préoccupations sérieuses, une jeunesse ne parlant et ne s'occupant que des moyens de jouir et de s'enrichir, de jeux de bourse et de cartes, de vie d'estaminet et de lorettes, sacrifiant sa famille à ses passions, une jeunesse à cœur atrophié et à esprit faussé. Celui qu'on habitue à des compositions de conscience pour les autres en a bientôt pour luimême et celui qu'on a trompé finit bientôt par le savoir et en vient à ne plus croire à rien et à perdre même tout lien moral. Voilà pourquoi j'ai cru devoir établir mon système d'éducation sur la dignité et sur la vérité. Certes, je suis soutenu et encouragé dans ma lutte douloureuse de tous les jours par ceux qui me disent : je vous dois la petite instruction que j'ai ; mais aussi par ceux qui me disent : vos ouvrages m'ont donné des idées de devoir et des sentiments de dignité que je n'avais pas auparavant. En fait d'opinion, là bonne pour l'un sera toujours la mauvaise pour l'autre ; mais jeter à celui qui ne pense pas comme nous l'injure, la calomnie et le bâillon, c'est prouver qu'on sent ne pas avoir pour soi la vérité. La seule maxime dans l'intérêt de tous serait : tolérons pour qu'on nous tolère ; mais quand la comprendra-t-on et la pratiquera-t-on ?

Je me borne à exposer ici mon enseignement usuel, ma méthode pour les gens pressés ; mais mon enseignement en vingt-deux cours embrasse toutes les branches des connaissances usuelles, et encore une fois ma méthode n'est point une utopie puisqu'elle me réussit depuis 1837 et que je l'ai appliquée sur plus de six mille élèves dans différentes familles et institutions de Paris. Les attestations de ceux qui s'en sont servis pour eux-mêmes ou pour d'autres sont venues corroborer mes convictions. Je perfectionne sans cesse et je n'aime rien autant que les critiques désintéressées. Ce sont ces résultats constatés par les Sociétes savantes qui m'ont valu leurs médailles d'encouragement, et ce que je ne cesse de demander, c'est qu'on essaie sur soi-même ou sur d'autres ; c'est qu'on me soumette à des épreuves au grand jour ; c'est qu'on prenne quelques parties d'études et quelques élèves attardés, et il suffira d'une épreuve de quelques jours. J'offre gratuitement ma méthode et mes conseils à ceux qui désirent acquérir par eux-mêmes ou procurer à d'autres l'instruction dont ils ont besoin.

A ceux qui demandent comment il se fait que mon enseignement ne soit pas plus connu et plus répandu, voici la réponse ; il y a à cela quatre obstacles. Le premier, c'est que la plupart des gens sont indifférents au progrès, à la vérité et à la propagation de l'instruction ; c'est que beaucoup leur sont hostiles et se croient intéressés à entraver, à calomnier et à briser ceux qui s'y dévouent. Ajoutez à cette catégorie les auteurs de méthodes intéressés à nuire et dans une position à pouvoir le faire. Le second, ce sont les professeurs et instituteurs qui, pour la plupart, loin de servir le progrès le repoussent, les uns par jalousie, les autres par paresse et incapacité. Cependant, je dois dire que des instituteurs et des institutrices auraient désiré prendre ma méthode ; mais aux uns leurs professeurs ou leurs sous-maîtresses ont dit que, ne sachant pas s'ils resteraient dans la pension, ils ne voulaient pas se donner la peine d'étudier une nouvelle méthode; d'autres en ont été empêchés par mes ennemis. Le troisième, c'est que les lycées et les écoles communales ont un enseignement officiel ; le quatrième, c'est le petit nombre des éducations de famille ; quatre-vingt-dix-neuf parents sur cent n'élèvent pas leurs enfants et tiennent avant tout à se débarrasser d'eux.

Ce qui semblerait encore prouver que mes idées ont quelque valeur, c'est que des auteurs et des professeurs me les prennent sans dire qu'elles sont de moi ; sans être un paon, j'ai trouvé bien des geais depuis 1837. Sans doute je crois qu'il serait loyal et qu'il m'est bien dû de dire que le moyen avec lequel on réussit est de moi ; mais je ne poursuivrai jamais mes plagiaires et mes contrefacteurs, il me suffit de penser que mes idées sont utiles, et je remercie même ceux qui les propagent sans ma marque de fabrique ; je sais que je ne dois pas m'attendre à ce qu'on me tienne compte d'une vie de luttes, de dévouement et de sacrifices de tous les jours, et je me résigne à m'appliquer ce vers modifié de Béranger :

En me créant, Dieu m'a dit : *lutte et souffre.*

LES VINGT-DEUX COURS DE L'ENSEIGNEMENT BUESSARD.

1 Lecture, 2 Écriture, 3 Grammaire, 4 Arithmétique, 5 Tenue des Livres, 6 Geographie, 7 Histoire de France, 8 Histoire universelle, 9 Histoire du travail et des Arts, 10 Mythologie, 11 Littérature, 12 Philosophie du devoir, 13 Mnémosyne philodéonique, 14 Rhétorique et cours de Style, 15 Langue latine, 16 Langue anglaise, 17 Cosmographie, 18 Physique usuelle, 19 Chimie usuelle, 20 Histoire naturelle, Zoologie, 21 Botanique, 22 Minéralogie et Géologie.

GRANDS OUVRAGES

POUR LES GENS DU MONDE.

La littérature universelle de l'esprit humain, histoire et philosophie des idées, montrant celles qui sont vraies et utiles et celles qui sont fausses et nuisibles ; sur trois idées importantes, nous en avons deux fausses ; mettant ainsi chacun à même de prendre des convictions raisonnées.

L'histoire universelle de l'humanité, philosophie de l'histoire de chaque ècle humanitaire et de chaque peuple, ayant pour but de rétablir la vérité : la dignité dans l'histoire, et de bien poser le principe et but humanitaire ans ses conséquences et conditions logiques, en montrant les principes, les ıstitutions et les hommes qui ont été utiles, et ceux qui ont été nuisibles l'humanité.

Le Code des devoirs et des principes d'un bon état social, étude raisonnée e ces devoirs et principes, montrant et prouvant quels sont ceux qui peuvent sséoir la société sur ses quatre bases normales : le devoir, les principes ignes, le bien-être par le travail et l'instruction du plus grand nombre : '*organisation philodéonique* dans ses détails.

Le poème philodéonique, poème de vingt mille vers, mettant en relief dans ın cadre émouvant et attrayant les grandes questions sociales et celles de la ie usuelle, et vulgarisant les idées de devoir, de principes, de travail et d'ins- ruction.

L'étude sociale établie sur ma biographie, éclairant la société sur le sort de 'honnête homme et du travailleur intellectuel, puis faisant ressortir par les événements contemporains et par les faits qui me sont personnels, l'état des questions sociales, les causes du mal et les conditions du bien.

EXPOSÉ DE L'ŒUVRE PHILODÉONIQUE.

SA RAISON D'ÊTRE. — SON ORGANISATION. — SES MOYENS D'EXÉCUTION.

I. SA RAISON D'ÊTRE.

Quand la société est si tourmentée et si souffrante, l'honnête homme si malheureux, le devoir de tout noble cœur est de chercher et de soumettre au jugement de l'opinion ce qu'il croit être la cause du mal et les moyens d'amélioration et de transformation. Ce n'est pas ici le lieu des discussions et des développements de l'idée ; leur place est dans mes ouvrages ; ceci ne peut être qu'un simple exposé pour donner une idée de mon œuvre à ceux qui s'intéressent aux moyens d'amélioration, qui aiment à les connaître, à les étudier et à y concourir.

L'état anormal, douloureux et corrompu des sociétés, ce sort tourmenté de misères en vices, de convulsions en cataclysmes, ne peut être ni l'intention providentielle, ni le but humanitaire, et la conclusion ne peut être que celle-ci : c'est que la société est sur beaucoup de points dans le faux, et tout ce qu'on fait n'empêche pas le mal de s'aggraver parce qu'on tourne dans un cercle impuissant dont il faudrait commencer par sortir ; c'est qu'il y a de grands vides qui ne permettent pas à la société de s'asseoir sur ses quatre bases normales : le devoir, les principes dignes, le bien-être par le travail et l'instruction du plus grand nombre ; c'est l'avertissement de Dieu par l'histoire qu'il y a beaucoup à réformer et à améliorer dans les systèmes ordinaires d'organisation et de direction de la vie de l'humanité ; la persistance et l'aggravation du mal prouvent l'impuissance des moyens ; on ne peut changer l'homme et son sort qu'en changeant le milieu.

De plus, il faut comprendre que la réforme, pour être efficace et réelle, doit être non partielle, mais générale. L'homme a cinq milieux d'existence : sa vie éducationnelle, sa vie de famille, sa vie professionnelle, sa vie civique et sa vie de plaisir. Pour qu'une société soit vertueuse et heureuse, il faut que l'homme trouve un milieu de devoir et de bien-être dans chaque centre d'existence ; la réforme de l'éducation seule ne pourrait presque rien, si l'homme, après la vie factice et surveillée de l'enfance, et livré à lui-même, ne trouvait que de mauvais milieux sociaux pour sa vie réelle et de tous les jours.

Enfin il faut la réforme sans servage d'Etat ni charges pour lui, sans perturbations ni sans crises. Tout socialisme par l'Etat détruit l'activité et la dignité humaine en faisant de l'homme un serf et un mendiant d'Etat, met le budget en danger permanent et cause des crises et des perturbations continuelles ; il faut donc une transformation, une organisation libre par le groupement volontaire, l'exemple et l'impulsion des nobles cœurs.

Le problème social est donc celui-ci : transformer la société en l'asseyant sur ses quatre bases normales : le devoir, les principes dignes, le bien-être par le travail, l'instruction du plus grand nombre, et opérer cette transformation non partiellement, mais dans chacun des cinq milieux de la vie sociale, sans servage d'Etat et sans charges pour lui, sans perturbations ni sans crises. Toute réforme, tout système de direction qui ne remplira pas toutes ces conditions-là ne sera qu'un vide et faux espoir. Voilà pourquoi les systèmes ordinaires de direction, d'organisation et de palliatifs ont été impuissants et ont laissé la société dans le triste état où elle est ; pourquoi les réformes et les socialismes essayés ont échoué, malgré les meilleures intentions et beaucoup de bonnes idées.

Les quatre grands vides qui empêchent la société de s'asseoir sur ses bases normales sont : le manque d'une règle de conduite, à principes dignes, bien précisés et acceptables par tous les esprits ; le manque d'une organisation libre des professions et du travail ; le manque de plaisirs profitant au devoir, au talent et aux idées utiles, le manque d'un système d'éducation établi sur la dignité, la vérité et la rapidité de méthode. Telle est la raison d'être de l'œuvre philodéonique (philos ami déon devoir).

II. SON ORGANISATION.

LA PHILODÉONIE EN TABLEAU.

LA FAMILLE PHILODÉONIQUE

SUR TROIS BASES.

1. La règle de conduite philodéonique, lien moral ;
2. L'éducation sur la vérité, la dignité et la rapidité de méthode de l'enseignement Buessard;
3. Les fêtes et soirées de famille philodéoniques propageant par l'attrait le devoir, le talent et les idées utiles.

L'ORGANISATION PHILODÉONIQUE DES PROFESSIONS.

SUR DOUZE ÉLÉMENTS.

1. La règle de conduite philodéonique, lien moral ;
2. L'instruction professionnelle obligatoire pour tous;
3. L'admission dans la carrière après double examen professionnel et moral ;

4. Le travail aux trois classes de travailleurs et aux trois parts proportionnelles sans aucune absorbante ni insuffisante; 3e classe, le minimum : 2e le double; 1re le triple;
5. Le travail des femmes dans la famille et au même salaire que celui de l'homme;
6. La mission progressive et le tableau d'honneur;
7. La probité en affaires, la rapidité de solution et la conciliation sans procès;
8. L'intermédiaire philodéonique et les cinq comités protecteurs de l'honnête homme;
9. Le tableau professionnel et mensuel de tous les renseignements utiles;
10. La bibliothèque professionnelle;
11. Le salon philodéonique pour soirées et fêtes professionnelles philodéoniques;
12. La maison de famille et l'hôtel professionnel philodéoniques.

LA PHILODÉONIE CENTRALE.

DE L'ADMINISTRATION GÉNÉRALE ET DES FÊTES SOLENNELLES, LIEN ET CENTRE COMMUNS.

AUX SEPT ÉTABLISSEMENTS.

1. L'Éden philodéonique et olympique, salon — jardin des fêtes solennelles, avec ornementation expressive empruntée à la nature et à l'art;
2. Les douze administrations des douze sphères du travail aux cinq comités protecteurs de l'honnête homme;
3. Le comptoir d'honneur d'exposition permanente et de vente des œuvres intellectuelles et manuelles couronnées chaque mois dans les douze sphères du travail;
4. La caisse philodéonique du travail formée du produit des travaux en commun, d'une remise sur les ventes et des offrandes facultatives mensuelles. Jetons de travail répartis aux travailleurs des douze sphères;
5. La communication philodéonique, journal mensuel de tout ce qui intéresse les douze sphères du travail et comptes-rendus des fêtes;
6. La bibliothèque centrale philodéonique;
7. Les douze salles des cours professionnels.

LES DOUZE SPHÈRES DU TRAVAIL

AVEC CHACUNE SON ÉTABLISSEMENT-TYPE ET SA MISSION PROGRESSIVE.

I. TRAVAIL SOCIAL.

LA MAISON DE FAMILLE ET L'HOTEL PHILODÉONIQUE.

Appartement confortable. — Salle d'études. — Lavoir et salle de bains. — Jardin ou cour ombragée. — Infirmerie fraternelle. — Musée de famille. — Salon philodéonique. — Les trois bases morales de la famille philodéonique.

L'hôtel professionnel pour les gens non en famille, dans les mêmes conditions de bien-être et de devoir que les maisons de famille.

II. TRAVAIL PÉDAGOGIQUE.

LE LYCÉE ET L'ÉCOLE NORMALE PHILODÉONIQUES.

Le pensionnat, maison de famille. — L'externat aux sept éléments du bien — Les salles d'éducation de famille. — L'école normale formant des professeurs pour la réforme de l'éducation sur la vérité, la dignité et la rapidité de méthode. — L'enseignement Buessard embrassant toutes les connaissances usuelles ; méthode pour les gens pressés et éducation dans la vérité et dans la dignité.

III. TRAVAIL AGRICOLE.

LA FERME PHILODÉONIQUE.

La maison de famille. Derrière la maison, le parterre, le jardin potager et la serre. — Autour du jardin, les bâtiments et l'infirmerie fraternelle. — Au fond, les étables aérées et propres avec bestiaux séparés et pâture naturelle en plein air. — Champ de grande culture et prairie. — Les fumiers relégués à l'extrémité de la ferme. — Moulin, four et lavoir communs au hameau.

IV. TRAVAIL INDUSTRIEL.

L'ATELIER ET LE MAGASIN PHILODÉONIQUES.

Avec les douze éléments de l'organisation philodéonique produisant la vie à bon marché et la probité en affaires, le bien-être, la moralité et la capacité du travailleur.

V. TRAVAIL ADMINISTRATIF

LE PORTIQUE ADMINISTRATIF PHILODÉONIQUE

Formant et procurant des administrateurs intègres et capables et des intermédiaires philodéoniques. — Le bureau des affaires civiles. — Du travail intellectuel.—Du travail manuel. — Des liquidations et cessations d'affaires.— Des employés.—L'école administrative.

VI. TRAVAIL JUDICIAIRE

L'ARÉOPAGE PHILODÉONIQUE.

La justice sans frais, conciliante, indépendante et sans vacances.—La magistrature du devoir. — Le bureau de consultations sans frais.— Le tribunal sans frais aux juges de conciliation et aux trois jurys civil, professionnel et répressionnel. — Le système pénitentiaire philodéonique.

VII. TRAVAIL MÉDICAL

LA MÉDECINE DE LA NATURE.

A remèdes simples, peu coûteux, sans violence, ni répugnance, ni dangers, et n'appauvrissant plus le corps et la bourse. — La loyauté dans le prix des visites et des opérations.

VIII. TRAVAIL SCIENTIFIQUE.

L'ATHENÆUM SCIENTIFIQUE.

A classifications et nomenclatures naturelles, sans jargon, et à étiquettes utilitaires.

IX. TRAVAIL LITTÉRAIRE

L'ACADÉMIE PHILODÉONIQUE.

Faisant de la littérature utile une carrière. — L'imprimerie-librairie à la portée de tous.—La publicité gratuite et sans camaraderie.—La propagation d'une bibliothèque de famille.

X. TRAVAIL MUSICAL

L'ORPHÉON PHILODÉONIQUE.

L'association orphéoniste aux trois parts proportionnelles sans aucune absorbante.—Les groupes philodéoniques donnant à la musique une mission utile et noble, aux artistes des moyens de production et des ressources de chaque jour. — Les classes de musique sans désordres avec les cours de tout genre qui peuvent former un véritable artiste.

XI. TRAVAIL PICTURAL ET SCULPTURAL.

L'ATELIER ARTISTIQUE PHILODÉONIQUE.

L'association artistique aux trois parts proportionnelles sans aucune absorbante. La propagation des musées de famille. Les ateliers de peinture sans désordres ni scandales et avec les cours de tout genre qui peuvent former un véritable artiste.

XII. TRAVAIL DRAMATIQUE ET CHORÉGRAPHIQUE

LE THÉATRE PHILODÉONIQUE.

L'association dramatique aux trois parts proportionnelles sans aucune absorbante.—Le théâtre aux pièces, grande école de la vie.—Les bals philodéoniques de famille et artistiques.—Les classes dramatiques et chorégraphiques sans désordres et avec les cours de tout genre qui peuvent former un véritable artiste dramatique.

LES FÊTES ET INTERMÈDES PHILODÉONIQUES.

Créant au devoir, au talent et aux idées utiles, une France olympique et dans chaque famille une propagande par l'attrait.

LES DOUZE GRANDES FÊTES PHILODÉONIQUES ET OLYMPIQUES.

Espérance, principes, devoir, travail, science, providence, France, humanité, mariage, famille, consolation et mort.

LA MATINÉE.

Chacun à son travail et à ses devoirs.

L'APRÈS-MIDI.

I. L'Eden philodéonique et olympique. II. Le prélude symphonique de la fête. III. La première poésie de la fête, — poésie de l'homme. IV. Le premier chant philodéonique de la fête. V. La deuxième poésie de la fête, — poésie de la femme. IV. Le deuxième chant philodéonique de la fête. VII. La troisième poésie de la fête, — poésie de l'enfant. VIII. Le troisième chant philodéonique. IX. La communication philodéonique sur les douze sphères de travail avec production d'idées utiles et d'hommes de talent. X. La distribution des prix, les inaugurations sous les douze coupoles d'honneur et la glorification des familles. XI. L'engagement moral et la distribution de l'emblème XII. La marche triomphale.

LA SOIRÉE.

XIII. L'illumination expressive de la philodéonie et des maisons des lauréats. XIV. Le banquet philodéonique au buffet d'honneur, au vélum, au met et au toast d'honneur et avec intermède philodéonique. XV. Le bal philodéonique avec l'histoire de la danse exposée et mise en action, ballet de la fête danses nouvelles, la grande danse et intermède philodéonique.

LES INTERMÈDES PHILODÉONIQUES

DE FAMILLE OU ARTISTIQUES.

I. Un prélude. II. La poésie philodéonique de l'homme. III. Un chant philodéonique. IV. La poésie de la femme. V. Un chant philodéonique. VI. La poésie de l'enfant. VII. Un chant philodéonique. VIII. La communication philodéonique, production d'idées utiles et d'hommes de talent. IX. La tombola énigmatique ou un jeu philodéonique. X. Une marche triomphale.

III. SES MOYENS D'EXÉCUTION.

L'œuvre philodéonique, pour être réalisée, n'a pas besoin d'être posée tout d'un coup en grand et dans toutes ses parties : toute famille et toute profession peuvent la poser immédiatement en elles, et dans toute ville une philodéonie avec une salle de fêtes et de cours, et un local administratif est facile à établir. Les établissements-types de chaque sphère de travail se fonderont peu à peu.

Les concours que chacun peut accorder par lui-même ou procurer dans la sphère de ses relations, sont : Adoption de l'enseignement Buessard par des familles et des pensions qui aimeraient à faire profiter leurs enfants de ses avantages, par des gens attardés et pressés, puis par des professeurs qui se feraient un sort par ma méthode, par les moyens de publicité, les leçons et les relations qu'elle leur procurerait. — Adoption de la règle de conduite philodéonique. — Organisation d'intermèdes philodéoniques par les familles qui voudraient donner à leurs soirées un charme nouveau, varié et utile, et par les artistes qui trouveraient dans les intermèdes philodéoniques les moyens de se produire et d'avoir des leçons et des soirées. — Adoption dans la profession de l'organisation philodéonique. — Fondation d'établissements philodéoniques. — Offrandes facultatives dont il est rendu compte.—Souscription aux ouvrages pour soi-même, ou pour d'autres à qui ils peuvent être utiles. — Mes leçons utilisées ou recommandées et demandes de professeurs et d'artistes. — Création de relations avec des français et étrangers en France et à l'étranger.

Il faudrait beaucoup de malveillance pour ne pas convenir que l'établissement d'une philodéonie dans un pays n'apporterait pas une sensible amélioration, ne vaudrait pas mieux que ce qui est. Le mal n'est pas la volonté de Dieu; c'est la faute de l'homme et de l'organisation sociale ; il dépend donc de l'homme de se faire un monde meilleur, il y aura toujours du mal, mais on peut transformer la majorité en minorité. Si même le peu qu'il y a de cœurs dignes, au lieu de se rendre martyrs et de s'anıihiler par l'isolement, se groupaient autour de l'œuvre philodéonique et a posaient dans leur sphère d'existence, ils verraient bientôt cesser la ılupart de leurs souffrances et prépareraient l'avenir de l'humanité.

LA RÈGLE DE CONDUITE PHILODÉONIQUE.

SOIS HOMME DE DEVOIR, DE PRINCIPES, DE TRAVAIL ET D'INSTRUCTION.

Sois homme de devoir. — En n'agissant que d'après la concordance de réponse de la conscience et de la raison, cette concordance de réponse est un guide infaillible ; Dieu a voulu que tout homme pût se bien conduire par lui-même ; puis, pense que toute faute a sa punition même sur la terre, on ne pourrait citer un cœur coupable qui ait été calme, un criminel qui ait été heureux. Remplis donc tes devoirs envers Dieu, envers ta patrie, envers ta famille, envers tes semblables et envers toi-même. — Ton devoir envers Dieu, en lui offrant pour culte une journée remplie par le travail et par le devoir.—Ton devoir envers ta patrie, en ayant les vertus civiques : la dignité, le désintéressement, la justice, le respect des droits, et ne te dégrade jamais en appuyant ou en acceptant le mal. — Ton devoir envers ta famille en ne séparant pas d'elle ta vie, en l'honorant par tes vertus, en l'aidant par ton travail et par ton dévouement, en ne demandant point de compte à tes parents, car quoi que tu fasses, tu seras toujours leur débiteur ; en maintenant l'union de ta famille par tes bons exemples et par tes concessions.—Ton devoir envers tes semblables, en faisant pour eux ce que tu voudrais pour toi-même ; ne sois ni égoïste ni déloyal, et ne fais tort à personne de son temps et de ses produits par des dettes volontaires. — Ton devoir envers toi-même, en cultivant ton esprit et en formant ton cœur aux principes et aux habitudes dignes et austères, en repoussant tout mensonge et toute composition de conscience ; bannis le luxe et l'oisiveté ; ils engendrent la corruption et les besoins factices ; aie une vie simple et travailleuse. Prends le soir du plaisir, mais prends-le sans remords, sans corrompre les autres et toi-même, et ne te souille jamais ni par l'ivresse ni par les habitudes d'estaminet, ni par la passion du jeu et des spéculations de bourse.—Propage autour de toi l'idée du devoir par l'exemple, par la diffusion des écrits utiles et par l'attrait des arts.—Souviens-toi de tes morts et accorde-leur un culte de reconnaissance ; que ceux qui t'ont aimé et protégé pendant la vie soient encore avec toi après leur mort ; consacre un musée de famille à ce qui te reste d'eux, et vis avec les souvenirs qui peuvent te donner le sentiment et l'exemple du devoir.

Sois homme de principes. — En ayant un principe unité dans les trois sphères ; un principe ne se scinde pas, c'est une unité ou ce n'est rien. Prends le principe qui est la source et le terrain logique des sentiments élevés, féconds et indépendants, la dignité, le principe et but humanitaire : le gouvernement de l'homme par lui-même, du peuple par lui-même et du travail par lui-même, et la société assise sur le devoir, les principes dignes, le bien-être par le travail et l'instruction du plus grand nombre, et mets ton principe au-dessus des hommes, des circonstances et de l'intérêt personnel.

Sois homme de travail.—En ne vivant jamais en oisif et en n'étant pas un seul jour sans travailler. Aime le travail en le proclamant le plus grand bienfait de la Providence et en adoptant cette maxime : l'homme n'a droit de prendre du repos et du plaisir que le soir après avoir travaillé le jour. — Travaille avec zèle, intelligence et probité; n'accepte qu'un avancement, des bénéfices et des récompenses légitimes. Refuse toute aumône, toute gratuité froissante et toute spoliation; ne dois rien qu'au travail et à toi-même, et aide de tout ton concours les idées et existences utiles méconnues ou en souffrance.

Sois homme d'instruction. — En consacrant chaque jour quelques moments à étudier, à éclairer et à cultiver ton esprit; sors ton âme de l'état brut; grandis-la et ennoblis-la par la lumière et par la science. L'ignorance est un sacrilége et l'ignorant un exploité ; la science est le plus beau flambeau du monde; l'étude le plus doux consolateur du cœur. — Elève tes enfants par une éducation qui fasse d'eux des citoyens, des cœurs honnêtes et des esprits éclairés —Aime l'instruction en la propageant en toi et dans les autres et en aidant les hommes et les moyens qui peuvent la répandre.

Termine ta journée par ce simple examen de conscience : Quel bien ai-je fait aujourd'hui? quel mal ancien n'ai-je plus fait ? ai-je été un homme de devoir, de principes, de travail et d'instruction? Au lieu de dire : Je ferai comme les autres et je vivrai avec mon siècle même dans ce qu'il a de mauvais, fais le contraire, réforme-toi ; que tous tes actes tendent au principe et but humanitaire et n'accepte rien qui lui soit contraire.—Sois donc en tout temps et par toi-même, en adoptant la règle de conduite philodéonique, un honnête homme et un homme utile.

UNE POÉSIE PHILODÉONIQUE.

LE TRAVAILLEUR INTELLECTUEL.

O mon œuvre! combien tu m'as coûté de larmes!
J'ai tout bravé pour toi, misère, hostilité ;
Je voudrais en ta fleur voir aimer quelques charmes,
Et de tous mes enfants, c'est toi le plus gâté.
Quand je gagne une obole, avec toi je partage ;
Tout le feu de mon cœur, je le concentre en toi,
Et de mon avenir tu fais toute la foi ;
Plus il nous coûte, plus on aime son ouvrage.
N'est-ce pas à ton tour que tu me grandiras,
Ce que je fais pour toi que tu me le rendras ?
Je te devrai plus tard une illustre existence,
Et pour mes jours vieillis une modeste aisance ;
Car dans tous mes écrits j'ai mis la vérité,
L'amour du bien, du beau, les routes qu'il faut prendre
Quand on veut se créer un bonheur mérité,
Quand on veut arriver à s'aimer, se comprendre...

Pauvre fou que je suis! combien l'illusion
Trouble en la fascinant l'imagination,
La transporte en dehors du réel de la vie,
Du mirage lointain qu'elle laisse entrevoir,
Rend la fausse douceur, malgré nous poursuivie!

A qui ne connaît pas le mot devoir,
A quoi bon prononcer celui de sacrifices?
Ceux qui pourraient t'aider ont trop peu pour leurs vices.
A qui ne pleure pas, d'autrui que font les pleurs?
A qui ne souffre pas, d'autrui qu'est la souffrance?
On ne peut rien, voilà votre dure sentence.
Quoi! vous ne pouvez pas de ces nobles labeurs
Acheter les produits, aider leur propagande,
Leur offrir les appuis que leur essor demande,
Utiliser le temps des talents méconnus?
Et quand ils sont brisés par des coups imprévus,
Quand sous la calomnie ils penchent vers l'abîme,
Au lieu d'abandonner froidement la victime,
Quoi! vous ne pouvez pas lui tendre votre main,
Soutenir son martyre en lui disant courage!
Votre égoïsme craint le plus léger nuage,
Et dans vos cœurs blasés il ne bat rien d'humain.
Dans un air radieux à mon heure d'aurore
Je crus voir sur mon front briller un météore,
Mais le ciel s'assombrit; des foudres du malheur
Ce jet de feu n'était que l'éclair précurseur.
Oh! voir mes vieux parents manquer du nécessaire,
Et mes pauvres enfants souffrir sans avenir,
Et mon idée utile en germe dépérir...
Et toujours votre mot : nous ne voulons rien faire.
Vous êtes donc bien sûrs de pouvoir d'un soutien
Vous passer, de n'entrer dans aucun cataclysme?
Si le glas pour vous sonne, oh! de votre égoïsme
On vous répétera le mot : je ne puis rien,
Contre la calomnie et contre l'injustice,
Et contre la misère on lutte... mais l'effort,
Mais la force s'épuise au bout d'un long supplice...,
Vous pourriez me sauver, et vous dites la mort.
Va, pauvre Bélisaire, art paria du monde,
Va, noble général brisé dans les combats,
Va, sublime clarté pour toi seule inféconde,
Céleste et doux rayon tombé sur des ingrats!
Va du moins protester et fais vibrer dans l'âme
Un sentiment plus juste et moins indifférent;
Proteste en restant digne et que ta voix réclame
Les droits de l'honnête homme et la part du talent.
Toi du moins, ô mon Dieu, mes pleurs et ma prière,
Ne les repousse pas, mon seul espoir, mon père!
Oh! ne me laisse pas toujours, toujours souffrir,
N'avoir plus qu'une grâce à demander... mourir!

UN CHANT PHILODÉONIQUE.

LE CHANT DU TRAVAIL.

(Pour la musique, voir ce chant gravé.)

CHŒUR.

De bonheurs purs notre printemps s'émaille;
Le temps pour nous s'écoule radieux;

Je dois vous faire hommage des progrès de mes élèves, progrès dus à votre méthode; toutes les jeunes filles qui me viennent des autres maisons sont bien inférieures à celles que j'ai formées d'après votre enseignement. C* B*.

Votre enseignement est le plus facile et le plus rapide dont je me sois encore servi. F*.

Seul jusqu'à ce jour, vous avez compris la manière d'enseigner les classes pressées; j'apprécie chaque jour la simplicité et l'avantage de votre excellente méthode, et j'en ai déjà obtenu des résultats remarquables. L*.

Votre méthode fait merveille sur les petits princes polonais dont je dirige bien loin de vous l'éducation. Bil*.

Chaque jour j'apprécie davantage les bienfaits de votre méthode, et je regrette qu'elle ne soit pas plus répandue, car l'instruction n'effraierait plus du tout. Cl* Al*.

Vous avez la gloire de formuler le premier et de traduire en exercices méthodiques et usuels des notions qui germaient closes encore jusqu'à vous dans la tête de quelques instituteurs, parmi lesquels j'aime à me compter. B*.

C'était votre méthode qui me faisait obtenir le prix cantonnal. C*.

J'ai mis votre méthode en pratique dans un régiment de ligne et dans un de cavalerie, et ce sont les divisions qui la suivent qui ont remporté le prix du concours. De plus, vous vous efforcez de mettre au-dessus de la force la justice, l'amour de la patrie et le sentiment de la dignité, de former des citoyens. J'ai semé vos germes et j'éprouve le besoin de vous remercier et de vous dire que vous avez bien mérité de votre pays.
Le capitaine T. de M*.

J'ai appris seul et par votre méthode ce que je sais d'orthographe, de calcul, de géographie et d'histoire, et je dois à votre enseignement, non-seulement la petite instruction que je possède, mais encore des idées de devoir, d'ordre et d'économie que je n'avais pas auparavant. M*.

Pension de garçons : Je viens au nom de tous mes camarades vous témoigner les sentiments de reconnaissance que nous éprouvons pour vos bons soins de tous les jours. Nos paroles sont celles que des fils adressent à leur père pour lui dire qu'il ne sème pas ses bons conseils sur des cœurs ingrats.

Pension de demoiselles : Vous nous faites aimer l'étude ; vous nous faites chérir la vertu dont vous êtes une vive image, et les sages préceptes que vous nous donnez avec tant de douceur et de bienveillance, nous instruisent bien moins encore que vos exemples. Puissions-nous les imiter !

Tous vos ouvrages ont une grande nouveauté et une grande vérité. Ch*.

J'applaudis à vos efforts aussi intelligents qu'opiniâtres pour l'amélioration de la société. Honneur à vous, qui savez vous mettre à la portée des humbles et vous attachez moins à flatter qu'à éclairer. Bér*.

Je vois sans étonnement votre zèle infatigable et persévérant pour la propagation des idées du devoir; tous les gens de bien vous en doivent des remerciements au nom de l'humanité. Lasc*.

Tous ceux qui, comme vous, s'efforcent de rapprocher le pauvre du riche, et de prévenir ainsi les crises sociales qui menacent l'avenir, tous ceux-là ont droit à l'estime des bons citoyens et méritent leur reconnaissance. T*. membre de l'Académie.

J'ai été assez heureux pour rencontrer votre livre du devoir; la franchise, la pureté et la tolérance de vos opinions trouveront, je l'espère, accès dans beaucoup d'âmes. L*.

Votre œuvre philodéonique est bien certainement l'œuvre d'un homme capable de concourir énergiquement et efficacement au grand mouvement de progrès vers le bien et le vrai qui s'efforce de régénérer l'humanité. H*.

Je ferai mon profit et dirai tout le bien que je pense de votre livre et de votre œuvre du devoir, dont j'apprécie plus que personne la portée et le but. M* C*, haut fonctionnaire.

Je considère comme éminemment patriotique votre œuvre du devoir : moraliser, inspirer l'amour de l'ordre, du travail et des devoirs envers la famille et la société, c'est assurément rendre à son pays et à ses concitoyens le plus grand et le plus utile service. Vous auriez pu vous caser d'une manière avantageuse; vous avez préféré rester dans votre pauvreté indépendante; je n'en suis pas le moins du monde étonné, mais vous êtes une exception de la plus rare espèce. M*, autre haut fonctionnaire.

Nos camarades et nous, nous avons adopté votre règle de conduite philodéonique; nous avons renoncé au cabaret et nous passons nos soirées à lire, à étudier vos ouvrages, à dire vos vers et à nous éclairer.

Une petite députation.

Après le sacrifice de ma santé et de ma fortune pour moraliser et secourir mes semblables, je me suis vu forcé d'y renoncer pour ne pas descendre vivant dans la tombe et y entraîner ma famille. Si vous avez le courage de continuer à vous vouer au martyre pour une société qui n'en tient aucun compte; faites-le, vous serez admirable. Bl*.

Prenez courage; l'avenir est dans le sein de Dieu; il n'est pas possible que vous soyez toujours méconnu. O. S.

Les personnes qui désireraient mettre en pratique tout ou partie de l'enseignement Buessard ou de l'œuvre philodéonique, organiser une fête ou un intermède philodéonique, en un mot accorder un concours, sont priées de se mettre en relation avec M. Paul Buessard, en lui écrivant grande rue de Passy, 41.

POISSY. — TYPOGRAPHIE ARBIEU.

LES 22 COURS DE L'ENSEIGNEMENT BUESSARD

1. LECTURE.
2. ÉCRITURE.
3. GRAMMAIRE.
4. ARITHMÉTIQUE.
5. TENUE DES LIVRES.
6. GÉOGRAPHIE.
7. HISTOIRE DE FRANCE.
8. HISTOIRE UNIVERSELLE.
9. HISTOIRE DU TRAVAIL ET DES ARTS.
10. MYTHOLOGIE.
11. LITTÉRATURE.
12. LOGIQUE ET PHILOSOPHIE DU DEVOIR
13. MNÉMOSYNE PHILODÉONIQUE.
14. RHÉTORIQUE ET COURS DE STYLE.
15. LANGUE LATINE.
16. LANGUE ANGLAISE.
17. COSMOGRAPHIE.
18. PHYSIQUE USUELLE.
19. CHIMIE USUELLE.
20. HISTOIRE NATURELLE, ZOOLOGIE.
21. BOTANIQUE.
22. MINÉRALOGIE ET GÉOLOGIE.

LA FEUILLE D'ÉTUDES PROGRESSIVES ET D'ÉMULATION TOUTE L'ANNÉE.
COURS ENFANTIN.

2 fr. le volume.

Ouvrages pour les gens du monde :

HISTOIRE UNIVERSELLE DE L'HUMANITÉ.
LITTÉRATURE UNIVERSELLE DE L'ESPRIT HUMAIN, HISTOIRE ET PHILOSOPHIE DES IDÉES.
ÉTUDE SOCIALE ÉTABLIE SUR MA BIOGRAPHIE.
LES OUVRAGES PHILODÉONIQUES.

ŒUVRE PHILODÉONIQUE

Pour asseoir la société sur ses quatre bases normales : le Devoir, les Principes dignes, le Bien-être par le travail et l'Instruction du plus grand nombre, pour mettre dans chaque milieu social des pôles de devoir, de travail et d'appui pour les existences et les idées utiles et pour procurer à chaque profession l'organisation et les ressources dont elle a besoin (PHILOS, *ami* ; DÉON *devoir*).

LA RÈGLE DE CONDUITE PHILODÉONIQUE.
L'ORGANISATION PHILODÉONIQUE.
LE POÈME PHILODÉONIQUE.
LE CODE DES DEVOIRS ET DES PRINCIPES D'UN BON ÉTAT SOCIAL.
LES DOUZE GRANDES FÊTES ET LES INTERMÈDES PHILODÉONIQUES, ORGANISATION, VERS ET MUSIQUE, CHAQUE FÊTE, 1 fr.
LES JEUX PHILODÉONIQUES ET LA TOMBOLA.

MUSIQUE

LES 37 CHANTS PHILODÉONIQUES AVEC MUSIQUE	1 fr. [illegible] c.
LE SOLFÈGE BUESSARD	1 50
LA GRANDE DANSE	1 »

POISSY. — IMPRIMERIE ARBIEU.